A mis amados oyentes:

¡Gracias por su apoyo y respaldo!

Los quiero,
Claudia

AGRADECIMIENTOS

Le doy gracias primero a Papito Dios que me regala día a día el entusiasmo, el deseo de servirle y de llegar a ustedes a través de la radio y ahora con este libro.

No obstante, en todo el proceso de escribirlo hubo muchas personas que me motivaron y estuvieron siempre a mi lado.

A mi esposo Edgar Ariza y a mis princesas Naty, Niki y Anne que pusieron todo de su parte para dejar a mami escribir después de largos días de trabajo.

A Norma Pinzón, mi hermana, y a su esposo el pastor Fernando García, por su amistad y consejos. Gracias a los pastores Edwin Lemuel Ortiz y Mauricio Quintana, de La Nueva FM, quienes siempre me han motivado a seguir adelante a pesar de las circunstancias de mi vida. Además, me han apoyado en cada idea que Dios pone en mi corazón, a ellos... ¡gracias!

También quiero agradecerle a todo el personal de Editorial Unilit que siempre me ha hecho sentir como en casa, encabezado por Luis y María Fernández.

Mis agradecimientos a Marie Tamayo, de Expolit, por su amistad y aporte a esta idea. Gracias a mi editora Nancy Pineda y a Lisi Mejías, del Departamento de Arte.

Y, por último, gracias a todos mis oyentes y amigos que, junto conmigo, disfrutamos las grandezas de Dios.

UN DÍA A LA VEZ

Mis Devocionales

UN DÍA A LA VEZ

Mis Devocionales

CLAUDIA
PINZÓN

Publicado por
Editorial Unilit,
Miami, Fl. 33172
Derechos reservados

Primera edición 2008
© 2008 por Claudia Pinzón

Edición: *Nancy Pineda*
Diseño interior y cubierta: *Lisi Mejías*
Arte gráficos/Cliparts: *Shutterstock**
(*ussr/Romash Kin/Mikhail/Martin Cerny/balaikin/letty17)
Fotografías: *Osvaldo González, Pixelium Inc.*

Categoría: Vida cristiana/Crecimiento espiritual/Devocional
Category: Christian Living/Practical Life/Devotional

Producto 495718
ISBN 0-7899-1755-6
ISBN 978-0-7899-1755-3

Impreso en Colombia
Printed in Colombia

Prólogo

Estoy plenamente convencido de que hay personas que el Creador diseñó para comunicar. No me refiero a solo decir algo más o menos congruente con buena dicción, sino a esas personas que tienen algo que decir. Me refiero a quienes poseen la fascinante capacidad de contarnos el estado del tiempo o comentarnos una noticia que puede rayar en lo trivial y lograr que parezcan interesantes. Eso es algo que no puede aprenderse, viene con la persona o no está en sí.

Quizá por esa misma razón, en la puerta de una Universidad de España puede leerse: «Lo que natura no da, Salamanca non presta». Pasado en limpio: Si no traes ese llamado sagrado... no lograrás tenerlo solo con instrucción o estudios. Si a ese fantástico talento innato se le suma la unción del Señor, se transforma en un cóctel imprescindible para cualquier medio de comunicación.

Claudia Pinzón es una de esas personas dotadas con el increíble y singular don de la comunicación. Es indistinta la vía, ya sea en la radio, la televisión o la gráfica, Claudia logrará que sea imprescindible para nuestras vidas lo que nos está diciendo. Simplemente tiene ese «toque» que solemos buscar los comunicadores o los que amamos la predicación de la Palabra de Dios en todas sus formas posibles, siempre y cuando se enmarquen en la excelencia y el gusto exquisito.

Es imposible concebir un medio de comunicación de calidad sin que el subconsciente nos lleve de manera recurrente a pensar en alguien como Claudia, que es una comunicadora en su estado puro. En mi país, a un talento así lo llamamos: «Un animal de radio». Alguien que nació para comunicar, para expresarse, para llegar a lo más profundo del público.

Por esa misma razón, me alegré profundamente cuando supe que estaba escribiendo su ópera prima. En esencia, dentro una industria donde abundan los libros que no tienen nada nuevo que decir, esta obra surge como uno de esos manuales que terminan transformándose en una brújula sencilla, pero fundamental para una vida espiritual saludable.

Claudia conoce a la perfección los tiempos de la buena comunicación. Se sabe de memoria sus riscos. Conoce las cascadas y las zonas fértiles de la escritura y el arte de la oratoria. Por algo mantiene a la audiencia como público cautivo durante casi cuatro horas cada mañana desde una las estaciones radiales más escuchadas de la Florida.

Sin embargo, Claudia no es una recién llegada que emprende con audacia un terreno desconocido. Fue pionera de las comunicaciones en el sur de la Florida y formó parte por nada menos que once años del equipo estelar de Radio Caracol, logrando los primeros puestos en el *ranking* de emisoras.

Hablar de Claudia significa también no poder obviar su descomunal trabajo comunitario, que lejos de colocarla en el sitial inalcanzable que suelen transitar muchos conductores, la acerca a su gente y la humaniza hasta el punto de la empatía absoluta. Esa empatía que solo logran las personas que tienen un norte definido, un destino trazado mas allá de su indiscutible talento.

Durante el año 2008 tuve el inmenso honor que el Grupo Génesis (el *holding* donde Claudia conduce uno de los programas estelares) quisiera contar conmigo para formar parte de su equipo. Y debo reconocer que cada mañana que la oía leer un devocional que gentilmente cedió la gente de Editorial Vida, me preguntaba: «¿No sería bueno que Claudia escribiera su propio libro?». Lamento no habérselo dicho en su momento, ya que ahora a la distancia y a la vista de los hechos, solo parece un pensamiento obsecuente. Aun así, me alegro de haberlo considerado y comprobar que no estaba equivocado.

Recomiendo con todo mi corazón este libro y me siento honrado de escribir estas sencillas líneas, porque sé que no se trata de una recopilación de mensajes sin grabar que hace una secretaria. Ni tampoco se trata del clásico y oportunista libro de autoayuda, ni de un título más que solo engrosará el catálogo de una editorial. Esta es una obra escrita con el alma. Es uno de esos manuscritos que se escriben desde la cotidianeidad, tratando de buscar un oasis de tranquilidad en medio de un día ajetreado y una agenda que no da tregua.

Me imagino a Claudia, luego de un extenso día agotador que comenzó cerca de las cuatro de la mañana, acostando a sus tres princesas y sentándose frente a la computadora para escribir esta guía esencial para los que necesitan una palabra de aliento. Sin frases hechas y sin caer en lugares comunes, pero con la sencillez y la profundidad que tienen los que poseen «ese» toque divino para comunicar. Conociendo su talento, solo el sentido común nos predice que será el primero de otros tantos éxitos de librería.

Démosle la más cordial bienvenida a esta flamante obra escrita con el corazón y la providencia diaria del Señor.

Dante Gebel
Evangelista y autor

Día 1

*Deléitate en el SEÑOR, y él te concederá
los deseos de tu corazón.*
Salmo 37:4

Tus triunfos están en Dios

El primer versículo que aprendí cuando conocí a Jesús fue: «Deléitate en el Señor». Como todo lo nuevo, me tomé un tiempo para entender lo profundas que eran estas palabras. Este ha sido un versículo que me ha seguido durante los últimos catorce años de mi vida.

Luego, un día entendí que deleitarme en el Señor era estar siempre en el gozo de Dios, feliz ante su presencia y sirviéndole a Él. Desde entonces, en mis oraciones ha estado presente que la clave es amar a mi Dios con todo el corazón, servirle con lo mejor que tengo, gozarme en su amor sin importar las situaciones por las que esté pasando y tener siempre la esperanza de que mi vida es para servirle y trabajar para Él. Así que, ahora estoy segura de que eso me da una enorme recompensa. No sé cuándo ni cómo, pero Dios me concederá los deseos de mi corazón, ya que esa es la promesa de la segunda parte del versículo: «Y él te concederá los deseos de tu corazón».

Por eso quiero que hoy, cuando estaremos como familia llevando este libro cada día, tú puedas comprender y aplicarlo a tu vida.

Entrégale a Dios todo este nuevo día, este nuevo año. Entrégale tus sueños, tus preocupaciones, tus negocios, tu trabajo, tus relaciones, tu familia, tu economía, tu situación migratoria. En fin, entrégate por completo a Dios. Deja que Él sea el piloto de esa nave que es tu vida y preocúpate de sus negocios. Es decir, búscalo, ten momentos de oración, asiste a una iglesia en la que puedas seguir creciendo de manera espiritual y Él, a cambio, se ocupará de todas tus necesidades. Pondrá orden en tu vida y te bendecirá.

Notas: _____
_____
_____

Confía en el SEÑOR de todo corazón, y no en tu propia inteligencia.
Reconócelo en todos tus caminos, y él allanará tus sendas.
Proverbios 3:5-6

Todos fallamos, pero Dios permanece

Muchas veces hemos confiado en personas por error y nos han defraudado porque nos han fallado. Quizá nos engañaran y por eso nos cueste mucho reconocer que debemos aprender a perdonar. Así que debemos entender que Dios es el único que no falla, que no nos dejará y que estará con nosotros por toda una eternidad.

Yo he ofendido y desilusionado a otros con mis actitudes, con mis reacciones. También he tenido que pasar por el trago amargo de perdonar de corazón a quien me ha fallado, a orar por esa persona que destruyó mi vida y mis ilusiones, por obediencia.

Durante varios años, fui madre soltera. Además, tuve que sufrir el abandono de los padres de mis hijas. De modo que enfrentar una vida sola con mis princesas me costó muchas lágrimas y mucho dolor. Sin embargo, los planes de Dios, que son perfectos, me permitieron perdonar de corazón.

¿Y tú? ¿Lo estás haciendo? ¿Hasta cuándo permitirás que tu vida sea amargada y triste? Confía en Dios y Él te sacará adelante porque esa es su promesa.

Notas: _____

_____

No temas, porque no serás avergonzada. No te turbes,
porque no serás humillada.
Isaías 54:4

Todo va a salir bien

No tuve la enorme dicha de conocer a Jesús desde pequeña y en mi juventud, gracias a Dios, tuve un hogar más o menos estable. Un hogar como muchos, con varios problemas entre mis padres y con el triste desenlace de un divorcio. Ver el dolor en mi madre, la desesperación de mi padre y uno como hijo amándolos a los dos es muy fuerte. Es posible que tú, como hijo, estés en medio de esa tormenta y enfrentes una sola verdad: ¿Con quién vivirás? ¿Con papá o mamá? El divorcio será algo que marcará para siempre la vida de todos los involucrados en la familia.

Lo que nunca pensé es que esa sería una herencia para mí. La experiencia de dos divorcios dejó en mi vida mucha soledad, frustraciones y arrepentimiento, sobre todo con mi Padre celestial. Hoy en día, con una vida restaurada por completo y con una clara visión de lo que es un pacto de fidelidad a Dios y a mis promesas, estoy felizmente casada y esta vez para toda la vida.

Si estás atravesando una separación o un divorcio, no temas. No eres la única persona. Solo permite que Dios sea tu guía, tu esperanza... y te levantarás otra vez.

Notas: _____

_____

Día 4

Cuando cruces las aguas, yo estaré contigo [...]
Yo soy el SEÑOR, tu Dios [...] tu salvador.
Isaías 43:2-3

En la tormenta hay crecimiento

Ayer te comentaba que un divorcio es algo que te marca para toda la vida y que solo el amor de Dios nos ayuda a superar la pérdida y comenzar una nueva vida.

No sé cuál sea tu tormenta, ni cuál sea tu problema, ni qué clase de dolor estás sintiendo con esa situación que estás viviendo y que parece interminable. Lo que sí te puedo asegurar es que si en medio de lo que estás viviendo comprendes que Dios está contigo y no te levantas en su contra, la salida a esa situación estará más cercana.

Las pruebas nos dan crecimiento espiritual, desarrollan cada vez más nuestra fe y nos acercan más a Dios. Así que, no te rindas. Recuerda que hay promesas para ti. Aunque ahora no entiendas el porqué Dios te está llevando por esta situación, sí puedes descansar pensando que después de la tormenta viene la calma.

Notas: _____

_____

El Señor te guiará siempre [...] Serás como jardín bien regado,
como manantial cuyas aguas no se agotan.
Isaías 58:11

Piensa antes de actuar

Somos el resultado de las decisiones que tomamos. Después de todo lo que Dios me ha permitido vivir, observa el resultado. Hoy ustedes leen este libro, mi historia en pequeños fragmentos, donde conocen quién soy y mis experiencias: dos divorcios, madre soltera por varios años, una relación fuera del matrimonio con el resultado de una hija que es una bendición en mi vida, mi compañerita bella, y el paso por la mayor prueba de salud de mi vida donde estuve al borde de la muerte. Todas estas cosas me han dejado una enorme lección... somos el resultado de lo que decimos, pensamos, comemos y hacemos.

Somos absolutamente responsables de lo que hacemos con nuestra vida. Sin embargo, no se nos puede olvidar que en esas decisiones podemos llevar por delante a las personas que más queremos. Permitamos que Dios sea nuestro consejero, nuestro amigo, nuestra guía, a fin de que no vivamos arrepentidos de los que hicimos o lo que dejamos de hacer.

 Notas: _____

_____

_____

*La mentalidad pecaminosa es muerte, mientras que la mentalidad
que proviene del Espíritu es vida y paz.*
Romanos 8:6

Tus pensamientos se volverán hechos

Muchas veces pensé y confesé cosas que se hicieron realidad en mi vida. Cosas buenas y cosas no tan buenas. Y esto lo podemos aplicar de dos maneras: pensamientos que agradan a Dios y que nos recuerdan sus promesas, o pensamientos que por lo contrario nos alejan de Él.

No todos los pensamientos vienen de Dios y no todas las cosas malas vienen del enemigo. No obstante, nosotros decidimos qué clase de pensamientos permitimos que vengan a nuestra mente.

A la mente la he comparado con una pista de un aeropuerto. Todo el día llegan pensamientos positivos y negativos. Entonces, ¿qué pensamientos dejamos que aterricen? ¡La decisión es nuestra!

Hacer el ejercicio de sustituir un pensamiento negativo por uno positivo te va a llevar a descartar con facilidad las cosas que te preocupan y que te roban la paz con mucha naturalidad.

Por eso dice el Manual de Instrucciones que debemos llevar cautivos todos nuestros pensamientos a la obediencia de Cristo.

Notas: _____

Señor, hazme conocer tus caminos [...] olvida los pecados y transgresiones que cometí en mi juventud. Acuérdate de mí según tu gran amor, porque tú, Señor, eres bueno.
Salmo 25: 4, 7

Siempre aprendemos del pasado

Cuando me pongo a pensar en mi vida antes de Cristo, reflexiono en lo mismo: *¡Qué lástima que no lo conocí antes! ¡De cuántas cosas me hubiera guardado!* Sobre todo, analizo mi juventud. A pesar de que fui una chica sana y de que nunca tuve experiencias con las drogas, Dios me guardó de no cometer muchas locuras. Sin embargo, fui muy inquieta en lo emocional y terminé casándome sin estar enamorada siquiera.

A los veintiún años, ya tenía entre mis brazos a mi primera princesa, Naty. Aunque fue una bendición, cambió mi vida por completo. Dejé muchas cosas de mi juventud sin concluir y estudios sin terminar. De una manera drástica, empecé una vida llena de responsabilidades. Todos estos ajustes coincidieron con mi llegada a los Estados Unidos con una bebé de cuatro meses, un país extraño y sin saber el idioma. Con todo, aprendí mucho y, lo más importante, maduré.

Quizá tú estás leyendo esta pequeña historia y recuerdas lo que vives hoy. Quiero que sepas que Dios te permite vivir cada experiencia para enseñarte muchas cosas y para que aprendamos a verlo en cada circunstancia de nuestra vida. Recuerda que Dios te ayuda en todo momento... ¡si tú se lo permites!

Notas: _____

_____

Aunque pase por el más oscuro de los valles, no temeré peligro
alguno, porque tú, Señor, estás conmigo.
Salmo 23:4, DHH

Dios es compañía

Ayer te hablaba de los momentos en que Dios nos permite pasar
por valles de soledad y momentos de mucha tristeza y dolor.
Sin embargo, eso no se queda así, pues auque estemos atravesando
los peores momentos, Dios siempre está a nuestro lado.

En medio de la enfermedad te promete ser tu médico de cabecera,
tu sanador. Cuando tienes problemas legales, Dios te promete en
su Palabra que «abogado tenemos para con el Padre» (1 Juan 2:1,
RV-60) en el cielo. Cuando no tenemos trabajo ni dinero, nos
recuerda que Él es nuestro proveedor y que, si se preocupa por las
aves que están en el cielo y las flores, ¿cómo no se va a preocupar
por sus hijos? Dios sabe cada una de nuestras necesidades, y aun
antes de que le pidamos algo, ya conoce nuestros pensamientos.

Así que descansa en el Señor y entrégale toda tu preocupación.
Dios, que es sobre todo tu Padre, te ayudará a seguir adelante y te
pondrá en lugares que jamás pensaste alcanzar.

Notas: _____

_____

_____

El Señor tu Dios está en medio de ti [...] Se deleitará en ti con
gozo, te renovará con su amor [...] como en los días de fiesta.
Sofonías 3:17-18

Reconcíliate con Dios

Como seres humanos, es muy común que cuando una relación no da resultado, ni nos llena, la dejamos. Rompemos con ella y tratamos de olvidarnos para siempre de esa persona que nos ofendió o nos abandonó.

Aun así, he escuchado a través de la vida en Cristo que muchas personas se pelean con Dios por diferentes razones. Quizá perdieran un ser querido y culparan a Dios. O porque tuvieron una petición especial y Dios no la concedió. O a lo mejor sufrieron una amarga experiencia en una iglesia o le falló un líder en el que depositaron toda la confianza. Entonces prefieren cortar toda relación con Dios.

¿Sabes? Es un atrevimiento enojarse con quien te dio la vida. Debemos entender que muchas de nuestras decisiones son las causantes de lo que vivimos. Debemos entender que a Dios le interesa nuestra felicidad y que no se goza con nuestro dolor y sufrimiento. Quizá muchas veces antes de tomar decisiones equivocadas Él nos alertara de varias maneras y no lo escuchamos. A pesar de eso, si fallamos, recuerda que Él no te falla. Él no es un Dios cambiante. Él permanece para siempre. Si estás enojado con Dios, hoy es el día de tu reconciliación con Él. Pídele perdón de todo corazón por haberle juzgado, por haberte alejado, y verás que Él, como un Dios Padre misericordioso, te recibe una vez más en sus brazos.

Notas: _____

_____

_____

No se inquieten por nada; más bien, en toda ocasión, con oración
y ruego, presenten sus peticiones a Dios y denle gracias.
Filipenses 4:6

Tú haces tu día diferente

Por favor, no te levantes repitiendo un viejo refrán: «Estoy salado. ¡Hoy no es mi día!».

Hoy es el día que Dios hizo para ti y para mí. Lo hizo con tanto amor que Él dice en el Manual de Instrucciones que las misericordias de Dios «nuevas son cada mañana» (Lamentaciones 3:23, RV-60).

No todos los días son buenos ni son malos. Solo que cada uno es diferente y tiene sus propias preocupaciones. Sin embargo, tú eres el chef que le da la sazón. Tener problemas, preocupaciones, levantarte y ver el día nublado, no debe determinar tu felicidad. Esto parece fácil, pero no lo es cuando estamos en días difíciles.

En medio de mis pruebas aprendí a mantener el gozo. Así que un día llevé de mi mente al corazón lo que quizá has escuchado y repetido muchas veces: «El gozo del Señor es nuestra fortaleza» (Nehemías 8:10). O sea, que si a pesar de lo que estoy viviendo, entiendo y practico este principio, el resultado va a ser que mi día será mucho mejor y voy a poder sentirme feliz aunque esté pasando por un momento de preocupación.

Esta actitud es precisamente lo determinante ante la vida. Así que cambia los pensamientos negativos por pensamientos positivos y busca a Dios con todo el corazón. De ese modo, notaras la diferencia. Sentirás que ese día que parecía imposible de sobrevivir, fue uno liviano y hasta feliz.

Notas: _____

_____

_____

Por la mañana, SEÑOR, escuchas mi clamor; por la mañana te presento mis ruegos, y quedo a la espera de tu respuesta.
Salmo 5:3

Aeróbicos para el espíritu

La adquisición de sabiduría es una bendición para nuestra vida. Todos los días en las noticias escuchamos la importancia de hacer ejercicios y que debemos caminar por lo menos media hora. Si a eso le sumamos una alimentación balanceada, tendremos una vida de buena calidad.

Lo mismo sucede con nuestra vida espiritual. Debemos ejercitarla mediante la oración, los momentos de intimidad con Dios y al congregarnos. Asimismo, la lectura del Manual de Instrucciones, que es la Biblia, nos da la seguridad de lo que Dios espera de nosotros y cómo debemos actuar ante diferentes situaciones que tengamos que vivir. Y para llegar a esto que llamamos «aeróbicos espirituales», nos hace falta disciplina. Esto es lo que sucede cuando decidimos ir al gimnasio o comenzar una nueva dieta. Todo comienzo es difícil.

Cuando empecé a leer la Biblia por mi cuenta, les confieso que muchas veces no entendía o no lo podía interpretar. Sin embargo, alguien me sugirió que leyera Proverbios, pues hay treinta y un capítulos, que son los días que por lo general trae un mes del año, y fue de mucha bendición. De igual manera orar y asistir a una iglesia te ayudarán a mantenerte conectado con Dios todo el tiempo y, créeme, tu vida será bendecida.

Notas: _____

_____

_____

Dios es amor. El que permanece en amor,
permanece en Dios, y Dios en él.
1 Juan 4:16

El amor a Dios

Si no amamos a Dios, no podemos dar amor a los demás. ¡Este es otro principio bellísimo! Se trata de entender que nuestra labor más hermosa es amar a Dios con todo nuestro corazón y con todas nuestras fuerzas.

A mí no me gusta mucho escuchar cuando otra persona dice que está enamorada de Jesús. Esto se debe a que, al decir «enamorada», mi mente de inmediato lo relaciona con el amor a mi esposo. Aun así, se escucha con mucha frecuencia en canciones interpretadas por hombres y mujeres. Lo que rescato de esto es que amar a Dios me hace más sensible a las cosas espirituales. Amar a Dios me hace más misericordiosa para entender el dolor de un amigo. Amar a Dios me hace valorar todo lo que Él ha hecho por mí desde perdonar mis pecados, restaurar mi vida y darme una nueva oportunidad de ser feliz. Te puedo dar fe y testimonio de que amar a Dios, servirle a Él y renunciar a otros intereses me han dado más felicidad que cuando no le conocía. Cuando decidí trabajar en un medio cristiano de comunicación, muchos me tacharon de religiosa, fanática y hasta loca al dejar la fama y el dinero que representaba trabajar en una radio tan importante como lo es Radio Caracol en Miami y dedicarme por completo a servir a Dios. Hoy, diez años más tarde, he dado el mejor de los frutos. Dios ha recompensado cada minuto de mi trabajo, me ha respaldado, me ha usado para servir de ejemplo e inspiración para otros. Lo que es más lindo, me ha permitido trabajar en lo que me gusta y con el mejor jefe... Él.

Notas: _____

_____

El que atiende a la palabra, prospera.
¡Dichoso el que confía en el SEÑOR!
Proverbios 16:20

Recibe lo mejor de Dios

No comiences tu año pensando que eres un fracasado, que ya no hay nada que hacer. Siempre hay lago que hacer. Siempre Dios no da la oportunidad de levantarnos, cambiar y apoderarnos de las promesas que nos dejó Él. ¿Por qué no crees en ellas? ¿En serio piensas que esos beneficios son solo para algunos?

No es bueno que tengas problemas. Aun así, que no todo en la vida te haya salido como esperabas no quiere decir que no levantarás cabeza nunca más.

Antes debes creer en ti mismo y, con esa mentalidad, **levantarte** cada día a conquistar todo lo que esté a tu alcance.

No te rindas, ánimo, que aún no ha llegado lo mejor.

Recibe lo mejor de Dios en este día. Cambia tu actitud y verás cómo empiezan a suceder las cosas. Además, de un cielo gris pasas a un hermoso cielo azul, con algunas nubes quizá, pero bonito.

Notas: _____

_____

¿Por qué voy a desanimarme? ¿Por qué voy a estar preocupado?
Mi esperanza he puesto en Dios.
Salmo 42:11, DHH

¿Por qué voy a desanimarme?

El desánimo, la tristeza, la frustración y la baja autoestima son aliados para hacernos infelices. Dios, en su Palabra, dice: «El gozo del Señor es nuestra fortaleza» (Nehemías 8:10). Si comprendemos esta frase, veremos que este consejo que nos dejó Dios lo hizo como un Padre que sabía que tendríamos dificultades y momentos de prueba. Entonces, si nos manteníamos con gozo, que significa estar en Él, creyendo que está de nuestro lado, que no nos abandona en las situaciones que se presentan, sino que en cambio nos da la fuerza, tendremos la sabiduría y el entendimiento para escuchar su voz y salir adelante triunfantes. Eso nos ayudará a ver y vivir la vida de otra manera.

Esto no quiere decir que no sea válido sentirse mal. Somos humanos, pero nuestra manera de pensar debe cambiar y acoplarse a la mentalidad de Dios que solo espera que tú y yo seamos felices. Es posible que en este mismo momento estés pasando la peor situación de tu vida. A lo mejor estás considerando si vale la pena seguir adelante. Por eso, Dios en este día te dice: «No pierdas la esperanza, no te desanimes, pues yo estoy contigo y te sacaré adelante. Así, podrás reconocer que yo soy tu Dios. Solo cree en mí».

Notas: _____

_____

*Sabemos que Dios dispone todas las cosas
para el bien de quienes lo aman.*
Romanos 8:28

Él cambia nuestra tristeza

Parece irónico decir que de lo malo que nos pasa en la vida Dios, en algún momento, lo cambiará para bien. Creo que no hay algo que cause más dolor que los resbalones, las equivocaciones o, como decimos, «las metiditas de pata». Debemos entender que una mala decisión nos puede cambiar la vida. Sin embargo, Dios perdona un error y nos da una nueva oportunidad si nos arrepentimos de corazón, aunque no logremos escapar de las consecuencias de lo que hacemos en la vida, sea bueno o malo.

Algunos aprenden de los errores y cambian de manera radical. Ese no fue mi caso. Cometía un error tras otro y Dios me daba nuevas oportunidades, pero volvía a fallar. Hasta que un día, Él tuvo que cambiar mi camino para enderezar mi corazón. De una relación extramatrimonial quedé embarazada y pasé uno de los momentos más difíciles de mi vida. Tuve que enfrentarme a Dios, a mis princesas, a los pastores y reconocer mi error y vivir las consecuencias. Así que perdí mi trabajo, nos abandonó el padre de mi hija y se lastimó mi testimonio. Por eso, tuve que volver a empezar desde cero.

No obstante, en esta etapa aprendí a conocer a Dios de otra manera. En medio del dolor, no me abandonó y dejó en mis manos una hermosísima responsabilidad: Mi princesa Anacristina que llenó mi corazón de felicidad. Vi cómo de una mala situación pasé a ser la madre más feliz y orgullosa de sus hijas. De modo que al poco tiempo, Dios me devolvió absolutamente todo. Volví a la radio, pero convertida en una nueva mujer. Por favor, ¡aprendamos de los errores!

Notas: _____

_____

_____

No juzguen, y no se les juzgará [...]
Perdonen, y se les perdonará.
Lucas 6:37

Vive tu vida... ¡y no critiques!

¿Has escuchado ese refrán que dice que «con la medida que midan a otros, se les medirá a ustedes»? Pues no es un dicho, sino una recomendación que encontramos en la Biblia (véase Mateo 7:2).

Si eres de los que te la pasas criticando a tu compañero de trabajo, juzgas todo lo que hace tu pareja, vives lleno de rencor y lo que menos piensas es en perdonar a los que te han ofendido, así sea a tus padres o a tus hijos, déjame decirte que estás muy lejos de agradar y tener complacido a Dios.

En su Palabra, Dios nos enseña exactamente lo contrario. Nos orienta que no debemos juzgar para que nadie nos juzgue a nosotros. Nos instruye que debemos perdonar hasta setenta veces siete... ¿Te imaginas?

¿Por qué no hacemos hoy este ejercicio? Hagamos una pequeña evaluación de cómo está nuestra vida en estas dos esferas: la crítica y la falta de perdón. Aunque no parecen muy importantes en el diario vivir, sí tienen un gran efecto en el ámbito espiritual.

Piensa en que si no cambias esa actitud, todo el mundo juzgará tus acciones. Serás el centro permanente de burla y de chimes. Te expondrás en todo lo que haces. Por otro lado, si no le pides a Dios que te ayude a tomar la decisión de perdonar, el día que falles, el día que te equivoques, no te van a perdonar. Recuerda que todo lo que sembramos eso mismo cosechamos. Si Dios que es Dios no nos critica y nos perdona sin merecerlo, ¿por qué no hacemos hoy ese pacto de cambiar?

Notas: _____

_____

_____

El fruto del Espíritu es amor, alegría, paz, paciencia, amabilidad,
bondad, fidelidad, humildad y dominio propio.
Gálatas 5:22-23

Lo dulce para el alma

¿Cómo te sientes cuando estás rodeado de personas negativas? ¿Donde el amor brilla pero por su ausencia? Es feo verdad. Uno de mis propósitos cada nuevo día es no unirme a personas negativas. El de luchar y hacer hasta lo imposible para no dejar contaminar mi corazón ni mi mente de las palabras y actitudes que tienen ciertas personas que nos rodean en nuestro trabajo, en la calle y aun en la iglesia. Que desean robarte tu paz y felicidad.

Si decimos tener una relación con Dios, ¿por qué dejamos que de nuestra boca solo salgan palabras negativas? ¿Por qué nuestra capacidad de comprensión a los demás es cada vez menor y por qué dejamos que el «orgullo» sea la imagen de nuestra vida?

Cuando recibimos a Jesús como nuestro único y verdadero Salvador, Dios espera que nosotros a través de conocerle, leer su Palabra y congregarnos en una iglesia, empecemos a dar los frutos de su Espíritu. Así que mira lo alejados que podemos estar de esto con nuestra manera de ser. A veces, con la forma en que nos proyectamos a los demás, somos nosotros mismos los que alejamos a nuestros amigos y familiares de Dios, pues lo que hablamos no coincide con lo que somos.

Pidámosle a Dios que podamos ser buenos representantes suyos en la tierra.

Notas: _____

_____

_____

Olvidando lo que queda atrás y esforzándome por alcanzar lo que está delante, sigo avanzando hacia la meta para ganar el premio que Dios ofrece mediante su llamamiento celestial en Cristo Jesús.
Filipenses 3:13-14

Deja el pasado y mira el futuro

Estamos comenzando un nuevo año y es tiempo de dejar atrás nuestros errores. Es tiempo de comenzar con nuevas actitudes. Dios te quiere feliz y desea que puedas alcanzar tus metas en este nuevo año. No se trata solo de dejar de fumar, comenzar una nueva dieta, ni iniciar una temporada en el gimnasio. Nuestras metas deben ir más allá de esto, aunque todo lo que mencioné antes es clave para un cambio. Esas propuestas para este año deben ir acordes a lo que Dios espera de nosotros.

He experimentado en mi andar con Cristo que lo mejor en la vida es hacer la voluntad de Dios. La obediencia trae bendición. Es una fórmula que no falla.

Cuando hacemos la voluntad de Dios, vemos que todo sale bien. Vemos un respaldo en cada plan que desarrollamos. Las puertas se abren y nos sorprendemos porque sabemos que Él va delante. Y algo muy especial... sentimos paz.

Si para este nuevo año aún no tienes metas o sigues pegado a las cosas del pasado que te restan felicidad, pídele en oración a Dios que te muestre su plan perfecto para ti. Y dile: «Señor, quiero hacer tu voluntad y no la mía. Ayúdame a comenzar una nueva vida». Amén y amén.

Notas: _____

_____

_____

Ante ti, Señor, están todos mis deseos;
no te son un secreto mis anhelos.
Salmo 38:9

Dios conoce tus sueños

Ayer aprendimos que con la ayuda de Dios podemos dejar atrás nuestro pasado y forjar nuevas metas. Así como en una sencilla oración puedes pedirle que te muestre su voluntad, Dios es especialista en hacer realidad los sueños más profundos de nuestro corazón.

Su Palabra dice que antes de que nosotros abramos nuestra boca para pedirle algo, Él ya conoce ese deseo (véase Mateo 6:8). Sin embargo, le gusta que seamos bien específicos en lo que queremos.

Muchas personas creen que, debido a que no han visto aún un sueño hecho realidad, ese sueño no es posible y lo descartan. Dios hoy quiere decirte que Él conoce tu corazón, quiere que tengas una relación personal con Él y que aprendas a entender que nuestro tiempo no es su tiempo y nuestros pensamientos no son sus pensamientos (véase Isaías 55:8).

Sin embargo, algo que siempre me dio mucha seguridad ante mis anhelos y deseos del corazón es que sabía que Dios tenía lo mejor para mí. Y muchas veces me dijo «no» a cosas que le pedí y hoy en día entiendo que fue su perfecta voluntad.

Somos como niños cuando le piden a mami un dulce. A veces, sabemos que le puede caer pesado y que no es el momento. Aun así, ese pequeñito no lo entiende, y cuando se le da después de tanta insistencia, al niño le da un dolor fuerte de estómago.

Dios primero que todo es Padre y sabe lo que es bueno para cada uno de sus hijos. Por lo tanto, pon tus sueños delante de Él y confía en su mejor respuesta.

Notas: _____

_____

_____

Honra a tu padre y a tu madre [...] para que te vaya bien
y disfrutes de una larga vida en la tierra.
Efesios 6:2-3

Honra a tus padres

Si quieres alargar tu vida, debes honrar a tus padres. Honrar es respetar. Es fascinante saber que es un mandamiento establecido por Dios y es el primero que tiene una promesa a su lado. En nuestras palabras es bien sencillo: Si respetamos, o sea, honramos a papá y mamá, Dios nos garantiza que tendremos una larga vida. Y es tan profunda esta enseñanza que, desde que la conocí, hago lo mejor de mi parte para darles a mis padres todo mi respeto, amor y atención, aunque no viven conmigo en Estados Unidos.

¿Cuándo fue la última vez que atendiste a tu padre? ¿Cuándo fue la última vez que tuviste un detalle con tu madre? Sé que a menudo el rencor y el resentimiento acompañan el corazón de los hijos, pues en muchos casos esos padres fueron abusadores y fuertes con ellos. Nunca les dieron amor. Es más, nunca les dijeron que los amaban y, en la actualidad, esos corazones están endurecidos por la falta de perdón.

Hoy es el día de honrar a papá y mamá, sin importar lo que sucediera en el pasado. Tu obligación es vivir un principio, y si necesitas perdonarlos hoy, hazlo. Llámalos, escríbeles una carta para decirles lo importante que son para ti, y esto tendrá un hermoso fruto. Te sentirás libre y entonces podrás ser obediente al mandato de Dios. Y si alguno partió con el Señor, exprésalo mediante una oración.

Notas: _____

_____

Jesús dijo: *Vengan a mí todos ustedes que están cansados y agobiados, y yo les daré descanso.*
Mateo 11:28

Días difíciles

Sé que levantarse y encontrarse con un día lleno de situaciones, problemas familiares, quizá hasta problemas de dinero o la incertidumbre de estar un día más sin trabajo te puede frustrar y llevar a renegar y pelear contra Dios. Mi consejo es que no pelees contra Él. Como hijo de Dios, tienes todo el derecho de decirle cómo te sientes, pero no cuestionarlo y mucho menos maldecir tu vida.

Tal vez te parezca repetitivo, pero es cierto. Este es el día que Dios creó para ti, y algo que alegra el corazón de Dios es que a pesar de tu situación, de tu problema, puedas alegrarte y gozarte en el día que te levantas hoy. Recuerda que no eres el único. Todos tenemos días de angustia, pero no todos tenemos la misma actitud ante la adversidad. De modo que nuestra actitud y nuestra fe sí cambian por completo el panorama.

Descansa en Él y dile: «Señor, aunque no entiendo lo que estoy viviendo, quiero decirte que me alegraré y me gozaré este día. Y esperaré confiadamente en ti. Amén».

Notas: _____

_____

_____

Porque yo sé muy bien los planes que tengo para ustedes [...]
a fin de darles un futuro y una esperanza.
Jeremías 29:11

Que nada te aleje del amor de Dios

Muchas veces nos hacemos grandes ilusiones ante la vida. ¿Te ha pasado que has soñado tanto tener o lograr algo que cuando lo obtienes no cumple tus expectativas? No te sientas mal, pues no eres el único. A menudo nos confiamos porque hacemos las cosas con nuestras propias fuerzas. Hemos tomado decisiones sin consultar y mucho menos hemos llevado nuestros planes delante de Dios.

Tal vez digas: «Bueno, ¿y por qué tengo que llevarlo todo ante Dios?». Porque es lo más inteligente que podemos hacer tú y yo. Te lo explico: Dios es nuestro Creador. Es el dueño de nuestra vida. Sabe todo acerca de nuestra vida presente y futura. Y dejó en su Palabra más de tres mil promesas para nosotros. El problema está en que muchos no creen que eso sea cierto. Sin embargo, los que hemos tenido una relación personal con Él, hemos comprobado que sí cumple sus promesas. Te daré algunas para que las analices:

- Prometió que aunque nuestro padre y nuestra madre nos abandonen, Él nunca nos dejará (véase Salmo 27:10).
- Prometió que nos fortalecerá y ayudará, y nos sostendrá con la diestra de su justicia (véase Salmo 48:10).

Toma hoy de tu tiempo y lee la Biblia. Allí encontrarás muchas promesas que te pertenecen y sentirás una cercanía a tu Padre «Dios».

Notas: _____

_____

Lleven una vida de amor, así como Cristo nos amó y se entregó
por nosotros como ofrenda y sacrificio fragante para Dios.
Efesios 5:2

Necesitas que te amen

Desde que llegamos a este mundo, todos tenemos una gran necesidad de amor.

Las que hemos tenido el regalo precioso de ser madres, lo experimentamos desde el primer momento que nos ponen en nuestro pecho ese tierno bebé. Es tan indefenso, que no nos cansamos de mirarlo y ver cómo Dios lo creó tan perfecto. Alrededor de nueve meses esa personita se formó dentro de nosotras. Es un milagro de amor y de vida.

Desde el primer día de nacido, se crea un lazo perfecto de amor entre ese bebé y sus padres. Para papá es emocionante ver cómo su hijo responde ante el tono de su voz. Para nosotras, cuando ese pedacito de carne nos busca para que los alimentemos, es un momento muy íntimo y único. Todos necesitamos que nos amen y amar.

Cuando la vida nos pone en situaciones como el abuso de un padre en la niñez o el rechazo de un hijo después que has dado todo por él, tú y yo debemos recordar el mayor acto de amor que tuvo Dios por la humanidad: La entrega de su único Hijo para que muriera por nosotros y darnos vida eterna. Recuerda, Dios es amor y te ama de manera incondicional.

Mi consejo es que tomes la mejor decisión y perdones a los que te han ofendido e incluso te han abandonado. De ese modo, sentirás una gran libertad para amar y que te amen.

Notas: _____

_____

_____

Pon en manos del Señor todas tus obras,
y tus proyectos se cumplirán.
Proverbios 16:3

Vuelve a empezar

Si escudriñamos el Manual de Instrucciones, nos encontraremos muchas historias en las que por diferentes circunstancias se llegó a un punto de perderlo todo y volver a empezar.

Ese fue el caso de Job, a quien Dios permitió que Satanás tocara y lastimara su vida y lo probara en todo. Después de tener muchas riquezas, familia, ganado, tierras y salud, Job quedó de un momento a otro en la más profunda pobreza, soledad y abandono. Hasta terminó rascándose con una teja. ¿Te imaginas?

¿Cuál sería nuestra actitud ante Dios si nos sucediera a nosotros? No obstante, lo determinante en la vida de este hombre es que supo aceptar la voluntad de Dios y no fue en su contra. Por eso Dios lo prosperó de nuevo y le dio dos veces más de lo que tenía. Después de esos sucesos, Job vivió ciento cuarenta años y disfrutó una larga vida. Esta historia nos deja varias enseñanzas: Dios es un Dios de nuevos comienzos. Si has sido un fracasado, Dios te invita hoy a que te levantes y le creas. Te pide que le entregues tu corazón y toda tu vida en sus manos. Confiando en que Dios te sacará del lugar en el que estás y te pondrá otra vez en lugares de privilegio, ¿por qué no te das una nueva oportunidad?

Te invito a hacer esta corta, pero poderosa oración: «Señor Jesús, te pido perdón si te he juzgado. Te pido perdón por haberte cuestionado. Hoy quiero entregarte mi corazón y quiero que me des una nueva vida en Cristo Jesús. Amén y amén».

Notas: _____

_____

No amemos de palabra ni de labios para afuera,
sino con hechos y de verdad.
1 Juan 3:18

El amor verdadero se prueba

Hace una semana vi a través de mi princesa mayor, Naty, el sufrimiento por amor. Pasaba por su primera pena amorosa, una gran desilusión. Así que me dijo: «¿Por qué, mami? ¿Por qué tengo que sufrir? ¿Por qué perdí tanto tiempo creyendo en el amor de esa persona?». Me partía el corazón verla llorar a veces sin consuelo y me hizo recordar el versículo sobre el amor que Dios nos dejó en su Palabra: «El amor es sufrido» (1 Corintios 13:4, RV-60). Sin duda, todos hemos sufrido o sufriremos por amor. En ese momento mis palabras no traían consuelo a su corazón quebrantado, pero en medio de su dolor Dios me recordó varias cosas: El verdadero amor pasa por pruebas para ver su fortaleza. Me afirmó que Dios nos ama de manera incondicional y que nos cuida de tener más sufrimiento.

A veces nosotros creemos que estamos con la persona adecuada y nos aferramos a ella, aun sabiendo que ni la aprueban nuestros padres y mucho menos Dios.

Como Dios nos ama, nos permite ver cosas y nos muestra de alguna u otra manera que estamos equivocados. Sin embargo, nosotros, en nuestra terquedad, seguimos adelante. Así que cuando viene la desilusión, nos acordamos que nos lo habían advertido. Por eso el consejo a mi hija ahora en medio del dolor es: «Tienes que aferrarte más que nunca a Dios y esperar en Él. Dios sanará tus heridas y te mostrará el verdadero amor».

Notas: _____

_____

_____

*Anímense unos a otros con salmos, himnos y canciones espirituales.
Canten y alaben al Señor con el corazón, dando siempre
gracias a Dios el Padre por todo.*
Efesios 5:19-20

Dios siempre tiene la razón

Creo que sufrí por amor el noventa por ciento de mi vida. Siempre me equivocaba cuando buscaba pareja y nunca tenía a Dios como consejero. Por eso, el noventa por ciento de mi vida lo viví en desamor. Hoy en día, supe esperar en Dios y Él fue el que trajo a mi vida a mi esposo, Edgar. Así que pude ver la diferencia: Cuando las cosas son de Dios, permanecen. De modo que pueden pasar tormentas y dificultades, pero ese amor lucha y enfrenta cada crisis en la ROCA que es Cristo.

Cuando queremos hacer nuestra voluntad y actuar como decía una antigua canción «Hagamos lo que diga el corazón», viviremos aventuras y romances que terminan en grandes tragedias, desilusiones y hasta traumas que arrastraremos por años en nuestra vida. El Manual de Instrucciones nos deja ver bien claro que «engañoso es el corazón» (Jeremías 17:9, RV-60).

Con tantas experiencias dolorosas que tuve a lo largo de mi vida y cansada de sufrir, un día por fin decidí hacer un ALTO en mi vida emocional e hice un pacto con mi Dios al decirle las siguientes palabras: «Quiero desintoxicarme de los hombres y deseo guardarme para ti y para mis princesas». Y Dios, que es amor, me tomó en sus brazos. Entonces, a partir de ese momento, pude experimentar lo que es estar quieta y esperar en Él.

Si estás cansado de una vida amorosa tormentosa, es tiempo de hacer un ALTO y pedirle a tu Padre que te dé la fuerza para dejar esa relación que está destruyendo tu vida. Así, serás capaz de decir, como yo lo hice un día: «Dios quiere lo mejor para sus hijos y siempre tiene la razón».

Notas: _____

_____

_____

Orará a ti todo santo en el tiempo en que puedas ser hallado [...]
Tú eres mi refugio; me guardarás de la angustia;
con cánticos de liberación me rodearás.
Salmo 32:6-7, RV-60

Oración por perdón y firmeza

Señor Jesús, en esta hora busco tu presencia porque deseo limpiar mi corazón de toda maldad. Quiero que me des firmeza, Señor, en este día, a fin de seguir adelante y poder perdonar a quien me ha hecho daño.

También te pido, Dios mío, que me perdones por el daño que les he causado a los demás. Dame sabiduría para entender que cuando perdono, estoy siendo libre en ti.

Dios mío, quita de mí todo orgullo, todo pensamiento que no venga de ti y hazme humilde.

Señor, sé que la venganza es tuya y que tú eres mi Defensor. Así que estoy seguro en tus manos.

Quiero honrarte y adorarte. Por lo tanto, reafirma mi espíritu y no me dejes caer en tentación.

Te amo con todo mi corazón. Y sé que tienes grandes y maravillosas cosas para mí. Amén y amén.

Notas: _____

_____

No tengas miedo ni te desanimes, porque Dios el Señor,
mi Dios, estará contigo. No te dejará ni te abandonará.
1 Crónicas 28:20

Dios es tu ayudador

Dios es el único que nos ayuda en medio del dolor en la pérdida de un ser querido. Es el único que puede comprender ese dolor porque Él también perdió a su Hijo, Jesús.

Dios es nuestro Consolador y nos lo dejó por medio del Espíritu Santo. Por eso, cuando estamos sufriendo, nuestro Padre se interesa por nuestro dolor.

Y nos envía consuelo, paz y alivio.

¿Por qué Dios permite el dolor? Nunca entenderemos el porqué Dios lo permite. Entonces, ¿cómo consuelas a una madre que por años disfrutó de su hijo y ahora no lo ve más? ¿Cómo llenas una habitación que ha quedado repleta de recuerdos como fotos, ropa, juguetes y cosas que te recuerdan ese hijo amado? Solo Dios puede ser nuestra ayuda en medio de la pérdida. Él es el único que nos puede llenar de la paz que sobrepasa todo entendimiento.

Si estás atravesando por esta situación y has perdido un ser querido, recuerda que Dios es tu ayudador. Él te ama y te consuela en medio del dolor...

Notas:

*Responde a mi clamor, Dios mío y defensor mío. Dame alivio
cuando esté angustiado, apiádate de mí y escucha mi oración.*
Salmo 4:1

Dios alivia mi dolor

Oh, Dios mío, en ti confío. Sé que eres mi consuelo y que en medio de esta prueba tú estás conmigo.

Quiero decirte, mi Dios, que aunque no entiendo el porqué estoy viviendo esta situación y estoy sufriendo, te ofrezco a ti cada lágrima, cada noche sin dormir, cada pensamiento negativo que ha llegado a mi mente de que mejor sería no existir y deposito mi corazón en ti para que lo llenes de tu amor.

Señor, renuévame y restaura mi alma. Permite que muy pronto pueda encontrar alivio a esta situación y logre ver la salida en medio de esta tribulación.

Señor, tú eres mi refugio y mi esperanza.

Señor, que se haga tu voluntad y no la mía.

Y ayúdame a aprender de esto que hoy me permites vivir.

Que pueda crecer después de esta prueba y sea capaz de ayudar a otras personas que sufren.

Gracias, mi Dios, por formar en mí el carácter de tu Hijo Jesucristo.

Amén y amén.

Notas: _____

_____

_____

Pidan, y se les dará; busquen, y encontrarán;
llamen, y se les abrirá.
Mateo 7:7

La oración tiene poder

Quizá tú no seas quien más ora. No seas el que separa unos segundos o minutos del día para orar y levantar una comunicación directa con tu Dios. Aun así, quiero decirte que la oración tiene muchas bendiciones en nuestra vida.

A través de la oración te acercas más al Padre. Cuando nuestros hijos necesitan algo, o quieren que les compremos algo, se acercan de manera confiada a nosotros. Incluso cuando han hecho algo malo se acercan para decirnos que les perdonemos, pues cometieron una falta, y casi suplican por misericordia.

Lo mismo sucede con nuestro Dios que desea que tú y yo tengamos una relación personal con Él. Que desea que nos acerquemos de manera confiada a Él. No para repetir como loros lo que queremos cada día, sino también para conocerle con mayor profundidad. Como Padre, desea que tú y yo le busquemos y le pidamos «TODO» lo que necesitemos.

Comienza a desarrollar momentos íntimos con Dios. Sepárate y establece esa comunión con Él. Al principio, sentirás que no sabrás qué decirle ni cómo hablarle, pero al poco tiempo te darás cuentas que tus palabras fluirán y serás capaz de derramar tu corazón ante Papá (Dios).

Notas: _____

_____

_____

Día 31

No amen al mundo ni nada de lo que hay en él [...]
El mundo se acaba con sus malos deseos, pero el que hace la
voluntad de Dios permanece para siempre.
1 Juan 2:15, 17

La libertad está en Dios

¿Por qué le doy al pensamiento de hoy el nombre de «La libertad está en Dios»? Porque no solo es bíblico, sino que es real. Hace unos meses pude conocer a un oyente muy jovencito, de veintidós años. Su nombre es Víctor Huete y fue cabecilla de un grupo de las «Maras Salvatruchas». Mediante una carta que envió a nuestra radio, nos contó cómo llegó a formar parte de esa pandilla desde los catorce años de edad, cómo cometió una serie de actos para integrarse al grupo y los pactos que estableció directamente con Satanás. También contó que desde que llegó a la cárcel, después de caer preso en la ciudad de Miami, se reconcilia con Dios y le reconoce como su Salvador. En medio de la soledad y la frustración por estar en una cárcel, este joven comienza su andar con Jesús. Hoy en día, su vida está transformada. Así que, en la cárcel, les habla a otros de la Palabra y de sus experiencias, al decirles de dónde lo rescató el Señor. Ahora, con autoridad, evita que otros jóvenes caigan en ese mundo oscuro y cruel de las pandillas. No obstante, lo más hermoso es que en su cara hay paz. Su carita refleja el amor de Dios y, lo que es más importante, en medio de esa cárcel, de esa celda donde todavía permanece, ha encontrado lo que muchos no tienen a pesar de que viven en su propia casa: «LIBERTAD».

Notas: _____

_____

_____

Día 32

El Señor [...] restaura a los abatidos
y cubre con vendas sus heridas.
Salmo 147:2-3

¿En quién puedes descansar?

Dios mío, levanto una oración pidiéndote una porción mayor de fe y de esperanza para mi vida. Te quiero confesar que muchas veces he querido rendirme, pero cuando miro a mi alrededor y veo a mis hijos, mi familia y todo lo que has hecho por mí, entiendo que lo que necesito aprender es a descansar en ti.

Señor, enséñame a confiar en ti y a buscarte con todo mi corazón. Permite, Padre santo, que crea en cada una de esas promesas maravillosas que me has dejado en tu Palabra y esperar por ellas.

Sé, mi Dios, que tú restauras al abatido y con tu amor cubrirás las heridas de tus hijos.

Anímame en este día y ayúdame a colocar mi mirada de manera exclusiva en ti y no en las circunstancias que estoy viviendo.

Notas: _____

_____

Siempre tengo presente al Señor;
con él a mi derecha, nada me hará caer.
Salmo 16:8

Que nuestro caminar sea firme

Es muy común que los problemas de la vida nos roben nuestra confianza en Dios.

Llegar a un país extraño, la separación por una situación migratoria de tu familia, un divorcio, un hijo en las drogas, una desilusión en tu iglesia, una traición de un amigo... Son tantas y tan comunes las situaciones que te menciono hoy que es muy fácil que tú y yo podamos estar pasando alguna de ellas.

Sabemos que no todos tenemos la misma resistencia al dolor ni todos tenemos la misma capacidad para enfrentarnos a la vida. Sabemos que esas situaciones nos pueden aturdir y hasta nos pueden alejar de Dios. Incluso, a menudo culpamos a Dios de lo que nos está pasando y por error podemos tomar decisiones fuera de su voluntad.

¡Qué riesgo es vivir la vida sin tener a Dios de nuestro lado! ¡Qué peligro es desafiar a Dios a que podemos vivir sin Él y hacer nuestra voluntad!

Ahora quiero que aprendas algo: Dios es AMOR, Dios es COMPASIVO, Dios es JUSTO y es PADRE. Y al que ama corrige. Por favor, no quieras experimentar la corrección del Padre. Entrega este día toda soberbia, todo orgullo, y ríndete en los brazos del Único que puede cambiar tu situación.

Notas: _____

_____

_____

Panal de miel son las palabras amables:
endulzan la vida y dan salud al cuerpo.
Proverbios16:24

Huye del negativismo

¡Cuántas veces nos toca en la vida diaria convivir con personas negativas, personas que desde que abren su boca es para criticar a otros, para maldecir la vida que están viviendo! Se desaniman a cada momento y, como dicen por ahí, ¡no los calienta ni el sol!

Me refiero a las personas que van a una iglesia constantemente, que leen la Palabra y que se dicen llamar «cristianos». A estos más bien les digo «cristinos». ¿Sabes la repercusión que tiene para nuestra vida comportarnos de esa manera?

Sé que muchos de los que hoy leen este libro, o lo escuchan por la radio, se han sentido muy incómodos al tener a su alrededor personas así. Que en vez de atraerte a la iglesia para tener una vida espiritual, más bien te alejan y se convierten en piedra de tropiezo. Una piedra tan poderosa que alejan a los que le rodean y le impiden tener una vida con Jesús.

Recuerda que las palabras tienen poder y con ellas puedes bendecir o maldecir a una persona. Permitamos, pues, en este nuevo día, que lo que hablemos coincida con las cosas que hacemos. ¡Pidámosle a Dios ser reflejo de su luz y brillar sin contaminarnos con el negativismo!

Notas: _____

_____

Pero yo, SEÑOR, en ti confío, y digo: «Tú eres mi Dios».
Mi vida entera está en tus manos.
Salmo 31:14-15

Oración por mi carácter

Querido Jesús: Reconozco que muchas veces no he sido un buen ejemplo para mi familia y mucho menos para las personas que me rodean. Sé que muchas veces mis actitudes no han dado buen testimonio de tu nombre.

Te suplico que me ayudes a retener mi boca y no hablar cosas de las cuales me pueda arrepentir.

Aunque sé que te amo, mi Dios, reconozco que he usado tu nombre en vano y he dudado de tu poder, de tu amor y de tu misericordia.

Te pido perdón con todo mi corazón.

Quiero que formes el carácter de tu Hijo en mí y que yo pueda, Señor, ser un instrumento tuyo en esta tierra.

Guíame para que mi vida llegue a ser ejemplo y tú puedas reinar siempre en mí.

Aléjame, Padre, de personas que no aportan nada bueno a mi vida y, por favor, no me sueltes de tu mano. Te necesito, mi Señor.

Notas: _____

_____

Enjugará Dios toda lágrima de los ojos de ellos;
y ya no habrá muerte, ni habrá más llanto, ni clamor,
ni dolor; porque las primeras cosas pasaron.
Apocalipsis 21:4, RV-60

El beneficio del dolor

¿Cómo vamos a poder decir tal cosa? ¿Que el dolor tiene una parte positiva en nuestras vidas?

¡Sí! No hay nada más poderoso en nuestro caminar con Cristo que haber experimentado, aunque sea una vez, el dolor a través de una prueba.

Dios permite que nos prueben y sabe a la perfección la capacidad que tenemos para resistir. Es más, su Palabra dice que no permitirá algo que tú y yo no podamos tolerar para salir triunfantes, pues Él nos ayudará durante la situación que estemos viviendo y después de esta (véase 1 Corintios 10:13).

En el dolor nos volvemos más sensibles. En medio del dolor conocemos a Dios de una manera más personal. Al atravesar momentos desesperados de dolor, tenemos grandes experiencias con Él.

Muchas veces, Dios permite esas situaciones en nuestras vidas porque estamos alejados de Él, porque quizá nuestro corazón esté corrupto o porque solo necesitamos que nos moldee a fin de pasar a otro nivel en nuestra vida.

No hay un momento en el que tú y yo demos más frutos que después de pasar una gran tribulación.

Sin duda, el crecimiento duele.

Notas: _____

_____

_____

Bueno es el Señor; es refugio en el día de la angustia,
y protector de los que en él confían.
Nahúm 1:7

Tiempos de angustia

Si nos tocara escoger entre el dolor y la angustia, creo que no sabríamos qué responder. La angustia es esa agonía que se puede prolongar y te puede destruir poco a poco.

Creo que no hay nada más extraño que sentir ese vacío en nuestro estómago. Esos pensamientos que se deslizan por nuestra mente y nos hacen palpitar más fuerte el corazón y hasta sudar sin control. Dios nos dice en su Palabra varias veces que no debemos vivir angustiados; y que si lo estamos, Él nos libra y nos ayuda. No obstante, solo hay un requisito para poder ver actuar a Dios a favor de nosotros en momentos de angustia y es buscar de Él. Otra manera de lograrlo es siendo obedientes a su Palabra, a sus mandamientos, y saber que Él escucha nuestra oración.

Pon tu mirada en Dios y no te desenfoques buscando amparo en otras cosas que no te ayudarán.

Reta a Dios en este día y dile que aunque no entiendes lo que estás viviendo, vas a confiar en Él. Y que si llegan pensamientos contrarios, tú permanecerás en su Palabra.

Notas: _____

_____

*No temas [...] ni te desanimes, porque el SEÑOR tu Dios está
en medio de ti como guerrero victorioso. Se deleitará
en ti con gozo, te renovará con su amor.*

Sofonías 3:16-17

Agrada a Dios en todo

Todos tenemos luchas que se nos presentarán casi a diario.
Aunque a veces hemos sido débiles y hemos fallado, en nuestro
corazón lo que más deseamos es agradar a Dios en todo.

Sin embargo, agradar a Dios en todo es renunciar a cosas que
sabemos que no son buenas, tales como el adulterio, la venganza, el
divorcio, la mentira, matar, robar, entre otras.

Es más fácil agradar a Dios en las cosas sencillas, ¿pero qué me dices
cuando estamos en alguna situación, algún vicio y por más que
tratamos no podemos renunciar?

Sin embargo, no todo es preocupación. Debes saber que el único
que nos puede ayudar a renunciar es el mismo Dios a través de una
decisión que tomemos tú y yo, pues Él ve y conoce nuestro corazón.
El día que decidí dejar de fumar, hablé muy claro con mi Dios y le
dije: «Padre, a mí me gusta mucho fumar, pero quiero agradarte. No
quiero ver sufrir más a mis hijas porque me vean fumar, pero yo
sola no puedo. Quítame, por favor, el deseo, y te prometo que
nunca más lo vuelvo a hacer».

Esa noche apagué el cigarrillo y no sentí nada diferente. Entonces,
al otro día, ya no volví a sentir deseos de fumar y, gracias a Dios,
pude dejar ese vicio que no solo me enfermaba, sino que lo
desagradaba por completo a Él.

Mis amigos, la clave en una decisión es dar el primer paso y Dios
te respalda. Si todo se puede en Él, podemos hacer cualquier
cambio.

Notas: _____

_____

Mi ayuda y mi libertador eres tú;
Dios mío, no te tardes.
Salmo 40:17, RV-60

Oración por renuncia

Dios mío, ¿a quién acudo si no es a ti? Primero te pido perdón por mis debilidades. Perdóname porque muchas veces te he prometido cambiar y no lo he hecho. Te he prometido dejar este vicio que me está acabando, he prometido renunciar a esta relación que no es aprobada y que está en contra de tu Palabra. He prometido buscarte más y hacer tu voluntad y lo hago por un tiempo y vuelvo atrás.

Señor, estoy cansado de vivir esta doble vida. Así que hoy quiero renunciar a todo lo que no te agrada. Quiero empezar a ver los frutos de mi obediencia con las bendiciones que tienes para mí.

Te entrego esta situación _____ (señala las cosas a las que debas renunciar). Me pongo delante de ti para decirte que necesito de tu ayuda porque yo solo no puedo.

Por favor, Dios mío, hazme valiente cada día y dame las fuerzas que necesito para enfrentar la tentación y huir.

Entrego mi vida en tus manos. En el nombre de Jesús, amén y amén.

Notas: _____

_____

> «*Honra a tu padre y a tu madre —que es el primer mandamiento con promesa— para que te vaya bien y disfrutes de una larga vida en la tierra*».
> Efesios 6:2-3

El primer mandamiento con promesa

¿Sabías que Dios dejó Diez Mandamientos? No obstante, al único que le añadió una promesa fue en el que dijo lo siguiente: «Honra a tu padre y a tu madre, para que disfrutes de una larga vida en la tierra que te da el SEÑOR tu Dios» (Éxodo 20:12).

Sé que los padres no son perfectos. Muchos han cometido graves errores con sus hijos por falta de información o porque les criaron de la misma manera.

Así que nosotros podemos crecer con un resentimiento muy profundo en el corazón, con un rechazo a ese papá que nos abandonó, que nos maltrató, que se emborrachó muchas veces y que golpeaba a nuestra madre. O hacia una madre que insultaba a su hijo o que nos castigaba sin compasión. De modo que esa ira va guardándose por años y, aunque dijéramos que el tiempo lo borra todo, no sucede lo mismo en este caso.

Dios nos recomienda que honremos a nuestros papás y eso significa perdonar y sanar esas heridas del pasado. Es no juzgar lo que hicieron y vivir solamente el principio, pues Dios se encarga de lo demás.

No quiero que pases un día más sin pedirle perdón a tu madre o a tu padre. Si ya no está en este mundo, aprendí una técnica de perdón que da buenos resultados en este caso y es escribirle una carta. Sabemos que no la leerá porque ya no está, pero el efecto es de muchísima sanidad para ti. Allí podrás colocar todas tus frustraciones, iras y resentimientos que necesitas entregar a fin de lograr vivir al pie de la letra este versículo.

Notas: _____

_____

*Aunque mi padre y mi madre me abandonen,
el SEÑOR me recibirá en sus brazos.*
Salmo 27:10

Recuerda quién te lleva de la mano

Nadie nace con un manual ni con una cartilla que nos enseñe cómo ser mejores padres. Se trata de un compromiso que nos llega sin muchas veces haberlo buscado. El día menos esperado las cosas cambian y nos enfrentamos a esa realidad: «Voy a ser padre» o «Voy a ser madre». Incluso, en ocasiones puedes quedar en estado de choque un par de días. Entonces, después de hacer las pruebas, las cuentas y demás análisis, te cae el veinte y llegas a tu verdad, vas a ser padre.

¿Y qué me dices de los que tienen sus hijos sin contar con el respaldo de la pareja y les toca seguir adelante solos con esta enorme responsabilidad? Pues para todos va esta reflexión.

Tuve la oportunidad de vivir esta última situación con un embarazo no planeado. Sumado a eso, una pareja que prefirió abandonarme antes que asumir su papel de padre. No les niego que viví momentos de angustia, de soledad y de tristeza por no haberme guardado. Viví momentos de dolor por haberle fallado a mi Dios, a mis princesas y a mi familia.

Sin embargo, llegó el momento en que me tocó guardar mi dolor, levantar mi cabeza, pedir perdón a quienes afecté con esta situación y vivir ese último embarazo como si fuera el primero. Hoy en día mi princesa Anacristina tiene cinco años y es mi vida. Ha llenado de felicidad mi vida y la de mi familia.

Dios perdona nuestras faltas y nos da nueva oportunidades.

Notas: _____

_____

_____

*Te damos gracias, oh Dios, te damos
gracias e invocamos tu nombre.*
Salmo 75:1

Solo da gracias

Hoy quiero que dediquemos estos cortos minutos a darle gracias a Dios por todo lo que nos ha dado. No todos los días debemos pedirle a Dios. Es muy bonito poder levantar nuestra mirada y decir:

«Gracias, Dios, porque me regalaste un nuevo día. Tengo salud y sé que tú me cuidas aun cuando estoy dormido. Gracias, mi Dios, porque has llegado a mi vida, porque quizá a través de estas pequeñas enseñanzas de experiencias vividas estoy aprendiendo a conocerte más de cerca. Estoy reconociendo que en verdad estás vivo, que eres real. Que estás tan cerca de mí que te interesa mi vida para que me vaya bien. Conoces mis necesidades y me concedes las cosas que ni siquiera te había pedido. Gracias por las cosas que estoy viviendo y, aunque no las entiendo, veo tu mano interviniendo. Sé que pronto me sacarás adelante. Señor, la clave está en la obediencia. Sé que siendo obediente a ti voy a recibir todas las bendiciones».

Recuerden, esta fórmula no falla: Obediencia = Bendición.

Notas: _____

_____

_____

Día 43

No temas, porque yo estoy contigo; no te angusties,
porque yo soy tu Dios. Te fortaleceré y te ayudaré;
te sostendré con mi diestra victoriosa.
Isaías 41:10

Tenemos que creer

Es verdad que casi todos hemos experimentado un milagro de Dios en nuestras vidas. Bueno, quizá consideres que no es así en la tuya. ¿Por qué será que los seres humanos dudamos tanto, y a veces más entre los que decimos creer en Dios, de que Él es capaz de hacer cualquier milagro? ¿Por qué olvidamos que Dios es el mismo hoy y siempre y que hace y hará milagros? Lo que ocurre es que nuestra falta de fe no nos permite verlo en nuestras vidas.

En lo personal, he recibido milagros de todo tipo: familiares, financieros, de salud. Dios ha hecho milagros en mis hijas, como lo hizo al sanar a mi princesa de cinco años, Anne, de una enfermedad en la piel. Le detectaron un virus llamado *molluscum contagiosum* [molusco contagioso] y quedé aterrorizada. Solo sabía que era horrible, contagioso, que las verrugas en la piel le podían durar de seis a dos años y que se podía extender por todo el cuerpo. Sentí un frío en mi interior y la miré con esas pápulas en las piernas y dije: «¡No, Señor, a ella no!».

Esa noche, me metí sola al baño y me derrumbé. Allí me desahogué con mi Padre Dios y le dije: «Por favor, sana a mi hija. Te ofrezco mi vida y mi trabajo, pero sánala».

Recuerdo que la pusimos en el grupo de oración que tenemos en la emisora donde trabajo, y les digo algo, a las dos semanas esas pápulas se desvanecieron. Lo que duraría seis meses como mínimo, Dios lo llevó a dos semanas.

Tenemos que creer que Dios es bueno y conoce nuestra necesidad. Recúerda, «sin fe es imposible agradar a Dios» (Hebreos 11:6).

Notas:

Por tu nombre, SEÑOR, dame vida; por tu justicia,
sácame de este aprieto.
Salmo 143:11

Cuando te roban el gozo

¿Cuántas veces te ha sucedido esto? Nos levantamos con alegría y con ánimo. Es más, llevamos un día feliz. Entonces, de repente, ¡pumba! Ya sea tu hijo, tu hija, tu esposo, tu jefe, tu compañero de trabajo o incluso alguien que te cerró el camino cuando manejabas, te daña literalmente el día. Una discusión, una injusticia, un mal comentario de alguien que no esperabas, una reacción diferente de tu pareja. De modo que sientes que se te viene todo abajo y se transforma tu día y también tu actitud.

Esa cara feliz que traíamos cambia en de segundos por una cara amarga, quizá con llanto y ganas de decirle a esa persona unas cuantas cosas. En verdad, no queremos expresar palabras de bendición... *Ja, ja, ja.*

Sin embargo, es ahí donde debe aparecer la otra parte. ¿Cómo debemos reaccionar ante situaciones tan comunes? No podemos dejar que nada ni nadie nos roben el gozo. No podemos permitir que por un momento de ira hagamos o digamos cosas de las que nos vamos arrepentir después.

Siempre hemos escuchado que, cuando te enojes, cuenta hasta diez, respira profundo y medita en las cosas lindas que ya viviste en el día. ¡Eso es todo! Cada día se presentarán momentos que te llevarán al límite de tu reacción. Lo más importante es que no nos quedemos ahí, en las circunstancias, en la incomodad del momento. Por el contrario, debemos pedirle a Dios que nos dé la calma y la paz para seguir adelante. No nos dejemos robar la alegría. Es un regalo de Dios para nuestras vidas.

Notas: _____

_____

Jesús dijo: *El ladrón no viene más que a robar,
matar y destruir; yo he venido para que tengan vida,
y la tengan en abundancia.*
Juan 10:10

Robar, matar y destruir

E ste título es preocupante. Es posible que alguien se pregunte:
«¿Quién quiere hacer esto?» o «¿Cómo la autora del libro sabe
que tengo alguna de esas debilidades o pecados?». Me llamó también
poderosamente la atención la primera vez que escuché estas tres
palabras en una iglesia cristiana, la primera que conocí, «La Catedral
del Pueblo».

Así que cuando la pastora Edén, algún líder o pastor predicaban
acerca de esto, me costaba creer que a alguien le interesara robarme
lo mío, ya fueran mis finanzas, felicidad, confianza, familia, mis hijas.
Que alguien deseara matarme y destruir mi vida, mis sueños, mi
esperanza, mi testimonio. Hasta que entendí que más que hablar del
diablo, Satanás, o el enemigo, esto era real. Lo comprobé primero en
la Biblia donde dice que esas son las funciones y anhelos del enemigo
de nuestra vida.

En mi caminar con Cristo, también lo he experimentado en
diferentes pruebas y circunstancias de la vida. El enemigo me robó
uno de mis matrimonios y mis finanzas. Destruyó en ocasiones mis
sueños y trató de arrebatarme de este mundo mediante una grave
enfermedad. Por eso tú y yo debemos comprender que solo en Dios
podemos vivir confiadamente. Además, debemos en todo momento
utilizar el recurso más poderoso que nos dejó el Señor: «La oración».
Con la oración, te guardas en los brazos de Dios y depositas tu vida
y la de los tuyos en sus manos. Solo allí estamos seguros y podemos
encontrar nuestra verdadera felicidad, pues a Dios le interesa amarte,
bendecirte y prosperarte.

Notas: _____

_____

_____

Día 46

En paz me acuesto y me duermo,
porque solo tú, SEÑOR, me haces vivir confiado.
Salmo 4:8

Oración por protección

Dios mío, Padre mío... solo tú me haces vivir confiado. A esta hora levanto mi oración para pedirte que me protejas de todo mal y peligro.

Ahora soy consciente de que el enemigo quiere destruirme, quiere aprovecharse de mi debilidad y quiere robarme la felicidad.

Te pido, Dios mío, que me ayudes a reconocerte cada día en mis caminos y me llenes de tu amor y de tu gozo.

Te suplico, Padre eterno, que guardes a mis hijos y a mi familia. Que guardes mi negocio, mi economía y mi trabajo, pero sobre todo que guardes mi integridad y mi testimonio.

Envía tus ángeles a mi alrededor, a mi casa y a mi auto. Dame un resto del día muy feliz. Amén y amén.

Notas: _____

_____

Si a alguno de ustedes le falta sabiduría, pídasela a Dios,
y él se la dará [...] Pero que pida con fe, sin dudar.
Santiago 1:5-6

Dame sabiduría

Así comienza una bellísima canción. Sé que no todos conocen al intérprete. La canción se llama «Dame sabiduría» y al cantante le dicen cariñosamente «Perucho» (Héctor Perucho Rivera), donde dice «dame sabiduría para alargar mis días».

En el Manual de Instrucciones se nos enseña que si tenemos falta de sabiduría, se la pidamos a Dios y Él nos la dará en abundancia (Santiago 1:5). También en ese mismo capítulo de Santiago, Dios nos advierte que pidamos con fe para que no seamos «como las olas del mar, agitadas y llevadas de un lado a otro por el viento» (v. 6).

La *sabiduría* nos capacita para enfrentarnos a diferentes pruebas. Al mismo tiempo, nos invita a tener un gran gozo. Algo muy interesante es que la sabiduría no es la posesión de información, sino la cordura.

A las mujeres se nos afirma con claridad en Proverbios 14:1 lo siguiente: «La mujer sabia edifica su casa; la necia, con sus manos la destruye».

La Biblia dice también que «el corazón del sabio hace prudente su boca, y añade gracia a sus labios» (Proverbios 16:23, RV-60).

Cuando aprendemos a ser sabios, sabemos que tomaremos mejores decisiones. Seremos mejores seres humanos y sabremos administrar como Dios quiere nuestra vida en general.

Notas: _____

_____

Si confiesas con tu boca que Jesús es el Señor, y crees en tu corazón
que Dios lo levantó de entre los muertos, serás salvo.
Romanos 10:9

Oración de fe

Mi Dios, hace varios días que estoy leyendo este libro que alguien me regaló (o que compré), porque ya es tradición leer algo todos los días. Tal vez lo escuche a través de la radio, pues se oye bonito. Me inspira a cambiar, a hacer cosas distintas y a vivir una vida diferente a la que estoy viviendo.

Muchos me han dicho: «Haz la oración de fe y acepta a Jesús como tu Salvador». Sin embargo, Señor, aún no sé cómo hacerlo. A decir verdad, no quisiera cambiar de religión.

En este día y en esta hora, me encuentro de nuevo en este libro la oportunidad de hacer esta oración y deseo hacerla con todo mi corazón. Aunque hay cosas que no entiendo, y aunque a veces lo que veo no me gusta, quiero recibirte en mi corazón.

Señor Jesús, me presento delante de ti para pedirte perdón por mis pecados, para decirte que te recibo en mi corazón como el único Salvador de mi vida.

Por favor, escribe mi nombre en el libro de la vida y gracias por darme vida eterna. Amén y amén.

Notas:

De cierto, de cierto os digo:
El que cree en mí, tiene vida eterna.
Juan 6:47, RV-60

Todo es nuevo

Si hiciste esta oración de fe, quiero que sepas que has comenzado una nueva etapa en tu vida. Empezarás a experimentar cambios, pero no temas, todos los cambios que tendrás son para bien. De repente, volverás la vista atrás y dirás: «¡Increíble, cómo he cambiado! Lo que antes me gustaba, ahora no lo disfruto». Además, muchos de esos cambios serán radicales. Cuando Jesucristo está en tu corazón, significa que tienes un Salvador. Significa que pasaste a tener la vida eterna. Entonces, cuando partas de este mundo, tendrás la seguridad de que llegarás a la presencia de Dios.

Quiero que sepas que tener a Cristo en tu corazón es una garantía de que ya no estás solo. De modo que ahora tienes a alguien que intercede por ti, se preocupa por tus necesidades y llena todo vacío que nadie podía llenar.

Dios es tu Padre y promete estar contigo aunque te abandone el tuyo.

Dios es tu Amigo fiel, pues Él nunca cambia.

Dios es tu Sanador.

Dios es tu Redentor.

¡Dios es tu TODO!

Celebra tu decisión y permite que Dios moldee tu corazón, sane tus heridas y puedas ser feliz en verdad.

Te felicito porque fuiste valiente. Yo recibí a mi Jesús hace más de trece años y te puedo dar fe y testimonio que ha sido lo mejor que me ha pasado. Le doy gracias a Dios por la persona que utilizó para mostrarme esa hermosa verdad y cambiar mi vida y la de mis hijas.

Notas: _____

_____

_____

Porque el SEÑOR es bueno y su gran amor es eterno;
su fidelidad permanece para siempre.
Salmo 100:5

¿Quién soy yo?

La gran ventaja de poder declarar que somos hijos de Dios es entender que nuestra identidad debe estar en Él.

Dios es el Rey, y si somos sus hijos, no solo somos hijos del Rey, sino que debemos aprender a vernos como tales. Muchos que hacen este cambio se acercan muchísimo a Dios, pero se sienten muy pobres. ¿Crees que por ser cristiano debas tener escasez y mendigar? De seguro olvidas que tienes privilegios.

No importa la idea que te vendieron en tu niñez. Si te maltrataron, o fuiste la oveja negra de la familia, o si vienes de una iglesia legalista, Dios te recibe en sus brazos de amor. La prueba de que Dios nos lleva de su mano es que sentirás su presencia. Experimentarás cómo te concede las peticiones más profundas de tu corazón de una manera única.

Así que mi recomendación es que consigas una Biblia y una iglesia. ¡Esto es clave para alimentarte bien! También busca las más de tres mil promesas que Dios nos ofrece en su Palabra a cada uno de nosotros.

Notas: _____

_____

*Siempre deben estar dispuestos a hacer lo bueno: a no hablar
mal de nadie, sino a buscar la paz y ser respetuosos, demostrando
plena humildad en su trato con todo el mundo.*
Tito 3:1-2

No hagamos conjeturas

Hace tan solo unos meses recibí un correo electrónico en el
que una de mis oyentes me pedía una información que di en
el programa. Recibí este correo y saqué el tiempo para buscar lo
que necesitaba y de paso agradecerle por ser fiel oyente de la radio.
Cuando recibió mi mensaje, no podía creer que le hubiera
contestado.

En su siguiente correo me dijo: «Estoy asombrada de que me
respondiera una persona tan ocupada como tú. Ya había dicho:
"Olvídalo, Claudia nunca leerá tu correo"».

Me pidió perdón y me dijo que cuando pudiera hacer una
enseñanza de esto, no dudara en hacerlo. Necesitamos aprender a
no hacer conjeturas.

Es una historia corta y sencilla a la vez, pero nos deja varias cosas
para aprender: No nos debemos rendir antes de tiempo, no nos
declaremos derrotados cuando aún no hemos peleado la batalla.
Por lo general, las conjeturas nos van a meter en conflictos con
nuestra pareja o con nuestros seres queridos.

Las conjeturas nos llevan a dudar de lo que esperamos obtener a
cambio. Y si lo miramos desde una perspectiva espiritual, no es un
principio de sabiduría. Cuando nos formamos un juicio de algo, de
inmediato tenemos que atenernos a las consecuencias por los
hechos, como le sucedió a la oyente que me escribió.

Sin embargo, lo que siempre debemos dar por sentado es que Dios
nos ama de manera incondicional y que Él nunca falla.

Notas: _____

_____

_____

Cuando estéis orando, perdonad, si tenéis algo contra alguno,
para que también vuestro Padre que está en los cielos
os perdone a vosotros vuestras ofensas.
Marcos 11:25-26, RV-60

Vístete siempre de amor

¿Amar a nuestros enemigos? ¿Orar por ellos? ¿Tener pensamientos de bienestar para el que te ha hecho mal? Parece muy raro, ¿verdad? No obstante, las Escrituras nos enseñan todo lo contrario. Mira lo diferente que piensa Dios:

Ora por tus enemigos. Si alguien te da una bofetada, pon la otra mejilla. Si te piden algo, sírvele y bendice su vida. Si pecan contra ti, perdona hasta setenta veces siete. Quizá me digas: «¡Increíble, Claudia! ¿Cómo voy a hacer todo esto con el que me maltrató, me robó, me mintió, me engañó, me explotó y me maldijo? ¡Imposible!».

Hoy quiero que puedas, con la ayuda siempre de Dios, cambiar esa manera de pensar y ser obediente a lo que Él espera de nosotros.

La Biblia dice que debemos arreglar las cuentas con los que estamos mal. La Palabra también nos advierte que si no perdonamos, Dios no nos podrá perdonar, y nos hace ver en varias oportunidades que el mejor ejemplo de humildad, de misericordia y de perdón nos lo da Dios al perdonar nuestros pecados, nuestras faltas.

¿Te imaginas que Dios nos dijera: «De ninguna manera, como hiciste esto, no te puedo perdonar, así que te condeno»? ¡Qué triste sería!

En mi caso, he experimentado la libertad que se siente cuando perdonamos. Es una sensación de independencia cuando liberas a esa persona que has tenido atada con tu rencor y con tu odio. Entonces, de inmediato, te liberas tú también.

Vistámonos siempre de amor y, recuerda, Dios no se desilusionó de nadie porque nunca se ilusionó con nadie.

Notas: _____

_____

_____

El perfume y el incienso alegran el corazón;
la dulzura de la amistad fortalece el ánimo.
Proverbios 27:9

La amistad

Desde que tengo uso de razón, recuerdo a doña Norma, mi madre, diciéndonos a mis hermanos y a mí: «Los verdaderos amigos se cuentan con los dedos de las manos y nos sobran».

¿Por qué será que las madres la mayoría de las veces tienen toda la razón? Y qué bien por eso, pues aunque son nuestras mejores consejeras, no todas las veces obedecemos las advertencias que nos dan. No sé tú, pero yo si he tenido decepciones con amigas. La amistad es muy hermosa cuando se valora bien. Por eso es espectacular tener un amigo, o una amiga, que sea nuestro confidente. Sin embargo, ¡qué triste es cuando nos fallan o nosotros les fallamos! Ocasionamos mucho daño y nos queda una sensación bien extraña el saber que ese íntimo amigo pasó a ser un conocido.

En el Manual de Instrucciones aprendemos también de la amistad. La Palabra nos dice que «en todo tiempo ama el amigo, y es como un hermano en tiempo de angustia» (Proverbios 17:17, RV-60).

Con todo, hasta en esto debemos tener mucho cuidado. Hay personas que nos pueden ofrecer su amistad y, aun así, quizá no tengan nuestras mismas creencias y nos arrastren a hacer cosas que sabemos que no son buenas. Dios permita que, cuando brindemos amistad, nuestra vida sea un ejemplo a seguir y podamos representar al Señor en la tierra con nuestro testimonio.

Hoy te presento a mi mejor amigo, Jesús. Él nunca cambia, permanece a tu lado en cada momento, está dispuesto a escucharte y ayudarte a cada instante. Y lo tienes siempre a tu alcance.

Notas: _____

_____

_____

El hombre que tiene amigos ha de mostrarse amigo;
y amigo hay más unido que un hermano.
Proverbios 18:24, RV-60

Oración por la amistad

Dios, en este día llego delante de ti para abrirte mi corazón y pedirte protección de las malas amistades. Señor, confieso que he sido débil algunas veces y que me he dejado llevar por malas influencias. Dios mío, te pido perdón si en algún momento he negado mi andar contigo para complacer a personas que están lejos de ti.

Te pido perdón y te reconozco hoy como mi mejor amigo.

Guarda, por favor, a mis hijos de esas malas amistades y dales sabiduría en el momento elegir. También ayúdame para servirles de buen ejemplo a mis hijos, a fin de que vean siempre un ambiente sano y saludable en nuestro hogar.

Aleja, por favor, esas personas que no son un buen ejemplo y enséñame a ser firme para no fallar.

Gracias, mi Dios, gracias, porque eres un Dios de oportunidades. Te amo. En el nombre de Jesús, amén y amén.

Notas:

Ni lo alto ni lo profundo, ni cosa alguna en toda la creación,
podrá apartarnos del amor que Dios nos ha manifestado
en Cristo Jesús nuestro Señor.
Romanos 8:39

Que nada te aparte de su amor

¿Cuántas veces has sentido que te has alejado de Dios? ¿Sientes que el mundo en que vives te absorbe de tal manera que vas dejando a un lado tu relación con Dios? Quizá digas que antes eras más espiritual, pero después de una situación determinada te has alejado y ya no sientes lo mismo cuando vas a la iglesia.

Hoy quiero que tengas en cuenta que no vale la pena que por alguna situación, sea la que sea, te alejes y pongas un abismo entre tu Padre y tú.

Las presiones existen aun para los líderes y pastores. Uno pensaría que estas personas que trabajan en la iglesia o para Dios en algún lugar no deben fallarle y que deben estar siempre a su lado, pero no es así. Yo diría que en el cuerpo de Cristo, la iglesia, o incluso conviviendo con cristianos, hay más tendencia a desilusionarse, a sentir ganas de salir corriendo y muchas veces preguntarse: «¿Esto es de Dios? ¿Esta persona es cristiana en realidad como dice?».

Por eso es que nuestra relación debe ser directamente con Dios, porque la Biblia dice: «¡Maldito el hombre que confía en el hombre!» (Jeremías 17:5).

Si ponemos la mirada en el hombre, terminaremos desilusionados. Mucho más cuando nos fallan personas que están vinculadas en forma directa al campo espiritual.

Las situaciones se van a presentar, pero mi llamado para ti es que nuestra mirada debe permanecer en Dios y nosotros en su amor.

Notas: _____

_____

_____

Levántate [...] Ya brotan flores en los campos;
¡el tiempo de la canción ha llegado!
Cantares 2:10, 12

No estás en derrota

Darnos por vencidos en la vida es cerrarles las puertas al cambio. Un divorcio, una enfermedad, una pérdida, un despido repentino de un trabajo, un hijo que se va de casa, tener un familiar en la cárcel o, más aun, en las drogas... ¡Qué terrible! Sé que muchos de los que hoy leemos este libro hemos pasado al menos por una de estas penosas situaciones. Y sabes que la misma frustración de lo que estamos viviendo no nos permite ver, mucho menos creer, que después de la tormenta viene la calma.

En ocasiones dudamos que hasta Dios, que es el dueño de nuestra vida, pueda estar interesado en tal problema y que nos dé en algún momento la salida o una solución.

Sin embargo, necesitamos conocer a Dios en medio de estas crisis. En esos momentos tenemos la oportunidad más maravillosa de entregarnos por completo en sus brazos y decirle: «Estoy cansado... He luchado en mis fuerzas y ya no puedo más».

Sabemos que no existe prueba tan grande que tú y yo no podamos soportar. O sea, Dios conoce tu capacidad de dolor y sabe cuánto puedes resistir.

Recuerda, a Dios sí le puedes creer.

Notas: _____

_____

Confíen en el SEÑOR para siempre,
porque el SEÑOR es una Roca eterna.
Isaías 26:4

Oración por misericordia

Señor: He leído y escuchado que tus misericordias son nuevas cada día para nosotros y eso me da la esperanza de que no estoy sola, de que te preocupas por lo que estoy viviendo y que con la prueba me darás también la salida.

Dios mío, te pido perdón si te he culpado de lo que me pasa, pero te confieso que no puedo más. Estoy muy cansado de tomar mis decisiones y de no tenerte en cuenta.

Hoy te pido una nueva oportunidad. He comprendido que deseas ayudarme, regalarme días felices y enseñarme cosas que ahora no puedo entender.

Así que no quiero cuestionarte. Solo quiero aprender a descansar en ti y a confiar en todo tiempo en ti.

Te entrego en este día mis cargas y recibo tu misericordia nueva de hoy.

Amén y amén

Notas: _____

_____

_____

El Señor es mi roca, mi amparo, mi libertador.
2 Samuel 22:2

¿Libertad o felicidad?

La libertad no necesariamente te hace feliz. Muchos de ustedes no tienen una autoridad a la que le deban respeto. Quizá seas una mujer o un hombre que lleva muchos años de soledad y han aprendido a sentirse «libres».

Cuando llevamos mucho tiempo solos, tal vez viviendo con nuestros hijos pero ya con una vida resuelta, nos cuesta cambiar ese patrón: Llegar a la hora que quieras, hacer las cosas de tu casa cuando puedas, sin una presión encima, o estás cansado y decidiste comer fuera o no comer. Nos acostumbramos a ese tipo de rutina. No estoy diciendo que esto sea malo ni bueno. Solo quiero llegar al punto en que «ese estilo de vida» cambia de forma radical.

Te casas o decides vivir con unas amigas. Entonces, dejarás de ser el dueño de tu tiempo, tus gustos, tus caprichos y tu libertad. Ahora debes honrar, respetar, cuidar y pensar que ya no estás solo. No te preocupes, no eres un ser extraño. Estás atravesando un tiempo de ajuste. Todo cambio incomoda y a todos nos pasa lo mismo.

Quiero que sepan, en especial a los que están en esa oración perpetua de que Dios les envíe un cónyuge, que sus vidas nunca más volverán a ser iguales. El matrimonio, sobre todo para los que nos casamos después de cierta edad, es toda una aventura.

Te confieso que pasan por la mente muchas cosas cuando nos estamos acoplando y muchas veces, por no decir todas, nos toca morir a nosotros mismos y pensar en la felicidad de nuestra pareja. Sin embargo, te digo que no solo el matrimonio te hace feliz cuando aprendes a tener a Dios como base, también la oración te dará la sabiduría.

Notas: _____

_____

_____

Día 59

Y conocerán la verdad, y la verdad los hará libres.
Juan 8:32

Dios me hizo libre

Necesitamos conocer los pensamientos de Dios, así aprendemos muchas cosas.

Hace unos cuantos años, antes de entregar mi vida por completo a Jesús, sentía muchos vacíos y necesitaba la libertad de Dios. Cuando te hablo de libertad, me refiero a que mi mente estuvo cautiva por varios años con pensamientos tristes o con desánimos en algunas ocasiones.

Debido a que fui madre soltera casi toda mi vida, aprendí a ser independiente. Tanto fue así, que no contaba siquiera con Dios. De modo que tuve que experimentar muchas situaciones que me hicieron madurar, sobre todo en Cristo.

Durante mucho tiempo viví atada a mi pasado y a mis fracasos, y no le daba la oportunidad a Dios. Entonces, al fin comprendí un día que Él es el único que da la paz que nadie es capaz de dar desde el punto de vista humano. Empecé a experimentar que Él era el que me suplía para todas mis necesidades y, además, veía su fidelidad de una manera sorprendente. Así que decidí creerle. Decidí empezar a ver las promesas que hay en la Biblia para mi vida y fue cuando en verdad Dios me hizo libre.

Quedé libre de culpas, libre de soledad, libre de envidias, libre de celos y pude declarar que vivía absolutamente feliz sola con mis hijas. Experiméntalo tú también y te sentirás libre hoy de toda amargura del pasado. Si estás solo con tus hijos o solo en este país, piensa que Dios está contigo en todo momento. Vive feliz con lo que tienes, con los que hasta ahora te ha tocado vivir. Deja de renegar y empieza a ser agradecido.

¡Se libre!

Notas: _____

_____

Día 60

El Señor omnipotente enjugará las lágrimas de todo rostro,
y quitará de toda la tierra el oprobio de su pueblo.
El Señor mismo lo ha dicho.

Isaías 25:8

Dios no te ha abandonado

A pesar de lo que hacemos en nuestra manera de vivir, vemos la mano de Dios.

Naigir, un hombre de bien y buena familia, es otro amigo que tuve la oportunidad de conocer. Un día, por ambición, acepta hacer uno de esos trabajitos por dinero. Sin pensarlo dos veces, se lanza y lo sorprenden. Lo que una vez le dijera un aparente amigo: «Tranquilo, todo está fríamente calculado», se convirtió en la pesadilla de su vida. Cae preso y sin ningún familiar en Estados Unidos. Lo que era una gran ambición quizá por ganarse unos cuantos verdes, se volvió en la más horrible de las tragedias.

Al igual que Víctor, conoce de Dios en ese lugar y empieza el cambio en su vida. Su testimonio llega a mis manos con una desgarradora carta, donde me pide que llame a su hijita por la radio el día del cumpleaños. Además, me pide que no le dijera a su hija dónde estaba. Llegó el día e hicimos la llamada en mi programa radial «Buenos Días Familia». Cuando esa nena de solo ocho años de edad pasa al teléfono, escucha que es una sorpresa de su papá que dejó de ver de un día para otro hace cuatro años. Entonces se quebrantó y lloró de tal manera que todos en cabina quedamos en silencio.

¿Por qué llegar hasta el extremo de Naigir? Porque no nos conformamos con creerle a Dios. Dejemos que sea Dios el que nos provea todo lo que necesitamos. No vale la pena poner en riesgo nuestros hijos y nuestra felicidad. Recordemos que aunque Dios nos perdona, todo lo que hacemos mal tiene sus consecuencias.

Notas: _____

_____

Día 61

El Señor está cerca de los quebrantados de corazón,
y salva a los de espíritu abatido.
Salmo 34:18

La gran lección de la vida

La posibilidad de conocerles a cada uno de ustedes y de escuchar sus historias, me ha dado un gran crecimiento. He visto que lo que he vivido no da ni al tobillo para lo que tienen que vivir día tras día hombres y mujeres en el mundo que están en esas horribles cárceles.

He visto de cerca el ambiente que se vive allí. Incluso, he notado la frialdad de las personas que trabajan en ese lugar y que no se conmueven ante el dolor de una madre.

No obstante, también he visto hombres y mujeres de Dios que, dejando sus familias y sus días de descanso, desempeñan el gran trabajo como «capellanes» al llevar a una sola voz la verdad de Dios a esas vidas que claman por perdón.

Gracias a cada uno de ustedes. Gracias a todos los que han dejando sus prejuicios que van a las cárceles llevando esperanza y amor a los que más lo necesitan. Me queda la enorme satisfacción de saber que hay mucho por hacer y que tú y yo podemos ser esas lámparas que se enciendan en esos lugares.

También aprendí que hoy esas personas están allá, pero a cualquiera de nosotros nos podría pasar. A cualquiera de nuestros jóvenes, esposos, esposas les podrían suceder.

En fin, no seamos indiferentes a la necesidad. Si Dios te ha inquietado a trabajar de cerca para los presos, no dejes pasar más tiempo y únete a la causa.

Notas: _____

_____

_____

Porque todo el que pide, recibe; el que busca, encuentra;
y al que llama, se le abre.

Lucas 11:10

Aprendemos cada día

Debido a que he estado por mucho tiempo en la radio, soy más sensible y tengo más conocimiento de las necesidades de los demás. Así que, mediante este devocional, quiero que veas que no eres la única persona que sufre, se siente sola o enferma. Y que cuando clamamos por ayuda, Dios no nos deja esperando.

En días pasados, le pedíamos al Señor que nos permitiera tener más misericordia por los demás. Ahora, esas necesidades han hecho eco en mí. Y solo le pido a Dios que nos haga sensibles y sigamos aprendiendo de estas lecciones de vida.

En menos de una hora de programa radial, dos personas se pusieron en contacto con la cabina para informarnos que sus vidas eran un desastre. Coincidían en que conocen de Dios, pero que no es suficiente y claman por la ayuda de un consejo.

Recuerdo a Aurora que me llamó desesperada diciendo: «Claudia, estoy mal. Me siento muy mal de salud. Mi esposo es alcohólico y tengo cinco hijos». Cuando atendí su llamada y le hice algunas preguntas, me dijo que debido a tanto trabajo se ha alejado de Dios. Los domingos está tan cansada que prefiere no ir a la iglesia. Por lo tanto, mi reflexión fue: «Estando en necesidad, te acuerdas de Dios. Entonces, ¿por qué no cambias tus prioridades y le das el primer lugar a Dios?». También le dije: «Te aseguro que si le das el primer lugar a Dios, Él enderezará tus caminos».

¿Estás tú en esa misma situación? ¿Estás tan ocupado en tus cosas que no buscas de su instrucción? Invierte tus prioridades y nunca te arrepentirás.

Notas: _____

_____

_____

*Bendito el hombre que confía en el SEÑOR, y pone su
confianza en él. Será como un árbol plantado junto al agua,
que [...] nunca deja de dar fruto.*
Jeremías 17:7-8

Cada día es una oportunidad

Hoy es tu oportunidad de servir a alguien. La historia de ayer es tan verídica como la que te cuento hoy. Hace un año, leíamos el devocional *A los pies del Maestro*, de Charles Spurgeon. Fue una tremenda bendición para muchos de nosotros.

En uno de esos capítulos, el autor nos hablaba de que debemos estar gozosos donde estemos, ya sea en grandes trabajos o en sencillos. Que debemos aprovechar cada posición en la que Dios nos permite estar, no solo en el trabajo, sino en nuestra vida en general. Además, que debemos entender que Él lo permite porque allí aprenderemos y cumpliremos ese propósito. Luego de leer esa reflexión, empezamos a ver que no debemos quejarnos. Que nos debemos levantar agradecidos y felices aunque no nos guste los que hacemos. Que Dios ve nuestro corazón y que nuestra actitud es determinante en la vida. No pasaron ni cinco minutos cuando nos escribió Edgar diciendo: «¿Qué hago yo que no me quiero levantar porque no me gusta ir al trabajo que tengo? ¿Cómo sé que Dios me está llamando?». Y esta quizá sea tu pregunta hoy: «¿Para qué voy para mi casa si no soy feliz?». Lo que sí te puedo decir es que debemos ser fieles en todo, aunque lo que vivamos no sea lo que deseamos.

¿Quieres un mejor trabajo? Empieza siendo fiel por este que no te gusta y cambia tu actitud. Dios es el único que conoce tu corazón y podrá manifestarse en tu vida. Él está listo para bendecirnos y darnos lo mejor a cada uno de nosotros que somos sus hijos. ¡Hoy es tu oportunidad!

Notas: _____

_____

_____

El gran amor del SEÑOR nunca se acaba, y su compasión
jamás se agota. Cada mañana se renuevan sus bondades;
¡muy grande es su fidelidad!
Lamentaciones 3:22-23

Oración por una actitud diferente

Dios mío, en ti confío. A esta hora quiero pedirte perdón por mi mala actitud ante las diferentes situaciones de la vida. Confieso que me he levantado muchas veces renegando contra ti. Que he comenzado el día que me regalaste quejándome y hasta maldiciendo. Perdóname porque te he culpado por mis equivocaciones.

Oh, Señor, hoy he comprendido que esa no es la actitud que te agrada ni la actitud que trae bendición a mi vida. He entendido que debo ser fiel en lo poco y tú me respaldarás. También he recordado que el gozo y la gratitud me deben acompañar todos los días de mi vida.

Y sabiendo que esto que estoy viviendo hoy es temporal y que lo permites con un propósito, porque deseas enseñarme, capacítame para pasarme a otro nivel. Me dispongo a esperar confiadamente en ti y me comprometo en este día a cambiar mi actitud.

Gracias, mi Dios, por tu amor y por tu misericordia que es nueva cada mañana.

Amén y amén.

Notas: _____

_____

_____

Día 65

*Pero el Señor es fiel, y él los fortalecerá
y los protegerá del maligno.*
2 Tesalonicenses 3:3

Día de dar gracias

Sé que no todos nuestros días deben ser de peticiones y que no debemos buscar a Dios solo para obtener algo a cambio.

Es una tremenda terapia acostumbrarnos a darle gracias todos los días mientras tengamos vida. Comprendo que para muchas personas ser agradecidos les resulta demasiado difícil.

Pues así como para obtener fe necesitamos ejercerla, que es similar a un músculo en el gimnasio, debemos acostumbrarnos a abrir la boca y contar en público todas las maravillas de Dios.

Sé que ese testimonio dará esperanza al abatido.

Mucha gente está en este mundo sin la experiencia de tener a Jesús en el corazón. Nuestro testimonio puede hacer que el incrédulo cambie su manera de pensar.

Por lo tanto, hoy le doy gracias al Señor por estar viva, por sanarme hace casi cuatro años. Le doy gracias por mis princesas, por el esposo que reservó para mí, por mi trabajo, por mis talentos, por la posibilidad de escribir este libro inspirado por Él y también le doy gracias por mi familia.

Y tú, ¿qué esperas? Ahí donde estás abre tu boca y dile a Dios todo lo que por años has dejado de valorar. Además, pon en esta oportunidad toda tu confianza en Él.

«Gracias, Dios mío, gracias».

Notas: _____

_____

_____

Doy gracias a mi Dios cada vez que me acuerdo de ustedes.
En todas mis oraciones por todos ustedes,
siempre oro con alegría.
Filipenses 1:3-4

Gratitud por alguien maravilloso

Estos días que venimos hablando de cambiar nuestras actitudes, de ser agradecidos con Dios, de aprender a ser fieles en lo poco, tú y yo hemos conocido personas en nuestra vida que han sido de gran bendición.

Quizá se trate de esa persona que te habló de Jesús, que te llevó por primera vez a una iglesia o te regaló algo especial que nunca olvidaste.

Hoy quiero que recordemos por lo menos a una persona que nos haya bendecido. A ese primer jefe que nos dio una oportunidad de trabajo sin tener papeles al día o aun con la barrera del idioma. Nunca debemos olvidar lo que han hecho por nosotros. Esa primera persona que creyó en ti y te dio un auto, o en un momento de mucha necesidad, te sorprendió con un dinero.

Sabes que Dios está en medio de estas situaciones. Muchos dirán que son casualidades, otros dirán que son ángeles que manda Dios. Yo las llamo la «providencia de Dios».

¿Qué tal si hoy tratamos de encontrar a por lo menos una de esas tantas personas a las que te gustaría honrar y que hace mucho tiempo no buscas? Tomemos el teléfono y sorprendámoslas con unas lindas palabras de gratitud. O si sabes dónde vive, conmuévela con una visita. Y si esa persona partió de este mundo, levanta una oración de agradecimiento por ese alguien maravilloso.

Notas: _____

_____

Día 67

Dichosos más bien [...] los que oyen la
palabra de Dios y la obedecen.
Lucas 11:28

La bendición

Cada instante que vivimos es una bendición.
Cada vez que despertamos es una bendición.
Cada enseñanza que nos da la vida es una bendición.
Cada experiencia que vivimos es una bendición.
Encontrar el amor y recibir el amor es una bendición.
Cada tropiezo es una bendición porque nos acerca más a Dios.
Conocerle cada día es una bendición.
Cada vez que triunfo es una bendición.
Aun así, la mayor bendición es haber conocido a Jesús y tener vida eterna.
Estas son algunas de las cosas en las que puedes ver la mano de Dios cada día de tu vida.
¡Déjate sorprender por Dios!

Notas: _____

_____

_____

No temas, porque yo estoy contigo; no desmayes,
porque yo soy tu Dios que te esfuerzo; siempre te ayudaré,
siempre te sustentaré con la diestra de mi justicia.
Isaías 41:10, RV-60

Tú la mereces

En muchas ocasiones, las personas pueden pensar que las bendiciones de las que hablábamos en el devocional anterior no son realidad en sus vidas. Piensan que la felicidad, el éxito y el reconocimiento son para otras personas, no para ellas.

Se pasan la vida pensando y creyendo que los milagros son cosas del pasado.

Y aunque a menudo nos hablen de que el Señor quiere bendecirlas, no le creen a Dios.

En tu caso, quizá no puedas creer que por tus errores del pasado, tus faltas y tu manera de haber vivido, Dios pueda acordarse de ti. Es más, si estás alejado, si lo que has vivido en los últimos tiempos sabes que no está bien delante de Dios, se te hace muy difícil creer que Dios te quiere perdonar.

Por favor, necesitas entender que todos somos importantes para Él. Que no importa tu falta, pues hoy mismo, sí quieres, te puedes reconciliar con tu Padre Dios.

Entonces, el que es lento para la ira y grande en misericordia extenderá sus brazos y te dará el perdón que buscas. Te dará una nueva oportunidad para ser feliz y llenarte de bendiciones.

Hoy, aparte de reconciliarte con tu Dios, busca una Biblia. Si no tienes una, cómprala. Luego, cuando llegues a ese momento tuyo con Dios, pídele que te muestre las promesas que dejó para ti y para mí. Dicen los que saben que son más de treinta y tres mil promesas.

Te dejo hoy con una. Así que guárdala y atesórala en tu corazón.

Notas: _____

_____

La exposición de tus palabras nos da luz,
y da entendimiento al sencillo.
Salmo 119:130

El Manual de Instrucciones

Este es el libro inspirado por Dios que nos ayuda a conocer cómo nuestro Dios creó este mundo. Además, nos muestra todo lo que Él hizo por nosotros al enviar a su único Hijo Jesucristo para que muriera por ti y por mí a fin de perdonar nuestros pecados.

A través de este maravilloso libro, Dios nos instruye para ser sabios, vivir una vida que le agrade y, de ese modo, hacer su voluntad. Cuando leemos este Manual, podemos conocer que Él es el mismo ayer, hoy y siempre.

Este es el libro más editado y más perseguido. Han tratado de acabarlo, lo han vituperado, y aun así, se mantiene vigente e incólume. A pesar de su antigüedad, sus enseñanzas no pierden vigencia. Siempre aconseja el bien y no el mal. En la literatura no hay otro libro más excelente que este. En todas las casas, escuelas, hospitales, hoteles y cárceles se encuentra siempre... «La Biblia». No tienes que ser un erudito para entenderla, porque es el mismo Dios el que te la revela y te guía.

Mi motivación para ti hoy es que también la tengas como parte de la formación de tus hijos. Enséñales a leerla, y si son niños pequeños, acostúmbralos a leérsela antes de ir a dormir. Con el tiempo entenderás el tesoro que estás sembrando en sus corazones y en sus vidas.

La Biblia está al alcance de todos, desde Génesis hasta el Apocalipsis.

Notas: _____

_____

Con tus manos me creaste, me diste forma.
Dame entendimiento para aprender tus mandamientos.
Salmo 119:73

Oración por entendimiento

Gracias te doy, Dios mío, porque aunque sea un lector de tu Palabra y me beneficie de sus enseñanzas, hoy, Padre, quiero pedirte por las personas que no te conocen. Quiero pedirte por las personas que tal vez ahora han sentido un gran deseo de empezar a buscar de ti, de conocer más de tu Palabra.

Te pido, Señor, que les des la facilidad de buscar y encontrar una Biblia.

Y, Dios mío, que cuando la encuentren, hallen verdadera revelación y puedan convertirla en un manual de vida y de conocimiento.

Abre sus mentes y prepara sus corazones para recibir todo lo que ya les tienes preparado desde la eternidad.

Gracias, Dios mío, por haberte inspirado y haber dejado esa maravillosa escuela de vida. También te agradezco que muchos conocerán la Palabra y la Palabra los hará libres.

Te amo con todo mi corazón.

Amén y amén.

Notas: _____

_____

Día 71

*Tu amor me ha alegrado y animado mucho porque
has reconfortado el corazón de los santos.*
Filemón 1:7

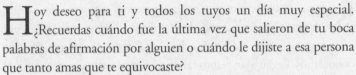

¡Feliz!

Hoy deseo para ti y todos los tuyos un día muy especial. ¿Recuerdas cuándo fue la última vez que salieron de tu boca palabras de afirmación por alguien o cuándo le dijiste a esa persona que tanto amas que te equivocaste?

A veces no es solo una palabra tuya la que le dará felicidad. También lo hará una sonrisa a tu esposa, a tus hijos o a tus compañeros de trabajo.

Ya sabes lo significativo que es dar un abrazo al que hoy se siente solo o triste.

Da de lo mucho que tienes. No te conformes con ser feliz tú solo.

Extiende tu felicidad a otros y muéstrales ese Dios vivo que está en ti.

Notas: _____

_____

Aunque un ejército acampe contra mí,
no temerá mi corazón; aunque contra mí
se levante guerra, yo estaré confiado.
Salmo 27:3, RV-60

¿Por qué terminar en crisis?

Sé que es muy común escuchar que personas atormentadas por sus problemas, por situaciones desesperantes de economía, celos, por estar ilegal en este país, y muchas otras situaciones que tú y yo conocemos, llegan a un punto tal de crisis que hasta quieren dejar de existir. A menudo, prefieren huir de sus problemas desahogándose en el alcohol o las drogas y no afrontan una realidad dolorosa. Aun así, esta manera de escapar de la realidad es temporal, pues no podrás estar siempre drogado ni tomado. Vas a tener momentos de lucidez, donde estarán presentes de nuevo esas preocupaciones.

Es lamentable, pero muchos llegan a la decisión más cobarde, y valiente a la vez, de quitarse la vida. Entonces, ¿qué pasa cuando escuchamos que alguien con mucho dinero, propiedades, trabajo, fama y todo lo que al parecer llena a un ser humano también entró en crisis y siguiendo el mismo cuadro anterior también termina quitándose la vida?

La gran conclusión es que no importa el dinero que tengas, ni los títulos universitarios, ni las posiciones en un trabajo, ni la familia, ni la mucha fama. Si no tienes a Dios en tu corazón por medio de Jesucristo, siempre estarás buscando cómo llenar ese vacío.

No permitas que la crisis se plante en tu vida. Sin duda, llegarán tormentas y problemas. Sentirás que no puedes más, pero cuando pones tu mirada en Dios y le entregas toda esa carga pesada, empezarás a sentir un alivio, un descanso, y verás que ya no estás solo. Si has tenido este tipo de situaciones, pídele perdón a Dios y sigue adelante.

Notas: _____

_____

_____

*Ciertamente les aseguro que si el grano de trigo no cae
en tierra y muere, se queda solo.
Pero si muere, produce mucho fruto.*
Juan 12:24

Deja que Dios sea tu todo

Cuando le das la oportunidad a Dios de ser tu «TODO», créeme que puedes vivir más confiado y más tranquilo. Nosotros estamos viviendo tiempos muy complicados. La misma Biblia lo dice y no miente. Si la lees con detenimiento, verás que todo se ha ido cumpliendo. Estamos viviendo los tiempos finales y lo que debemos tener presente es que no se van a mejorar. Cada vez va a haber más guerras, terremotos, desastres, hambrunas, plagas y las personas tendrán mucha necesidad de conocer de Jesús. Estamos en tiempos donde a lo malo llaman bueno, donde se levantan falsos profetas que vienen solo a confundir y donde persiguen a muchos por proclamar la Palabra de Dios.

¡Vaya, qué difícil es imaginarse esto! Aun así, hay que pensarlo. Por eso es que hoy te digo que es un riesgo vivir sin Dios en nuestro corazón. No podemos vivir como llaneros solitarios pensando que somos tan autosuficientes que controlamos el mundo.

No podemos seguir con esos aires de que nosotros controlamos la vida, cuando en realidad no controlamos nada. Con mucho esfuerzo algunos tienen domino propio y disciplina como para creerse la última Coca-Cola del desierto.

¿Cómo le rindes tu vida a Dios? Reconociéndolo en todos los caminos y dejando que Él sea el conductor de tu vida. Muere al «YO» y darás fruto.

Notas: _____

_____

Pon tu esperanza en el SEÑOR; ten valor, cobra ánimo;
¡pon tu esperanza en el SEÑOR!
Salmo 27:14

Oración para que Dios sea mi «Todo»

Padre nuestro que estás en el cielo, hoy busco tu presencia porque he entendido que mi vida sin ti no tiene sentido.

Necesito tu ayuda a fin de poder rendirlo todo a ti. Entiendo que al entregarte mi vida estoy ganando y que al morir a mi propio yo, tú podrás empezar a hacer cambios en mi vida y en mi manera de actuar. De ese modo, Padre, me preparas para tener el carácter de tu Hijo Jesucristo y me fortaleces en ti.

Si veo las noticias o leo la Biblia, en verdad reconozco que la vida se torna cada vez más complicada y yo te necesito.

Quiero dejar de actuar en mis fuerzas y deseo entregarme por completo a ti.

Dios mío, reina en mi vida y en mi corazón. Permite que empiece pronto a dar frutos y a ser un ejemplo a seguir para mi familia, mis amigos, mis compañeros de trabajo y hasta para los que no me conocen.

Renuncio a mi manera antigua de pensar y me dispongo a conocerte cada día más y así poder hacer su voluntad.

Amén y amén.

Notas: _____

_____

Cuídame como a la niña de tus ojos; escóndeme,
bajo la sombra de tus alas.
Salmo 17:8

¡Suéltate!

¡Oye, sí, suéltate! ¿Sabes por qué te lo aseguro hoy? Porque en estos días hemos meditado que nuestra vida debe depender de manera exclusiva de Dios. Así que por experiencia te digo que muchas veces en las que me he propuesto cambiar, que he creído entregar todas mis luchas y debilidades a Él, vuelvo a caer en la desconfianza y en la lucha contra mis propios recursos. Sé que no es fácil porque es una tendencia humana.

Entonces, una vez que tomas una decisión firme, nuestro mismo Dios nos fortalece.

Soltarse en las manos del Maestro trae muchos beneficios. Por eso te dejaré ver algunos para que refuerces tu oración.

Primero, serás obediente, ya que Dios dice en su Palabra: «Vengan a mí todos ustedes que están cansados y agobiados, y yo les daré descanso» (Mateo 11:28).

Segundo, tendrás descanso, pues no te encargarás tú de llevar tus preocupaciones.

Tercero, no tendrás que preocuparte por el diario vivir, ya que cada día trae su propio afán.

Y, por enumerarte uno más, Dios te dice que si Él se preocupa por los lirios del campo y por dar de comer a las aves del cielo, ¿cómo no cuidará mejor de sus hijos? (véase Mateo 6:25-34).

Y esos somos tú y yo: «Hijos de Dios» con privilegios y con derechos.

Notas: _____

_____

_____

*Cumplan su tarea con alegría y sin quejarse,
pues el quejarse no les trae ningún provecho.*
Hebreos 13:17

¡Y nos quejamos!

Hace unos meses, en una de esas oportunidades que nos da la vida, conocimos a un hombre muy especial que nos llenó de enseñanzas y admiración.

Su nombre es Fredy y nació en Colombia. Se nos acercó y con mucho respeto dijo en inglés: «Flores para la dama». De inmediato, cautivó mi atención, la de mi esposo y mis princesas, pues este hombre vendía rosas desde su silla de ruedas. Sin embargo, no era solo una persona con una incapacidad de sus piernas, sino también de sus brazos y manos. Con todo, nada de eso ha sido impedimento, pues hace ya seis años que se dedica a este oficio.

Fredy nos dejó muy conmovidos por su alegría, su seguridad al hablarnos y una paz en su rostro que en pocos segundos nos mostró que todo lo que tiene es porque se lo ha dado Dios. Que a pesar del tiro que recibió en su cuello hace ya varios años y que lo dejó en una silla de ruedas, nunca se ha dado por vencido. Hoy en día vive de la venta de rosas en la bella ciudad de Homestead.

Nos dijo: «Yo no le fallo a mi Dios en la asistencia a la iglesia, ni al dar mis diezmos y mis ofrendas, y por eso me va bien en todo».

¡Impresionante! En verdad, fue una lección para cada uno de nosotros. Pudimos ver que aunque tiene grandes limitaciones, ya que no puede casi ni usar sus manos y contesta el teléfono con su lengua para presionar las teclas del celular, se le ve en paz y feliz.

¿Y tú y yo que estamos bien y sin limitaciones por qué nos quejamos?

Notas: _____

_____

Y ahora, Señor, ¿qué esperanza me queda?
¡Mi esperanza he puesto en ti!
Salmo 39:7

Hay esperanza

Tal como le sucedió a Fredy, nuestro amigo del devocional de ayer, la vida lo sorprendió. De un día para otro, cambió su vida. Por robarlo recibió ese disparo que le cambió su condición física. Y a lo mejor esto te pasó a ti. Tienes una condición similar y quizá se deba a un accidente, una enfermedad o una incapacidad de nacimiento que cambió tu vida por completo.

¿Estamos preparados para afrontarlo? ¿Cómo sería nuestra reacción emocional? En la mayoría de los casos, estas grandes calamidades nos hacen más sensibles, nos motivan a buscar más de Dios, a pedirle ayuda y, por qué no, un milagro.

Por alguna razón que no tengo respuesta, Dios en algunos casos obra con milagros impresionantes. Sin embargo, en otra gran cantidad de ocasiones no hay sanidad física.

Conozco casos cercanos, incluso en mi familia, donde he podido ver que Dios ha dejado seres muy queridos para mí con sus limitaciones. A pesar de eso, sé también que no es casualidad que esas personitas a quienes quiero tanto Dios las haya levantando en lo espiritual de una manera única y hoy en día son grandes líderes. Su fe y sus testimonios han acercado a más de uno a los pies de Cristo.

A decir verdad, siempre hay esperanza. No sé cuál sea tu limitación, ni cuál fue esa situación que cambió tu vida para siempre, pero recuerda que Dios tiene un propósito con tu vida y serás de apoyo para otros que viven, o vivirán, lo mismo que tú y podrás ayudarles al testificarles del amor de Dios.

Notas: _____

_____

Sean fuertes y valientes. No teman ni se asusten [...]
pues el SEÑOR su Dios siempre los acompañará;
nunca los dejará ni los abandonará.
Deuteronomio 31:6

Nuestra identidad está en Dios

Estos días venimos reflexionando en cómo la vida nos puede cambiar y de qué manera en diferentes personas la vida es aún bella, cualquiera que sea su condición, pues encontraron su identidad en Cristo.

Esta es mi reflexión para cada uno de nosotros: Aunque tengamos en nuestro cuerpo marcas de accidentes, defectos físicos o cualquier cosa que nos haga sentir diferentes a los demás, debemos entender que Dios nos ama igual. Si Él permitió que llegaras a este mundo, no eres una equivocación, ni eres un estorbo, aunque personas sin sentimientos algún día te lo hayan dicho o te hayas sentido despreciado y rechazado. Quiero reafirmarte hoy que no eres algo que se escapó del control de las manos de Dios y que Él no está al tanto de cómo te sientes.

Tú debes aceptarte hoy como eres. Debes quererte como eres y tener muy claro que eres un hijo de Dios. Tu identidad está en Él. A pesar de tus limitaciones, Dios es el que te ama de manera incondicional, te defiende y te protege. Nunca te rechazará ni te abandonará. Cuando entiendes esto y lo llevas de tu corazón a tu mente, cambia la manera de verte y de comportarte. Así que no olvides que hay miles de valientes que incluso con su impedimento son deportistas, cantantes, artistas, predicadores, bailarines, comunicadores, padres y madres de familia, maestros, profesionales en todas las ramas, y que se han destacado aun más que una persona con todas sus capacidades. ¡Anímate! No te eches a morir. Dios te necesita y el mundo espera por otro valiente como tú.

Notas: _____

_____

_____

¡Cuán precioso, oh Dios, es tu gran amor!
Todo ser humano halla refugio a la sombra de tus alas.
Salmo 36:7

Oración por aceptación

Hoy busco tu rostro, Dios mío, porque he entendido que mi identidad está en ti. Que no importa la condición física que tenga, pues tú me aceptas y me amas.

Así que debo empezar por aceptarme a mí mismo, ya que solo con tu ayuda lograré ser capaz de salir de esta ansiedad, esta tristeza y esta inconformidad por haber quedado con limitación o por la de algún ser querido.

En este día me declaro aceptado, amado, respetado, valorado y querido.

Además, pongo mi vida completa en tus manos, sabiendo que cuidas de mí y me cubres con tus alas de amor.

Ayúdame a desarrollar el carácter de tu Hijo y a vivir aceptando los propósitos que tienes para mí.

Te pido, mi Dios, que sanes mi alma, me limpies de toda falta de perdón y me uses como un ejemplo a seguir. Permite que mi vida sea de testimonio para cada uno de mis familiares, mis amigos y de todas las personas para las que mi vida pueda servir de influencia.

Gracias por tu misericordia que es nueva cada día.

Amén y amén.

Notas: _____

_____

*Tú, Señor, me llenas de alegría con tus maravillas;
por eso alabaré jubiloso las obras de tus manos.*
Salmo 92:4

Testimonio

Le doy muchas gracias a Dios porque este libro lo disfruto tanto como tú. En estos meses de preparación acelerada del devocional, Dios me llenó de tantas vivencias y testimonios que me permitieron definitivamente su terminación. Durante este año, no solo podré hablarte de mi vida y lo que ha hecho Dios, sino también de lo que he podido crecer con los testimonios de muchos de mis oyentes.

Mi esposo, Edgar, conoció una pareja que es fiel oyente de «Buenos Días Familia». Muy contentos por conocerle, le dijeron cómo las oraciones y los mensajes que Dios ha depositado en mi corazón sirvieron, en un momento determinado de sus vidas, como una inyección espiritual que se convirtió en esperanza de vida.

Al hermano de esta oyente dominicana lo trasladaron a Colombia para realizarle un trasplante de médula ósea. Entonces, como era oyente en Miami, una vez terminada su operación y al iniciar su recuperación, pidió seguir escuchando las oraciones vía Internet. Aun sin poder moverse y en los momentos de dolor, esta radio y esta voz fueron instrumentos de nuestro Dios.

Me sentí tan feliz que dije: «Dios mío, quizá nunca podré saber en cuántas personas lograremos influir con solo hablar de una verdad tan hermosa que es tu amor y el regalo de tu salvación».

Gracias le doy a Dios porque aunque muchos tal vez crean que yo desarrollaría mejor mi talento en otro medio de comunicación, quizá con más dinero y menos sacrificios, nunca me he arrepentido de haber dejado la radio secular. Por eso, mi testimonio es que han sido diez años, la mitad de mi carrera radial, llenos de satisfacciones.

Notas: _____

_____

_____

*Porque hemos buscado a Jehová nuestro Dios;
le hemos buscado, y él nos ha dado paz por todas partes.
Edificaron, pues, y fueron prosperados.*
2 Crónicas 14:7, RV-60

No menosprecies tu llamado

Muchos somos los que dedicamos nuestra vida a tiempo completo en el servicio a Dios. Hay quienes lo hacen en un medio de comunicación, una escuela o una iglesia. Otros lo realizan como pastores, líderes, cantantes, etc. Incluso, hay quienes son farolitos alumbrando el amor de Dios. Por mencionarte algunos casos, veamos algunas personas muy reconocidas y queridas por todos nosotros:

• Fernando Arau, un tremendo humorista en «Despierta América», de la cadena Univisión, y líder junto con su esposa de un grupo de apoyo a matrimonios.

• Yuri, presentadora de «Noche de Estrellas» por Univisión. Además, dedica su vida en el apoyo a su esposo, Rodrigo Espinosa, pastor de una iglesia de más de trescientos miembros en el Distrito Federal.

• Nuestro presidente del Grupo Génesis, el pastor Edwin Lemuel Ortiz, dueño de las estaciones La Nueva 88.3 y La Nueva 90.9, en Miami. Por más de quince años, la hermosa voz principal de la cadena Univisión.

• Nuestro Ernesto Suazo no solo es pastor y presentador por varios años del programa de «La Nueva» *El Top 20*, sino que también es una de las voces destacadas de la cadena Telemundo.

Y así te podría nombrar a miles de personas que Dios coloca como faros en diferentes lugares. Allí, de una manera única, llevan la Palabra de Dios a personas que nosotros nunca podríamos alcanzar. No menosprecies tu llamado, ni menosprecies el llamado de los demás.

Notas: _____

_____

_____

No juzguen, y no se les juzgará. No condenen, y no se les condenará. Perdonen, y se les perdonará [...] Porque con la medida que midan a otros, se les medirá a ustedes.
Lucas 6:37-38

Dile «no» a la crítica

Como humanos, somos muy dados a la murmuración y la crítica. Es triste, pero entre nosotros mismos somos más fuertes en nuestras apreciaciones y comentarios.

Muchas veces he escuchado cómo critican a quienes hacen una labor de tanto valor como ciertas personas que mencioné en el devocional de ayer.

Creemos que porque se desenvuelven en un mundo secular, merecen estas críticas, muchas veces injustas, sin saber que a lo mejor estén haciendo más obra que tú y que yo.

Me vienen a la mente otros dos grandes seres humanos:

Ricardo Montaner, quien no solo a donde va proclama quién es Jesucristo en su vida, sino que ha grabado temas cristianos. En la actualidad, tiene ministerios en los que ayuda a los niños con condiciones especiales.

¿Y qué me dices de Juan Luis Guerra? Aunque está constantemente en sus presentaciones, siempre le da el reconocimiento a Dios en su vida. Además, se encuentra en una de las mayores iglesias de República Dominicana.

Si esto no es cumplir la misión, ¿qué esperamos de la vida?

Paremos la crítica y más bien preocupémonos por lo que tú y yo estamos haciendo por el conocimiento de la Palabra. Es más, reflexiona en esto hoy: ¿Cuándo fue la última vez que le hablaste a alguien de Jesús?

Notas: _____

_____

_____

El SEÑOR afirma los pasos del hombre cuando le agrada
su modo de vivir; podrá tropezar, pero no caerá,
porque el SEÑOR lo sostiene de la mano.
Salmo 37:23-24

Que la crítica no te desenfoque

Hoy vamos a ver la otra parte, la crítica que no te deja vivir, que no te deja tomar decisiones importantes por pensar en el que dirán. En cosas que dejamos de hacer para que no nos critiquen.

Si te identificas con esta breve introducción, quiero que sepas que el más criticado y el más señalado fue Jesús.

Nosotros debemos entender que siempre existirá la acción de la crítica, pues muchas personas te pueden criticar por envidia. La crítica bien manejada puede ser constructiva y te puede ayudar a corregir cosas en las que tal vez estés fallando.

No obstante, nuestra vida no puede estar solo pendiente de a quién le gusta o quién le parece lo que hacemos o dejamos de hacer.

A veces necesitamos que nos aprueben y la crítica es casi un estilo de vida.

Mi consejo en este día está dividido en dos:

1. La crítica constructiva es importante para evaluar lo que estamos haciendo y no debemos despreciarla. Y, como dice la Palabra de Dios, de lo que te digan saca lo bueno y desecha lo malo: «Examinadlo todo; retened lo bueno» (1 Tesalonicenses 5:21, RV-60).

2. No vivas del que dirán, y esto se ajusta a cualquiera que sea tu ocupación. Recuerda que nunca le caeremos bien a todo el mundo y que a todas las personas no les gustará lo que hacemos en la vida. Por lo tanto, enfócate en hacer lo que Dios te aprueba y no te desenfoques.

Notas: _____

_____

_____

No juzguen a nadie, para que nadie los juzgue a ustedes.
Porque tal como juzguen se les juzgará.
Mateo 7:1-2

Oración por madurez espiritual

¡**P**adre nuestro que estás en los cielos! Acudo a ti porque me he dado cuenta que con mis palabras y con mis comentarios muchas veces he ofendido y herido a otros.

Dios mío, deseo ser una persona más espiritual sin caer en el fanatismo. Guíame a fin de que, cuando vea o escuche cosas que no me gustan o no me parezcan bien, no sea quien levante ni una palabra en contra de nadie.

Si me has perdonado y me has aceptado como soy, ¿quién soy yo para juzgar a los demás?

Te pido que me des la oportunidad de cambiar y poder ser sabio y prudente.

Enséñame a medir las consecuencias de mis palabras y pon en mí misericordia por los demás. También ayúdame a comprender que cuando señalo a alguien, hay otros cuatro dedos señalándome a mí.

Te amo y te necesito.

Amén y amén.

Notas: _____

_____

El SEÑOR te guiará siempre; te saciará en tierras resecas,
y fortalecerá tus huesos. Serás como jardín bien regado,
como manantial cuyas aguas no se agotan.

Isaías 58:11

Tiempo de dar gracias

Este mes de marzo es muy significativo para mí, pues fue cuando comencé varias de las cosas que hoy celebro con este devocional. Por mencionar algunas de las tantas cosas que le agradezco a Dios: Hace veintitrés años que llegué a vivir en este país y hace veinte años que inicié mi carrera en la radio.

Quiero motivarte a que traigas a tu memoria todo lo que te ha dado Dios.

Que puedas hoy, al comenzar tu día, dar gracias por tu vida, por tus hijos, trabajo, salud, por todo.

Sé que la vida no ha sido fácil para ninguno de los que hoy leemos este libro. Tuvimos que salir de nuestros países y pasar por muchas necesidades. No obstante, cuando miramos y analizamos nuestra vida, de seguro que Dios nos ha guardado, nos ha bendecido, nos ha dado más de lo que esperábamos.

Y si tú dices: «Bueno, será para ella que le ha ido bien, pues yo aún no he logrado lo que quiero. Mi situación en este país ha ido de mal en peor. Aquí terminó mi matrimonio. En este lugar perdí a un hijo». Cualquiera que sea tu situación, no quiero que te desanimes, por favor.

En mi caso, valoro mucho más las cosas cuando se logran de manera difícil. No se trata de que sea masoquista, sino porque cuando las cosas mejoran, podemos ver la mano de Dios en cada una de ellas. Por eso, es tiempo de dar gracias y creerle a nuestro Padre celestial. Cuando le entregamos nuestras preocupaciones por completo, nuestro panorama cambia porque Él es fiel.

Notas: _____

_____

_____

*Busquen primeramente
el reino de Dios y su justicia.*
Mateo 6:33

Alimenta a la familia

Cuando hablo de alimentos, no me refiero a que seas un magnífico proveedor en tu casa. Es obvio que eso es lo que debes hacer como cabeza del hogar, aunque seas madre soltera. Con todo, analiza lo que dice el Manual de Instrucciones: «No solo de pan vivirá el hombre» (Lucas 4:4, RV-60).

Así que me refiero a cómo estás alimentando a tu familia desde el punto de vista espiritual. Lo que hagas por tus pequeños, marcará su vida cuando sean adolescentes y adultos.

En estos tiempos tan difíciles, nunca ha sido más importante que comiences a implementar en tus hijos hábitos de oración, lectura bíblica y la búsqueda de una iglesia en la que puedan aprender a conocer de verdad a Dios y lo que Él hizo por cada uno de nosotros. Es posible que me digas: «Pero como yo trabajo siempre, los fines de semana no tengo tiempo para ir a la iglesia y por las noches estoy tan cansado que tampoco tengo tiempo de orar con mis hijos, mucho menos crear en ellos el hermoso hábito de leer la Biblia».

Nunca es tarde para empezar, pues nuestros hijos necesitan conocer de Jesús. Esto los guardará de muchas cosas en la vida.

Ir a una iglesia no es fanatismo, sino que es un deber y a su vez es protección para ellos. Aun así, el ejemplo comienza por nosotros mismos.

De la misma manera que sea tu relación con Dios, asimismo será la de tus hijos con Él, ya que eres su ejemplo a seguir.

Comienza a dar el ejemplo hoy y cosecharás vidas victoriosas en ellos. Sin importar la edad que tengan... ¡comienza ya!

Notas: _____

_____

_____

Instruye al niño en su camino, y aun cuando fuere
viejo no se apartará de él.
Proverbios 22:6, RV-60

Madres, debemos ser el mejor ejemplo

Los próximos días quiero que nos enfoquemos en nuestra condición de madres, pero hombres, no se vayan que esto les conviene leerlo.

Dios nos escogió a las mujeres para tener el privilegio de ser madres y nos dio el maravilloso regalo de disfrutar del embarazo, para luego realizar la linda pero difícil tarea de criarlos.

Sé que esta posición de madre es muy fuerte. Desde niña, siempre escuché que madre solo hay una y es verdad. Mamás, nuestro papel es fundamental en la vida de nuestros hijos. Lo que enseñes y hagas por ellos marcará sus vidas para siempre.

La Palabra de Dios está repleta de consejos valiosos. Solo para que lo compruebes, dale una leída al libro de Proverbios y ahí hallarás sabiduría para disciplinarlos y entenderlos.

No te des por vencida. Por más difícil que sea educarlos y formarlos, Dios nos ha dado el mejor secreto para tener hijos espiritualmente saludables al decirnos que los instruyamos en su camino.

NO malcriemos a los hijos... muchas por pereza no los disciplinan y ya sabes lo que pasará: Te avergonzarán en público.

NO desautorices a tu esposo o padre de tu hijo cuando lo está disciplinando.

NO lo consientas en exceso, porque será después incontrolable.

NO les des todos los gustos, a fin de que valoren lo que con esfuerzo les das.

NO te apartes de los caminos de Dios, pues de Él viene la sabiduría.

Notas: _____

_____

_____

Hijo mío, si tu corazón es sabio,
también mi corazón se regocijará.
Proverbios 23:15

Padres, apoyemos a nuestros hijos

Hombres y mujeres que están hoy listos a leer este devocional, también les convienen que sepan lo que espera Dios de los padres.

Padres, asuman con autoridad el ser como dice Dios la cabeza y el sacerdote del hogar.

Eso significa que debes tener una relación con Dios, de modo que seas la parte más importante de esa casa. Si no asumes tu posición, las mujeres con carácter fuerte tomarán la tuya y estarás en desventaja y fuera del orden de Dios.

Papi, tú eres el proveedor. Tú eres a quien Dios creó para que mantengas tu hogar y seas un excelente administrador del mismo. Claro, si tu esposa está trabajando, las cosas entre los dos serán más fáciles. Sin embargo, ante Dios el que tiene la autoridad tiene la responsabilidad.

NO le des mal ejemplo a tu hijo para que no te avergüence.

NO te entregues cien por cien a tu trabajo o actividades de tu ministerio, a fin de que tengas tiempo para tus hijos.

NO olvides que tu primer llamado es tu familia y Dios te pedirá cuentas al respecto.

NO te apartes de los caminos de Dios, pues allí encontrarás bendición.

Honro hoy a mi esposo porque es un excelente padre de sus hijos y de mis princesas. Gracias, mi Dios.

Notas: _____

_____

*Escucha a tu padre, que te engendró,
y no desprecies a tu madre cuando sea anciana.*
Proverbios 23:22

Hijos, valoremos a nuestros padres

Padres y madres, no se vayan de la meditación de hoy. Nosotros también somos hijos.

Aunque ya lo mencioné al inicio de este libro, el único mandamiento con promesa es que honremos a nuestros padres para tener una larga vida.

¿Te imaginas lo que para Dios significa el respeto a ellos que hasta puede ser una condición para vivir muchos años?

Sé que cuando somos jóvenes y adolescentes, los consejos de papá y mamá son a veces hasta fastidiosos. Su compañía en ciertas edades hasta molesta en determinadas etapas de la vida. Salir con ellos... ¡huy, qué pena!

No obstante, todo esto pasa y, a medida que vamos creciendo, madurando, aprendiendo y perdonando, vamos cambiando la manera de verlos y respetarlos.

Cuando llegamos a la etapa de ser padres, es que al fin apreciamos todo lo que hicieron por nosotros. Cuando esos hijos crecen y nos faltan al respeto o nos hacen sufrir, por fin nos ponemos en los zapatos de nuestros papás que nos aconsejaban y velaban por nuestro bienestar.

Nunca es tarde para atenderlos, para acompañarlos, para disfrutarlos y hacer lo que dice la Biblia: «Honra a tu padre y a tu madre» (Éxodo 20:12).

Notas: _____

_____

_____

Día 90

Dichosos todos los que temen al Señor [...]
En el seno de tu hogar, tu esposa será como vid llena de uvas [...]
tus hijos serán como vástagos de olivo.
Salmo 128:1, 3

Oración por la unión de la familia

¡Dios mío y Padre mío! Gracias por ser nuestro Padre. Gracias porque tú nunca nos dejarás ni nos abandonarás.

Te agradecemos porque de una manera sencilla puedo ver algunas de las cosas que esperas de mí como padre, como madre o como hijo.

Te pido perdón si no he desarrollado como es debido mi posición de hijo y de padre.

Te suplico que me des una nueva oportunidad para buscar más de ti y así obtener la sabiduría de cuidar a los míos de manera que sea un buen ejemplo para ellos.

Hoy, como familia, te rogamos que nos des un manto de unión y de protección. Que de una manera milagrosa sanes los corazones de cada uno de los que en este día se acogen a tu misericordia.

Te necesitamos y ponemos delante de ti todo hogar representado por cada persona que hoy hace esta oración.

Gracias, mi Dios, por la bendición de tener una familia.

Amén y amén.

Notas: _____

_____

_____

Día 91

Aun los jóvenes se cansan, se fatigan [...]
pero los que confían en el SEÑOR renovarán sus fuerzas.
Isaías 40:30-31

La pildorita contra el estrés

Muchas veces a lo largo de tu vida, sin importar la edad que tengas, te sentirás con la sensación de que ya no puedes más con las cosas que estás viviendo. Incluso, ni siquiera te motivará la búsqueda de Dios.

Has intentado de todo para hallar la paz y la solución a tus problemas, y ya te has dado cuenta que las pastillas para la depresión no dan resultado. Que las visitas al que se supone que conoce tu futuro ya te desilusionó porque al fin comprendes que te han quitado tu dinero, pues nadie conoce tu futuro sino solo Dios.

Hoy te digo que Dios es el único que basta. Él es el que saca del hoyo tu vida. El que te viste con ropas nuevas y el Dios de las oportunidades.

Hace unos meses escuché una vez más que un joven de veintiún años se había quitado la vida porque no pudo soportar la muerte de su novia. Entró en depresión y, pasado un tiempo, se quitó la vida. ¡Qué dolor para la familia!

Ni tú, ni él, ni ninguno de nosotros se puede aferrar a la vida de otras personas, incluyendo las de nuestras parejas e hijos, nuestros pastores o líderes. No debemos convertir esos seres especiales en la razón para vivir. Es idolatría y Dios la detesta. Debes entender hoy que no puedes poner tu vida y tu confianza en el hombre porque lo más seguro es que te va a fallar.

Dios es el que te ayudará en todas tus necesidades y te dará nuevos comienzos.

Notas: _____

_____

_____

No les hagan caso a sus [...] adivinos, intérpretes de sueños,
astrólogos y hechiceros [...] Las mentiras que ellos les profetizan
solo sirven para que ustedes [...] mueran.
Jeremías 27:9-10

Tu futuro

Muchas de nuestras familias, ya sea por tradición o por cultura, tienen la costumbre de visitar brujos, espiritistas, lectores de cartas y manos y santeros, por mencionar algunos. Su propósito es escuchar, según cabe suponer, lo que les deparará el destino. Lo hacen sin imaginarse siquiera que estas personas inescrupulosas les mienten para sacar verdades y, lo que es peor, para robarles su dinero.

Algunas personas buscan así su futuro, aun sabiendo lo que Dios dice al respecto en la Palabra. Y si no lo habías leído nunca, dice con claridad que ninguno de los que mencioné antes entrará en el reino de los cielos.

Dios dice en varias partes de la Palabra que no debemos consultar «ni practicar adivinación, brujería o hechicería; ni hacer conjuros, servir de médium espiritista o consultar a los muertos» (Deuteronomio 18:10-11). Además, advierte sobre las consecuencias.

Como hija de Dios, mi deber es orientarte a que si crees que eso que haces es bueno, debes saber que no está bien y te lo dijo con conocimiento de causa.

Si quieres estar en paz con Dios y a cuentas con Él, no debes seguir haciendo este tipo de actos deshonrosos para Dios.

Así que te invito a que hoy mismo renuncies y le pidas perdón a Dios. No te maldigas ni te contamines consultando estos medios, ya que son abominación para el Señor.

Descansa en Dios y pídele que te guíe en tu vida, paso a paso, y sé obediente a su Palabra. De esa manera, tu vida estará realmente segura en Dios. Recuerda, tu vida está en manos de tu Creador.

Notas: _____

_____

_____

Así que, no os afanéis por el día de mañana, porque el día de mañana traerá su afán. Basta a cada día su propio mal.
Mateo 6:34, RV-60

Vive de día en día

No sé cuál es el interés de muchas personas, unas más que otras, en conocer lo que les pasará en el futuro y cómo serán sus vidas en el mañana. Quieren saber de enfermedades, traiciones y cosas negativas que, más que hacerles un favor, llenan su vida de confusión y zozobra.

Debes entender que el único interesado en tu vida, en tu futuro, en bendecirte y conceder las peticiones del corazón es Dios.

Ninguna persona de estas que se encargan de adivinar el futuro les importa cómo termine tu vida, porque ni siquiera conocen lo que Dios ya tiene predestinado para nosotros.

Claro, los brujos, espiritistas y adivinos, entre otros, adquieren poder porque el enemigo se encarga de dárselo. Sin embargo, ese poder no es para bendecir tu vida, pues quieren acercarse a ti con horóscopos y demás cosas que solo causan confusión.

En su Palabra, Dios presenta al enemigo con tres funciones muy definidas. Así que, por favor, memorízalas bien: El enemigo viene para robar, matar y destruir.

Dios, tu Padre, si es que así lo reconoces, te ofrece todo lo contrario. Él quiere darle paz a tu vida en medio de tu preocupación. Promete no abandonarte jamás. Quiere hacerte feliz y quiere sanarte. Te da la oportunidad de que te arrepientas y, como si fuera poco, te ofrece una vida eterna en su presencia cuando lo reconoces por medio de su Hijo Jesucristo.

Vive de día en día porque cada día trae su propio afán.

Notas: _____

_____

_____

En ti confían los que conocen tu nombre,
porque tú, SEÑOR, jamás abandonas a los que te buscan.
Salmo 9:10

Oración por confianza en Dios

Te busco con todo mi corazón porque he podido reflexionar acerca de las veces que no he confiado en ti y he puesto mi mirada en otras imágenes. Las veces en que he prestado mis oídos para escuchar a personas que usurpan tu lugar adivinando el futuro que solo tú conoces.

He entendido que esto te desagrada y que las consecuencias no son las mejores.

Por eso, Dios mío, te pido perdón y renuncio hoy mismo a este tipo de creencias.

Te pido que me limpies y me liberes de cualquier atadura con el enemigo.

Hoy, Dios mío, me comprometo a confiar en ti y a creer en que tú tienes grandes cosas para mi vida.

Señor, dame sabiduría y ayúdame a vivir día a día bajo tus cuidados y protección.

Gracias por todo lo que estás haciendo y por todo lo que harás.

Amén y amén.

Notas: _____

_____

*A las montañas levanto mis ojos; ¿de dónde ha
de venir mi ayuda? Mi ayuda proviene del Señor,
creador del cielo y de la tierra.*
Salmo 121:1-2

Tiempos difíciles y de oportunidades

Hace unos meses nuestro jefe P. Mauricio Quintana, inspirado en una enseñanza de su pastor, nos hacía reflexionar en que atravesábamos un tiempo muy difícil, desde el punto vista económico. A decir verdad, muchas personas perdieron sus casas y muchos medios de comunicación hablaban de la crisis. Entonces nos enseñaba que hay dos maneras de ver el problema.

La primera es cuando te montas en la crisis y declaras que son tiempos muy difíciles, que tu vida va de mal en peor y que vas rumbo al abismo.

La segunda es cuando te paras en medio de la misma situación con otra mentalidad. En esta, sabes y aplicas lo que Dios dice en su Palabra cuando promete estar con nosotros y poner a prueba nuestra fe, si es cierto que todo lo que hablamos y decimos a otros lo aplicamos a nuestra propia vida, ahora que las cosas no están tan bien.

El año pasado, mientras algunos hablaban de perder sus casas, otros hablaban de su gran oportunidad para hacer los negocios que soñaron. Esto lo aplicamos para cualquier situación y de allí deberíamos aprender varias cosas: En tiempos difíciles podemos apreciar la misericordia de Dios, crecemos en lo espiritual y aprendemos a depender únicamente de Él.

Recuerda que Dios no da más carga de la que no podamos soportar.

Notas: _____

_____

Engañoso es el encanto y pasajera la belleza.
Proverbios 31:30

La belleza es pasajera

En estos tiempos que estamos viviendo, la gente dice de la belleza: «No hay mujeres feas... sino hombres sin billete. Ja, ja, ja. (Esto es un chiste, pues ya estoy como nuestro humorista colombiano José Ordóñez).

Hoy en día, cambiarse la figura y operarse parece más bien como parte del diario vivir. Por querer estar a la moda, los hombres y las mujeres luchan por tener cuerpos perfectos a costa de lo que sea y se desenfocan. Se vuelven vanidosos. Entonces se concentran en la belleza como su prioridad y olvidan por completo quién les dio la vida. Pueden más la vanidad y el orgullo al creerse que vivirán así eternamente.

Sin duda, admiro la belleza humana. Admiro cómo cambia y avanza la ciencia, de modo que hacerse una operación no es el problema. Siento decirles que el problema está en volverse un idólatra de uno mismo o está en el momento que esto se convierte en una adicción. El asunto es que los expertos dicen que hay personas adictas a estas operaciones y pierden la belleza original. A menudo, se ven hasta deformes y sabemos que muchos han perdido la vida en un quirófano.

Recuerda que todo llevado a los extremos es malo. Y Dios es el dueño de nuestros cuerpos.

Esto se ajusta también para los hombres que se hacen tantas cosas por lucir mejor que pierden la masculinidad.

Notas: _____

_____

Enséñanos a contar bien nuestros días,
para que nuestro corazón adquiera sabiduría.
Salmo 90:12

La edad con dignidad

El devocional de hoy lo motivó el de ayer. Podríamos decir que es otro caso muy común que se presenta en ciertas personas y, sobre todo, en determinadas edades de la vida.

Cuando vemos que ya no somos jovencitos, que la belleza se va deteriorando debido a que la gravedad hace su efecto y «todo se cae», vienen las preocupaciones de los hombres y las mujeres por sentirse jóvenes. De ahí que cambie su comportamiento y, algunas veces, se presenten los divorcios.

En el caso del hombre, el deseo está en demostrar que aún puede conquistar. En el de las mujeres, su anhelo está en provocar admiración. Este comportamiento va de la mano con la manera de vestirse y de actuar que se manifiesta de una forma bien llamativa. El resultado es que vemos mujeres de edades bien avanzadas con minifaldas y escotes, mientras que los hombres se visten como jovencitos y su comportamiento deja mucho que desear.

Vivamos cada etapa de nuestra madurez con dignidad. Disfrutemos el hecho de ser personas con experiencia y que esas canas, más que ser cabellos blancos, infunden respeto.

Pidámosle a Dios que nos ayude a aceptarnos tal y como somos a medida que vamos envejeciendo. Y que podamos dejar un hermoso legado a nuestros hijos y a nuestros nietos.

Notas: _____

_____

Corona de honra es la vejez,
que se halla en el camino de justicia.
Proverbios 16:31, RV-60

La edad dorada

Me gusta mucho cuando se habla de la edad dorada, pues dan la idea de las experiencias maravillosas en la vida.

Hoy quizá seas tú esa persona de la tercera edad que se siente triste y solitaria. A lo mejor tu familia te dejó en un hogar para viejitos y de vez en cuando te visitan y a veces te llaman. La soledad en esta etapa de la vida es una de las razones que más lleva a la depresión.

En este día, Dios quiere decirte que no estás sola ni solo aunque pases días sin saber de tu familia. Tal vez te encuentres en tu casa viendo pasar los días y, en muchos casos, sin poder salir siquiera porque tu salud no lo permite o porque ya hasta conducir un auto es un problema para ti.

Hoy Dios te dice que Él está contigo, que eres más que una hermosa joya para Él y que es tu compañía. Refúgiate en Dios.

Ante esto, las preguntas que caben son las siguientes: ¿Qué estamos haciendo tú y yo por ellos? ¿Cómo estamos ayudando a nuestros viejitos, empezando por casa? ¿Cómo los tratamos? ¿Sabías que después del abuso infantil el abuso a las personas mayores está en segundo lugar? Lo más triste de todo es son víctimas de sus propios familiares.

La Palabra nos enseña que las canas son sabiduría y merecen todo el respeto.

Por lo tanto, honro hoy a las personas de la edad dorada.

Notas: _____

_____

_____

Como palmeras florecen los justos [...]
Aun en su vejez, darán fruto.
Salmo 92:12, 14

Oración por las etapas de la vida

Hoy quiero, mi Dios, presentar esta oración pidiendo que nos ayudes a aceptar cada una de las etapas que estamos viviendo en la vida.

Te pedimos que quites de nuestra mente pensamientos de frustración y que podamos gozar cada año que nos das. Ayúdanos a entender que todo tiene su tiempo y que no somos los únicos en sentirnos así.

Danos entendimiento y sabiduría en la manera de vestirnos y de comportarnos. Permite que podamos llegar a esta etapa de la edad madura con orgullo y que podamos disfrutar de esos cambios manteniendo un corazón alegre y apacible.

Dios mío, extiende también tu misericordia y danos mucha salud. Ayúdanos a ser prudentes y cuidarnos, y a mantener por siempre nuestra mirada puesta en ti.

Gracias, mi Dios, por la vida y, sobre todo, gracias por la vida eterna.

Amén y amén.

Notas: _____

_____

Alma mía, en Dios solamente reposa, porque de él es mi esperanza.
Él solamente es mi roca y mi salvación.
Salmo 62:5-6, RV-60

La soledad es mala compañía

La soledad no es el mejor aliado de nadie, sino que es un sentimiento desagradable. Podría atreverme a decir que todos la hemos sentido en alguna etapa de nuestras vidas.

En Estados Unidos, donde vivo, es muy común vivir esa soledad de una manera prolongada, pues no todo el mundo tiene el privilegio de vivir aquí con sus familias y la soledad nos golpea duro.

A mi llegada a este país, tuve la experiencia de no tener en el día alguien con quien hablar. No salía a parte alguna porque todo me era desconocido y ni siquiera tenía transporte. Así que pasaba horas de horas en un apartamentito compuesto de un cuarto grande, con una cocina diminuta, un baño, una cama... ¡y ya!

Fue una etapa dura, pero permitió que hoy valore y aprecie mucho lo que Dios me ha permitido hacer. Te puedo decir que son etapas que vivimos que nos ayudan a madurar, a crecer y a valorar lo que quizá nunca antes le diéramos importancia.

Sin embargo, cuando empecé mi caminar en Cristo, no volví a experimentar esa horrible sensación de soledad. A pesar de que he pasado momentos de crisis, ya veo las cosas de otra manera. Ahora puedo decir con franqueza que Dios es el único que llena todo vacío y es el que colma de felicidad nuestra vida.

Notas: _____

_____

Aleja de tu corazón el enojo,
y echa fuera de tu ser la maldad.
Eclesiastés 11:10

Cuida la paz de tu corazón

En realidad, el corazón es un músculo. Está situado en el centro del pecho, un poco hacia la izquierda, y es casi del tamaño de tu puño. Este músculo es especial por lo que hace: El corazón envía sangre a todo el cuerpo.

Sabemos que el día en que el corazón deje de latir, ya no estaremos para hacer el cuento. De ahí que los especialistas hablen de la importancia de hacer ejercicio y alimentarse bien para tener larga vida.

Sin embargo, ¿qué sacamos teniendo una buena salud si nuestro corazón está amargado, está lleno de resentimientos, de ira, de maldad? De esa manera, no podemos sentir paz ni tranquilidad, porque todas esas cosas que acabo de mencionar atormentan nuestra existencia.

Por eso la Biblia dice que el corazón es engañoso... ¿Quién lo conocerá?

Notas: _____

_____

Bendito sea el Señor, nuestro Dios y Salvador,
que día tras día sobrelleva nuestras cargas.
Salmo 68:19

Dios te regala un nuevo día hoy

¿Por qué será que no todos los días nos levantamos igual con Dios?

Si en la gran mayoría de los casos conocemos su Palabra, sabemos que nos ama y que hoy ha preparado un día lleno de oportunidades para nosotros.

Sé que las circunstancias que estás viviendo te roban la paz y el gozo. No obstante, cuando estamos en contacto diario con nuestro Dios, ya sea orando aunque sea un rato cada día, y leyendo su Palabra, encontramos sus promesas.

Estas promesas te dan la certeza de caminar por fe. Te permiten dar por sentado que aunque amanezcas sin un quinto en el bolsillo, andes cansado porque el dinero no te alcanza y otras muchas cosas que llegan a la vida, Dios es un Padre que, ante todo, nunca miente. De modo que si te regaló un nuevo amanecer, es porque te ama y ya tiene predestinado que estuvieras en pie.

¡Ánimo! Recuerda que aunque la tormenta es fuerte, Dios es mayor que tu problema.

Notas: _____

_____

_____

La bendición del Señor trae riquezas,
y nada se gana con preocuparse.
Proverbios 10:22

El afán diario

Hace unos días recordábamos que no debemos permitir que nuestra mente y alma se carguen con la ansiedad. Que deberíamos practicar también vivir de día en día y así no llenarnos de tantas preocupaciones.

Hay cosas que de seguro se nos van de la mano. Situaciones que de repente te derrumban y sabemos que nos llenan de afanes y de incertidumbres. Mientras que hay otras cosas que aunque nos preocupen no podemos hacer nada al respecto.

Por eso es que Dios sabiamente, y conociendo la naturaleza humana, nos dejó esa recomendación de que cada día trae su propio afán.

Aprendamos a vivir de día en día. En realidad, de esa manera se vive con mayor tranquilidad y, como que se tiene la mente más despejada, se pueden solucionar poco a poco los problemas. Todo tiene solución en esta vida. Descansa en Dios y en este día pon en sus manos todos tus problemas. Deja que su poder se manifieste en tu vida.

Hay una canción que dice «Yo le creo a Dios» y cantarla es preciosa. Sin embargo, aplicarla es difícil cuando nos enteramos que nuestro hijo está en drogas, en la cárcel o en cualquier otra situación que nos entristece.

Si decidimos creerle a Él, demos ese paso y digamos:

«Dios mío, vengo a ti porque he decidido creerte. Me he dado cuenta que no puedo hacer nada ante esta situación. Por eso sé que, si me invitas a llevar mis cargas a ti, me harás descansar. Yo lo creo».

Gracias, mi Dios, por ese bálsamo de amor.

¡Te amo!

Notas: _____

_____

De este modo todos sabrán que son mis discípulos,
si se aman los unos a los otros.

Juan 13:35

Lo mejor para mí

Dios a veces tiene que mover fichas para llamar nuestra atención.

En mi caso, aunque ya estaba segura que escribir este libro era una idea de papito Dios y se reconfirmaba con la Biblia en Jeremías 30:2, yo me negaba.

Hasta un día que llegó a mi vida una personita muy especial que Dios ha usado en serio para que le diera inicio a este proyecto. Se trata de Pedrito, como le digo cariñosamente. Pedrito Lancheros es un hombre inteligente, sencillo, preparado y con un lindo hogar. Además, forma parte del equipo de *Conexión USA*, la revista.

Hacía ya un tiempo que me venía escuchando por la radio, y cuando entró a trabajar en la revista, empezamos a tener algunas conversaciones. Entonces, un día, entra a mi oficina y me dice que sentía de Dios decirme que lo que hacía por los oyentes era excelente, que la oración de la mañana era muy poderosa y un tremendo testimonio. Acto seguido me preguntó si no pensaba escribir un libro. Cuando me dijo esas palabras, pensé: «¡Dios mío, otra persona que envías para que reaccione!». Tuvimos varias conversaciones serias en las cuales me dijo cosas que me hicieron reflexionar y sentir incómoda, pero todo para bien. Más tarde, me entregó un cronograma y el resultado hoy es que tú y yo estamos leyendo este motivador libro lleno de testimonios.

Gracias, Pedrito, por ser obediente a Dios y hablarme, y gracias por tu paciencia.

Notas: _____

_____

Pero fiel es el Señor, que os afirmará
y guardará del mal.
2 Tesalonicenses 3:3, RV-60

El recuerdo sin dolor

En días pasados, acompañé a mi princesa Niki a realizarse unos exámenes generales, pues no se había sentido muy bien. Así que estuvimos en el hospital *Memorial*, de Pembroke Pines y allí le hicieron un examen conocido como tomografía axial computerizada (TAC). Como Niki estaba un poco nerviosa, le explique de qué se trataba la prueba. No sé si todos lo saben, pero te meten en un aparato que gira en torno al cuerpo del paciente emitiendo un haz de rayos X que, mediante unos cristales, se reciben y registran una serie de datos que se envían a una computadora que convierte la información en una imagen sobre una pantalla. Este examen es tan completo que se detecta cualquier tipo de problema.

Estando allí, la tuve que esperar afuera y empecé a recordar la época de mi enfermedad. En mi caso, pasé por esa misma prueba durante momentos críticos al estar recién operada y cuando el cuadro médico no daba muchas esperanzas de vida. Así que todo era gris y misterioso. Entonces me puse a rememorar varios de esos momentos en que me llevaban en medio de tanto dolor y sintiendo la muerte a mi alrededor.

De pronto, sentí unos deseos enormes de llorar y le agradecí a Dios el milagro de mi sanidad. Nunca me cansaré de reconocer cómo me sanó Dios y de que hoy sea un testimonio viviente.

No es vivir en el pasado, pero nunca debemos olvidar lo que Dios hace por nosotros. Además, eso nos dará la fuerza para seguir adelante.

Notas: _____

_____

Cristo nos liberó para que vivamos en libertad.
Por lo tanto, manténganse firmes y no se
sometan nuevamente al yugo de esclavitud.
Gálatas 5:1

Día de testimonio

Mientras escribía el devocional anterior, mi Dios, que es tan lindo, me permitió tener otra vivencia para que se las relatara a ustedes. No lo hago porque me sucediera a mí, sino para reconocer la grandeza de nuestro Padre. Y también para testificar que cuando en verdad decidimos entregar toda nuestra vida en sus manos, Él nos honra y nos bendice.

La historia que quiero contarles es de una chica que me llamó para decirme que desde hacía varios meses tenía pensado quitarse la vida debido a sus muchos problemas. Entonces, llamó a nuestro programa radial y, gracias a Dios, pudimos ayudarla, tranquilizarla y ubicarla de modo que recibiera el apoyo necesario.

Hoy, dándole las gracias a Dios, me llamó para decir que me escucha todos los días, que está tranquila, trabajando y que vive con su mami. Además, está asistiendo a un grupo de oración y apoyo, y en estos momentos espera con ilusión su tercer hijo. De las muchas cosas lindas que me contó, me llenó de alegría cuando dijo: «De lo que sí estoy segura por completo es que no vuelvo a las drogas. Dios me liberó y me quitó el deseo. Ahora, al mirar atrás, veo el tiempo que perdí no estando con mis hijas y el dinero que gasté en las drogas».

Las dos le dimos muchas gracias a Dios por este hermoso testimonio que, una vez más, nos muestra que no hay circunstancia que Él no pueda cambiar. Hoy es tu oportunidad.

Notas: _____

_____

Ahora bien, el Señor es el Espíritu;
y donde está el Espíritu del Señor,
allí hay libertad.
2 Corintios 3:17

No vivas esclavo, declárate libre

¿Cuántas personas que hoy leen este devocional se sienten atadas a los vicios?

Si es una atadura, es una esclavitud. Si lo sentimos cuando fuimos fumadores que queríamos un cigarrillo y nos desesperaba no tenerlo, no quiero ni imaginarme la ansiedad que produce que no tengas tu vicio y hasta dónde puedes llegar con tal de tenerlo.

Por eso es una atadura. Es una esclavitud. Así que Dios en este día quiere liberarte de cualquier vicio. No dudo que los grupos de ayuda sean excelentes. No obstante, si le pides perdón a Dios de corazón y le suplicas que te quite el deseo de drogarte, de beber, de estar en la pornografía o cualquier otra cosa, puedo declarar que muchos se liberarán hoy mismo y podrán testificar de manera milagrosa acerca del poder de Dios.

¡Anímate y acepta el reto de declararte libre!

Notas: _____

_____

*El amor es sufrido, es benigno [...] no tiene envidia [...]
no hace nada indebido, [...] Todo lo sufre, todo lo cree,
todo lo espera, todo lo soporta.*
1 Corintios 13:4-7, RV-60

Libre para amar

En el amor hay libertad y hay gozo. Así que ahora quiero ver el otro lado de la moneda de las familias que tienen algún ser querido en cierto vicio. Debe ser muy doloroso y preocupante ver al ser que amas llegar pasado en alcohol y, en su gran mayoría, agresivos hasta abusando de sus esposas e hijos.

En este momento deseo decirte que este libro no llegó a tus manos por casualidad. Ahora que estás como se dice en tu sano juicio debes saber que no solo te destruyes a ti mismo, sino que también destruyes a la familia que te entregó el Señor, de la cual te pedirá cuentas en el día del juicio. No es que te hable para atemorizarte. Te digo la verdad... una verdad que duele y que te debe preocupar. ¿Qué le vas a decir a Dios? ¿Le vas a decir que lastimas a tu esposa? ¿Que la hieres cuando estás tomado o drogado? ¿Que el ejemplo que por años recibieron tus hijos fue verte así y que cuando no te veían de esa manera era porque no estabas en casa?

Piensa, por favor, en las consecuencias de tus actos. Además, recuerda que todo lo que sembramos en esta vida eso mismo cosechamos.

Mi recomendación es que te dejes ayudar. Llámame, búscame y con mucho gusto te daré los recursos que necesitas para seguir adelante. Sin embargo, no seas egoísta y mira por primera vez a tu cónyuge e hijos con amor.

Hoy es día de arrepentimiento.

Notas: _____

_____

Tú eres mi socorro y mi libertador;
¡no te tardes, Dios mío!
Salmo 40:17

Oración por ayuda familiar

Señor, hoy vengo delante de ti porque sé que muchas personas están conmovidas. Reconocen que se encuentran en vicios. Reconocen que han tratado de avanzar por sus propias fuerzas y no han podido. También hay muchas mujeres que me han pedido oración por sus hogares a punto de destrucción. Dios mío, son mujeres que quisieran dejar sus casas porque ya no resisten más abusos. Incluso, han pensado regresar a sus países con tal de no seguir sufriendo, y ver a sus hijos tristes y sin esperanza.

Te pedimos, Jesús, tu intervención milagrosa. Toca en este momento a las personas que necesitan ser libres de esas ataduras hoy mismo. Además, dales, mi Señor, la libertad que desean.

A las familias que sufren con un ser querido esta tortura de aguantar abusos, golpes e insultos, Señor, dales hoy mucha valentía y sabiduría para dar los pasos de acuerdo con tu voluntad. Glorifícate, Señor.

Notas: _____

_____

_____

> *Entonces ustedes me invocarán, y vendrán a suplicarme,*
> *y yo los escucharé. Me buscarán y me encontrarán,*
> *cuando me busquen de todo corazón.*
> Jeremías 29:12-13

Dulce refugio

Cuando tenemos días felices en los que todo nos sale bien, es cuando menos pensamos que estamos refugiados en los brazos del Padre. Eso sucede porque casi siempre que las cosas están en orden, lo que menos buscamos es su compañía.

Muchas veces estamos tan organizados que pueden pasar días sin que oremos, sin que vayamos a la iglesia, solo porque todo está en orden.

Sin embargo, ¿qué tal si a este cuadro le agregamos la preocupación y los problemitas económicos que no faltan? Ahí es cuando empezamos a clamar por su ayuda.

Dios no solo debe ser nuestro refugio en la soledad, ni en los momentos de preocupación. Él quiere ser nuestro refugio en todo momento.

Debemos estar más cerca que nunca de Él cuando nos encontremos en medio de la celebración por el triunfo del éxito y las muchas bendiciones.

No seamos interesados en nuestra búsqueda de Dios.

Él es y será nuestro dulce refugio.

Notas: _____

_____

_____

En fin, que conozcan ese amor que sobrepasa
nuestro conocimiento, para que sean
llenos de la plenitud de Dios.
Efesios 3:19

Honremos a los pastores

Los pastores son una tremenda bendición. Muchos dan de su vida y tiempo por sus ovejas. Son tan entregados a la causa, que a veces dejan para el final las necesidades de sus familias y las suyas propias. Ponen como prioridad la atención a los demás. Varios se han preguntad si ese trabajo vale la pena. Tanto sacrificio, no vivir los días normales, sino poner la cara por cada situación que se presenta en la iglesia y, además, ser los consejeros de cada familia. Sin duda alguna, para ser pastor se necesita tener un llamado de parte de Dios, pues este trabajo no es por vocación.

Hoy quiero agradecerles a mi pastor Albert Ixchu y su esposa, Lizbeth, por todo lo que han hecho por mí y por mis princesas. No solo me han orientado en momentos de crisis, sino que han estado incondicionalmente con mis hijas dándoles consejos cuando lo han necesitado. No importa el día, ni la hora... solo sirviendo.

Así que te motivo a que le agradezcas hoy de una manera especial a Dios por la vida de tus pastores, mentores y líderes. También pidámosle a Dios que los bendiga a ellos y a sus familias.

Notas: _____

_____

El temor del SEÑOR es el principio del conocimiento;
los necios desprecian la sabiduría y la disciplina.
Proverbios 1:7

Sin que descuides lo tuyo

Este devocional forma parte del tema anterior: El servicio a Dios debe ser equilibrado por completo.

No debemos abandonar nuestra familia por servir en la obra de Dios. De ahí que el Señor sea el único capaz de ayudarnos a equilibrar nuestro trabajo.

He tenido la oportunidad de conocer algunos casos cercanos. Se trata de jóvenes procedentes de familias pastorales que están cansados de vivir solos en sus casas. No tienen una vida en familia como los demás, ni tienen derecho a la privacidad ni en su casa. El problema es que la casa pastoral vive repleta de gente cualquier día de la semana, ni hablar el día del servicio. Tampoco se puede pensar en salir de vacaciones, pues papá o mamá están con agendas repletas de compromisos de la iglesia.

Esta es una exhortación muy especial que tengo para ti pastor, pastora, líder, capellán o cualquiera que sea tu posición. El servicio a Dios es el mayor privilegio que tú y yo podemos experimentar. Es gratificante y muy bien remunerado por Dios.

Sin embargo, no olvides que antes de servir a Dios, tu primer ministerio, tu primera obra, es cuidar de tu familia. No la descuides, pues te necesita.

Pídele a Dios que te dé el tiempo perfecto y que logres ser el mejor de los padres.

Hay un orden ya establecido por nuestro Señor. Tú con Dios como cabeza, tu familia, primera obligación, el trabajo y la iglesia.

Notas: _____

_____

_____

No te jactes del día de mañana, porque no sabes lo que el día traerá.
No te jactes de ti mismo; que sean otros los que te alaben.
Proverbios 27:1-2

No te envicies con tu trabajo

Todos los extremos son malos. En el día de hoy, Dios quiere que unamos el pensamiento de ayer acerca de los llamados a trabajar, sobre todo en su obra, con tu llamado en particular como maestro, arquitecto, enfermera, trabajador de la construcción, cocinera, vendedor y hasta ama de casa. Y si no mencioné tu trabajo, añádelo, por favor. No podemos vivir solo para el trabajo y producir dinero. Esa no es la voluntad de Dios.

Dios deseas bendecirnos con nuestros trabajos y que podamos tener el dinero suficiente a fin de pagar nuestras cuentas y todo lo demás. Sin embargo, no nos dio el trabajo para que no hagamos otra cosa que trabajar, trabajar y, si sobra algo, trabajar. Esto desagrada a nuestro Dios.

¿Has pensado en las horas que has dejado de estar en casa porque tal parece que tienes mucho trabajo? ¿Has considerado las muchas veces que no te puedes despedir de tus hijos porque sales tan temprano que aún duermen y llegas tan tarde que también duermen?

Reflexiona en que hoy es el día de cambiar. No podemos seguir haciendo las cosas a nuestra manera. Piensa en esto: Tú dejas de disfrutar con los tuyos por estar trabajando, pero el día que te enfermes por exceso de estrés, nadie va devolverte la salud. Además, recuerda algo que yo siempre tengo muy presente: «Todos» somos reemplazables.

Después de mi enfermedad entendí esto y, aunque me encanta lo que hago, ahora saco tiempo mi familia y para mí, y comprendo que soy reemplazable.

Notas: _____

_____

_____

Responde a mi clamor, Dios mío y defensor mío.
Dame alivio cuando esté angustiado, apiádate de mí
y escucha mi oración.
Salmo 4:1

Oración por protección

Señor Jesús, hoy quiero pedirte perdón porque reconozco que he estado enviciado con mi trabajo. También he sido negligente porque me he concentrado en servirte y he descuidado lo más preciado para ti, mi familia.

Reconozco que mi vida puede estar llena de conflictos porque me equivoqué al cambiar el orden que estableciste y en el que me encargas que atienda a mi familia en primer lugar.

Sé que me he encerrado mucho en mis necesidades financieras y que he luchado en mis fuerzas por alcanzar lo que necesito. Así que te pido perdón por haber descuidado a mis hijos y mi cónyuge al disfrazarlo con mi trabajo.

Te necesito y necesito de tu sabiduría para vivir de acuerdo con tu voluntad.

Amén y amén.

Notas: _____

_____

Alégrese el corazón de los que buscan al SEÑOR.
Recurran al SEÑOR y a su fuerza;
busquen siempre su rostro.
Salmo 105:3-4

Temprano, te buscaré

¿Qué es lo primero que hiciste hoy cuando te levantaste? Seguro que me dirás: «Bueno, me lavé los dientes». Otros me dirán: «En realidad, me tomé un cafecito. Es más, dejé la cafetera programada». Otros dirán: «Lo primero que hago cuando me despierto es darle gracias a Dios por un día más de vida».
Esta reflexión la quiero basar en esta última respuesta.

La Biblia habla acerca de la bendición de buscar a Dios en las primeras horas del amanecer. Es como si nuestro Dios nos dijera: «Sé que es un sacrificio para ti, pero cuando lo hagas, encontrarás gran bendición».

Son muchos los testimonios que he escuchado de personas que realizan lo mismo que hacemos hoy en este devocional, y que lo acompañamos con una oración y un momento a solas con Dios. Sé que cuando uno se lo propone, enseguida surgen cosas a fin de que no te puedas mantener. Nos da de repente un sueño que no podemos ni abrir los ojos. Incluso, te empieza a doler algo o dices: «Hoy no puedo, empiezo mañana».

La búsqueda del tiempo, aunque parezca raro, requiere disciplina, constancia y sacrificio. De modo que recordemos todo lo que hace Dios por nosotros y propongámonos buscar cada día unos minutos para la oración y la lectura de su Palabra... y veremos el resultado en el diario vivir.

Notas: _____

_____

_____

Las muchas aguas no podrán apagar el amor,
ni lo ahogarán los ríos.
Cantar de los cantares 8:7, RV-60

Hoy es día de dar gracias

En tu caso, no sé lo que tienes que agradecerle a Dios en un día como hoy. En el mío, tengo una gran razón para decirle «GRACIAS»: Me regaló el amor y la felicidad al lado de mi esposo, Edgar.

Además, ¡el día de nuestra boda es inolvidable! La ceremonia se realizó en la bellísima ciudad de Homestead el 26 de abril. Allí me acompañaron muchos de ustedes, mis oyentes, no solo en la iglesia, sino con sus oraciones, sus tarjetas, regalos, detalles y cientos de correos electrónicos.

También doy gracias a Dios por mis compañeros de trabajo que disfrutaron conmigo de un día absolutamente hermoso. Ese día no solo fue azul, sino que vimos a Dios en cada detalle. Lo vimos en el vestido, las flores, la tarta y todo lo que personas tan lindas y cercanas a mí aportaron para que fuera un día donde honraríamos a Dios.

Le doy gracias también porque ahora somos una familia completa. Mis princesas tienen el apoyo en todo de mi esposo y yo tengo una linda relación con sus tres hijos y su familia. Así que valió la pena esperar a que fuese Dios el que trajera a mi vida el hombre que Él sabía me haría muy feliz.

Por eso hoy testifico que la felicidad sí existe y que, cuando confiamos nuestra vida a papito Dios, Él nos sorprende y nos da lo mejor.

Claudia y Edgar

Notas: _____

_____

_____

Reconoce, por tanto, que el SEÑOR tu Dios es el Dios verdadero, el Dios fiel, que cumple su pacto generación tras generación, y muestra su fiel amor a quienes lo aman y obedecen sus mandamientos.

Deuteronomio 7:9

Su fidelidad

La fidelidad de Dios es grande y se ve reflejada en cada detalle de nuestra vida.

Mi sueño era poder ir en crucero de luna de miel. Y por razones de documentos, no lo habíamos podido considerar. Sin embargo, unos días antes de la boda, Dios me concedió recibir mi residencia permanente y me la entregó como si fuera un regalo más para nuestra boda.

Debido a que Él es fiel, todo lo que te digo en este libro es sencillamente mi experiencia con Dios. Es más, no tendría días para contar, ni libros para escribir, acerca de todo lo que Él ha hecho en mi vida.

Dios nos ama y nos complace desde lo más profundo de su ser. Por más equivocados que hayamos estado en el pasado, Él no nos guarda rencor.

Cuando somos obedientes a sus mandamientos, se complace en darnos todo lo que soñamos.

Por eso te extiendo mi invitación a través de este libro porque si lo hizo conmigo, lo hará también contigo. Sé que tienes sueños por realizar. Tienes metas que alcanzar. De modo que en ocasiones ves esto muy lejano y hasta imposible. Aun así, Dios te dice en este día lo siguiente: «Confía, pues es tiempo de cambiar y creerme. Yo soy fiel con los que me buscan».

Notas: _____

_____

El Señor te guiará siempre; te saciará en tierras resecas,
y fortalecerá tus huesos. Serás como jardín bien regado,
como manantial cuyas aguas no se agotan.
Isaías 58:11

La duda... enemiga de la fe

La duda paraliza tu fe. La duda es un sentimiento que todos tenemos, pero que se mantiene como ciertos virus dormida en nuestro ser. Y la activan varios sucesos de la vida.

Es posible que tú fueras una persona de mucha fe, pero un suceso marcó tu vida y es como si no pudieras volver a creer.

Situaciones como una infidelidad, la traición.

En el peor de los casos, una tragedia enlutó tu vida. Así que decides perder toda confianza en Dios y le das espacio a la duda.

Hoy es el día de restablecer lo dañado. Hoy es el día para decirle a Dios que te ayude a volver a confiar.

Recuerda que la duda no te permite ver la mano de Dios en tu vida y mucho menos vivir agradándole.

Además, «sin fe es imposible agradar a Dios» (Hebreos 11:6).

Notas: _____

_____

_____

¡Sé fuerte y valiente!
¡No tengas miedo ni te desanimes! [...]
¡pon manos a la obra, y que el SEÑOR te acompañe!
1 Crónicas 22:13, 16

Promesas sin cumplir

Ya falta un día para que se acabe este cuarto mes del año y te está preocupando que muchas de las cosas que prometiste cambiar en el inicio del año aún no las puedes cumplir.

En este día, te motivo a que no te des por vencido. Un hábito no se cambia de la noche a la mañana, ni tampoco dejar de hacer algo que sabemos que no es la voluntad de Dios. A decir verdad, nos cuesta muchísimo cumplirlo.

Por lo tanto, nuestra oración diaria debe ser pedirle a Dios que nos permita desarrollar el dominio propio y estoy segura que, con el favor de Jesús, lo lograremos.

No te desanimes, Dios te ama y te ayudará a cumplir tus promesas. Repítete: «Yo puedo, yo lo haré, yo lo lograré. Lo que me propongo, eso haré».

De ese modo, estoy segura que lograremos cumplir nuestras promesas.

¡Ánimo, aún nos faltan ocho meses para hacerlo!

Notas:

Día 120

Enséñame a hacer tu voluntad, porque tú eres mi Dios.
Que tu buen Espíritu me guíe por un terreno sin obstáculos.
Salmo 143:10

Oración para hacer su voluntad

Señor, en estos días me has hablado acerca de mantener mi mirada en ti, sin importar las situaciones que pueda estar viviendo.

Hoy estoy reconociendo que te he juzgado, que me he enojado contigo y te he culpado por todo lo que estoy pasando y por todo lo que viví en el pasado.

Te pido perdón y te suplico que me ayudes a hacer tu voluntad y morir a mis caprichos.

También te pido que me ayudes a andar en tus caminos y a hacer tu voluntad para mi vida.

Límpiame y purifica mi mente, Jesús.

Enséñame a entender que tú has estado en cada adversidad, aunque no te haya visto.

Quiero confiar en ti y serte fiel.

Amén y amén.

Notas: _____

_____

Día 121

Padre de los huérfanos y defensor de las viudas
es Dios en su morada santa.
Salmo 68:5

Las viudas

Desde que comencé este libro para motivar, he tenido en mi mente a algunas oyentes que se me han acercado para contarme que quedaron viudas y me han dado una palabra especial a fin de valorar y disfrutar de nuestros cónyuges ahora que están vivos.

Sus palabras me conmovieron, pues estoy recién casada. Además, en varias oportunidades me dijeron lo mismo: «Disfruta a tu esposo, no pierdas el tiempo peleando por tonterías. Cuando se van, la soledad y la pérdida son demasiado duras».

Así que me quedé pensando y me dije: «¡Es cierto! ¿Para qué perder el tiempo en cosas que pueden arreglarse como amigos y más bien disfrutarse al máximo? A decir verdad, no sabemos los planes de Dios. Lo mejor sería envejecer y morir juntos. Sin embargo, la gran realidad es que siempre va a morir uno primero que el otro».

Lo que más me sorprendió es que estas mujeres perdieron a sus esposos de cuarenta y nueve años y cuarenta y cinco de un infarto, y quedaron viudas jóvenes y sus hijos sin padres.

Hoy doy reconocimiento a cada mujer que ha quedado solita y que se recupera de está perdida. Quizá ya lo sepas, pero no está de más que lo recordemos. Cuando se es viuda, eres más especial para Dios. En la Biblia hay catorce versículos donde Dios habla de los cuidados y el privilegio para estas mujeres.

Notas: _____

_____

El Señor es mi fuerza y mi escudo;
mi corazón en él confía;
de él recibo ayuda.
Salmo 28:7

No estamos solos

Si en catorce versículos Dios habla de los cuidados que tiene por las viudas, lo hace también por los huérfanos, así como por los viudos, los solteros, los ancianos, los divorciados y todos los que tengan esa carencia de pareja. También lo encontramos establecido en la primera carta del apóstol Pablo a Timoteo, donde le da instrucciones de cómo debe tratar la iglesia cristiana a personas con estas características y qué tipo de ayuda deben recibir en cuanto a lo espiritual y lo comunitario.

Las preguntas que nos debemos hacer ahora son las siguientes: ¿Qué estamos haciendo por las personas abandonadas, mayores y viudas? ¿Las tenemos en cuenta en la iglesia y en nuestra sociedad? Tú y yo tenemos el llamado a distinguirnos, más aun cuando decimos ser cristianos. Por lo tanto, a esas personas las debemos llamar, visitar, orar por ellas y atender en sus necesidades.

No obstante, si el caso tuyo es que eres una de estas personas que mencionamos hoy y te encuentras sola sin sentir apoyo alguno de quienes te rodean, Dios quiere decirte que no estás sola. Él es tu Padre, tu Amigo y tu Compañero en cualquier parte que estés.

En su Palabra, Dios dice que tú debes recibir mayor cuidado y protección que otras personas.

Confía en Dios con todo tu corazón y descansa en los brazos de tu Padre.

Notas: _____

_____

_____

Los hijos son una herencia del SEÑOR,
los frutos del vientre son una recompensa.
Salmo 127:3

Aprendamos de nuestros hijos
(primera parte)

Es un honor poder decir que tengo tres princesas que son mi orgullo y mi felicidad. Quizá te llame la atención que siempre que me refiera a alguna de mis hijas la señale como mi princesa. Y es que lo son para mí. No solo por la belleza física que les ha dado Dios, sino por una belleza interna que se destaca en cada una de acuerdo a sus edades. He admirado mucho de ellas que, a pesar de los errores de mami, se han mantenido bien paradas y firmes en los caminos del Señor, pues las pruebas vividas nos unieron y he podido recibir su consejo y su apoyo.

En medio de mi enfermedad, mis divorcios y mis quebrantos, siempre recibí el consejo sabio de mi Nathy, quien con carácter y autoridad me decía lo que necesitaba escuchar. Sin faltarme al respeto, las veces que necesita decirme las cosas, lo hace.

La admiro por su madurez espiritual y la manera tan equilibrada de afrontar cada situación. También aprendo mucho de ella por su comunión con Dios, su constancia en servirle en la iglesia y su vida de oración. ¡Qué linda!

Naty, mi princesa mayor, te amo y agradezco tu apoyo y tu rectitud. Te felicito por el ejemplo de orden, de valentía y entrega a tu estudio y trabajo.

En la actualidad, estudia Administración de Empresas y danza profesional, trabaja en un consultorio médico, danza en la iglesia y hace parte de un programa para jóvenes en *Vida Network*.

Entrega todo tu amor y dedicación a tus hijos, y recogerás sus triunfos. No los ofendas ni lastimes. Valóralos y ámalos porque son tus hijos.

Notas: _____

_____

Como flechas en las manos del guerrero son los hijos
de la juventud. Dichosos los que llenan
su aljaba con esta clase de flechas.
Salmo 127:4-5

Aprendamos de nuestros hijos
(segunda parte)

El aprendizaje de nuestros hijos es una disciplina y un ejercicio que de seguro será un gran recurso para ustedes, padres y madres de familia. A lo mejor tú y yo no recibimos en nuestra niñez todo el amor que anhelábamos o nuestros padres se separaron y hubo mucha soledad y confusión. Lo que es peor, tal vez te maltrataran tus propios padres. Sin embargo, hoy en día eres padre y no debes repetir el patrón en el que te formaron, pues eso sería vengarte con tus hijos de algo que no tienen culpa.

Por eso, te presento a otra de mis princesas, Nichole, a quien le decimos «Niki». Desde pequeñita, le ha fascinado la música y siempre nos deleita con su hermosa voz. Sueña con ser una famosa cantante cristiana. En la actualidad, juega al fútbol y usa el número «10» en su camiseta.

De ella he aprendido algo que no se ve en todas las personas. A pesar de los problemas que le ha tocado vivir a mi lado, hay dos cosas que la distinguen: Nunca pierde la calma ni tampoco el buen humor. Además, Niki me contagia con su alegría y es una niña buena que busca de Dios. A sus dieciséis años, tiene claro varios conceptos como el de llegar virgen al matrimonio y servir al Señor con sus dones y talentos. ¡Cuánto me hubiera gustado conocer a Dios en esa edad! ¡De cuántas cosas me hubiera librado!

Gracias, Niki, por tu apoyo incondicional, por ayudarme a sacar adelante a Anne, tu hermana. Sobre todo, gracias por seguir firme en los caminos de Dios. ¡Te amo también!

Notas: _____

_____

_____

Que nuestros hijos [...] crezcan como plantas frondosas;
que sean nuestras hijas como columnas esculpidas
para adornar un palacio.
Salmo 144:12

Aprendamos de nuestros hijos
(tercera parte)

Este es el último devocional acerca de cómo nuestros hijos nos dan el ejemplo y la fuerza que necesitamos para salir adelante. En realidad, no solo nos debe llenar un cónyuge, pues los hijos nos los envió Dios a fin de que nos amen y nos acompañen.

Así que mi campaña está dirigida a decirte que no los maltrates y que comprendas todo lo que puedes crecer cuando aprendes de ellos. Apóyalos en sus talentos y pídele a Dios que te conviertas en la mejor madre o el mejor padre del mundo.

Bueno, por último, me queda Anacristina, a la que todos les decimos cariñosamente «Annie». Esta princesita, con tan solo cinco años, me ha cambiado la vida. Soy el antes y el después de Annie. Mi vida se transformó acto seguido de su nacimiento. Al final, me ubiqué en muchas esferas e hice pactos serios de cambio con Dios. Fueron los años de más estabilidad y orden que pude ofrecerles a todas.

Annie ha llenado nuestra casa de alegría. Es una nena talentosa, canta y baila. Sin embargo, lo más lindo es que tiene la gran constitución física para ser una gran deportista, pues nació con sus músculos muy flexibles. Annie, eres un amor para mí. Te amo con todo el corazón.

Notas: _____

_____

Ustedes, padres, no hagan enojar a sus hijos,
sino críenlos según la disciplina e instrucción del Señor.
Efesios 6:4

Oración por mis hijos

Mi Dios, gracias porque puedo colocar el nombre de mis hijos en esta oración.

Gracias porque he comprendido que los hijos son más que una extensión de mi vida, que son una herencia tuya y que tengo mucho que aprender de ellos.

Te agradezco porque a partir de hoy, y con tu ayuda, sacaré adelante a mis hijos. Tendré más en cuenta sus talentos y sus sueños para instruirles y no para ser un obstáculo en sus vidas.

Como padres, te pedimos perdón por las veces que los humillamos con malas palabras. Te pedimos perdón por las veces que los maltratamos de manera física para disciplinarlo. Perdóname también por las veces que los reprendimos injustamente.

Ahora, te suplico que me ayudes a ganar el tiempo perdido y me des las palabras oportunas para pedirles perdón.

Sana sus corazones y danos la oportunidad de ser una nueva familia en Cristo Jesús.

Amén y amén.

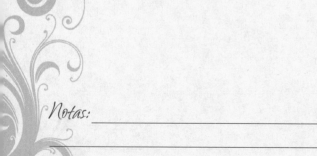

Notas: _____

_____

_____

Porque por gracias sois salvos.
Efesios 2:8, RV-60

La gracia es un regalo de Dios

Cuando haces una oración de fe, o sea, aceptas a Dios como tu único y verdadero Salvador, recibes varias cosas para tu vida y debes apreciarlas de la misma manera que lo haces con un hermoso regalo.

En ese momento, recibes la gracia que te hace comprender uno de los maravillosos atributos de Dios. Además, esta es la clave para una relación personal y profunda por medio de Jesucristo.

La gracia te permite apreciar lo maravilloso de nuestro Dios y su misericordia.

¿Has sentido cuando llegas a un lugar o hablas que te sientes especial, te ven especial, te dicen que tienes un brillo en los ojos o hay algo que reflejas?

Pues bien, esa es la gracia de Dios en tu vida y en tu ser.

Es un regalo maravilloso. Así que apréciala y disfrútala.

Notas: _____

_____

_____

Día 128

En verdad, quien me encuentra, halla la vida
y recibe el favor del SEÑOR.
Proverbio 8:35

El favor de Dios es un regalo

Dios quiere que te vaya bien. Estos días estamos hablando acerca de los regalos que vienen incluidos cuando tenemos a Jesús.

El favor de Dios es uno de ellos. Dios nos ayuda, nos prospera y nos da lo que tú y yo necesitamos. Muchas personas piensan que contar con el favor de Dios es tener dinero, pero sabemos de otras tantas personas que conociendo a Jesús aman el dinero y hacen lo que tengan que hacer con tal de depender del dinero. Lo que es más triste, otros incluso son ricos, pero viven en una absoluta pobreza emocional. Están solos, o se sienten solos, aunque tengan muchas personas a su alrededor. Perciben que nadie ni nada los llena.

Dios solo quiere que tú y yo establezcamos un equilibrio perfecto a fin de poder disfrutar de sus bendiciones y de su favor.

Notas: _____

_____

Amado, yo deseo que tú seas prosperado en todas las cosas,
y que tengas salud, así como prospera tu alma.
3 Juan 2, RV-60

Disfrutemos las bendiciones

Es posible que las cosas de las que hablamos en los devocionales anteriores sean nuevas para ti. Si ese es tu caso, debes aprenderlas a fin de aprovecharlas como es debido.

No obstante, si ya las conoces, debes recordarlas y volverlas a aplicar a tu vida. A veces, el caminar en Cristo te puede hacer sentir que ya nada te sorprende, que Dios te lo da todo. Así que no vives una relación personal con Él.

Mi primer consejo es que debes aprender a conocer a Jesús, de modo que logres entender muchas cosas que no comprendes aún. Cuando conocemos el nombre de Jesús con propiedad, podemos caminar de manera recta en sus caminos. Eso nos da la fortaleza para huir de la tentación y nos da la alegría para mantenernos firmes a pesar de las cosas que afrontemos en la vida.

Por lo tanto, no importa lo que estés pasando en estos momentos. Dios no te abandonará y siempre te protegerá porque eres de gran valor para Él.

Notas:

*Por la misericordia de Jehová no hemos sido consumidos,
porque nunca decayeron sus misericordias.
Nuevas son cada mañana; grande es tu fidelidad.*
Lamentaciones 3:22-23, RV-60

La misericordia

Todos somos pecadores y nacimos con esa ley del pecado. Sin embargo, el acto más hermoso de Dios para limpiar nuestra naturaleza pecaminosa, y sin merecérnosla, fue cuando nos dio a su único Hijo para que muriera por ti y por mí, y darnos de esa manera el perdón de los pecados y una vida nueva.

Dios perdona nuestros pecados y, como dice su Palabra, los echa al fondo del mar y nunca se vuelve acordar de ellos.

No obstante, como el pecado es algo que está en nuestro ser, muchas veces va a querer salir la vieja naturaleza y le vamos a fallar a nuestro Dios. Es decir, vamos a pecar. Aun así, esto no se debe convertir en un juego, como si dijéramos: «Ah, bueno, yo peco, pero le pido perdón a Dios y Él lo olvida».

Con todo, si el arrepentimiento es de corazón, y así le fallemos cada día, su misericordia es la que nos permite continuar a pesar de los errores cometidos.

Recuerda que las misericordias de Dios son nuevas cada mañana.

Notas: _____

_____

_____

Dios, que es rico en misericordia, por su gran amor
por nosotros, nos dio vida con Cristo.
Efesios 2:4-5

Oración por el amor de Dios

Señor, hoy he recordado que el favor, la gracia y tu misericordia son muestras grandiosas de tu amor por mí.

Puedo entender que ya perdonaste mis pecados con el mayor sacrificio que hiciste por la humanidad, al entregar a tu único Hijo, Jesús, para que sufriera una muerte de cruz a fin de darme vida eterna.

Señor, ayúdame a vivir esto ahora como un principio de vida y a no sentirme nunca más culpable. Que aunque te falle porque soy humano, nunca más volveré a pensar que ya no me quieres o que me vas a quitar el regalo de una vida eterna.

Que si caigo, me levantaré y seguiré adelante en esta nueva oportunidad de vida. Y que si me desvío, con tu amor me encaminarás y corregirás.

Gracias, Dios mío, por el regalo de la vida.

Ayúdame a conocer cada día más tu amor.

Amén y amén.

Notas: _____

_____

*Oh Señor [...] por todas las generaciones
proclamará mi boca tu fidelidad.
Declararé que tu amor permanece firme para siempre.*
Salmo 89:1-2

Vivamos el hoy

Doy gracias a mi Dios porque muchas personas comienzan su día con este humilde devocional y lo digo así porque no soy pastora ni mucho menos. Aun así, Dios me ha dado el don y el gran privilegio de inyectar entusiasmo y alegría a la gente debido a todo lo que se pierde cuando se tienen tantas cosas en la mente y la vida es muy agitada.

Agradezco a cada uno de los oyentes que me ha dicho que mis oraciones y mis palabras de aliento han sido y siguen siendo de bendición para sus vidas y su diario vivir. ¡GRACIAS!

En realidad, esa debe ser nuestra actitud. Muchas veces he llegado durante estos diez años a la radio con diversas preocupaciones, enfermedades, problemas económicos y situaciones que vivimos todos los seres humanos. A pesar de eso, Dios ha sido tan grande que, en medio de esas circunstancias, todo se olvida al llegar al micrófono. Es como si pasara a otro plano. De mi boca solo sale agradecimiento a Dios y unas inmensos deseos de decirte: «Dios te ama, Dios te cuida, Dios está interesado en tu problema, Dios quiere hacerte feliz».

No obstante, dependerá mucho de nuestra actitud. Nosotros somos lo que hablamos o lo que confesamos. Si te levantas amargado y desde que abres tus ojitos y tu boca lo primero que pronuncias son palabras negativas, sales de tu casa en ese tono, lo llevas en mente y se lo dices a tu familia y a tus compañeros, eso es lo que vas a ser.

Por favor, rompe esa manera de actuar y hazte el propósito desde hoy mismo hablar cosas lindas y confesar lo que deseas ser.

Notas: _____

_____

_____

¿Qué Dios hay como tú, que perdone la maldad
y pase por alto el delito del remanente de su pueblo?
No siempre estarás airado, porque tu mayor placer es amar.
Miqueas 7:18

El Rey de nuestra vida

Muchos de los asuntos que nos alejan de nuestra relación linda con Dios es el amor a otras cosas. Quizá preguntes: «¿Por qué? ¿Qué hay de malo en amar otras cosas que no sean Dios? ¿O es que acaso no puedo amar a mi cónyuge?».

Todas esas preguntas tienen una misma respuesta y es aplicable para otras no mencionadas. Tú y yo podemos decir: «Bueno, mi amor está puesto en...».

Lo preocupante de llevar a extremos esos amores está en cuando le damos un trono y se convierten en el rey de nuestra vida: El dios dinero, el dios de tu esposo, el dios de tus hijos, del trabajo. Estos dioses nos roban el primer y único lugar en el que debe estar Dios. Atiende esto, nada debe ser más importante en tu vida que Dios. Ni siquiera el amor a la obra, a la iglesia, ni a tu llamado. Nada debe ser más importante que Dios en tu vida.

He aprendido que, en ese sentido, Dios es un Dios celoso y no va permitir que tú y yo hagamos reyes a nada ni a nadie. Además, Él sí que es especialista en derrumbar esos reyes, esos altares y esos dioses.

Rinde en este día ese rey que has levantado, dile a Dios que te perdone y comienza por darle a Él su lugar.

Notas: _____

_____

_____

*Dichoso el que pone su confianza en el Señor y no recurre
a los idólatras ni a los que adoran dioses falsos.*
Salmo 40:4

Oración para dejar los reyes falsos

Qué maravilloso poder sellar con una oración, Dios mío, mi compromiso de entregar y desmontar reyes que había levantado y que estaban ocupando tu lugar.

Acudo a tu misericordia reconociendo que por mucho tiempo mi dios fue el dinero, mis hijos, mi trabajo, mi posición y mis pertenencias.

Hoy, Señor, destrono todas estas cosas o personas que me han alejado de ti. También te doy gracias porque me das la oportunidad de entregarlas hoy y reconocer que yo dependo de manera exclusiva de ti.

Hago hoy un pacto contigo de que nunca más volveré a poner mi mirada en personas o en cosas materiales, sino que apreciaré todo lo que me das día a día.

Hoy te declaro, Dios mío, «el Rey de mi corazón».

Cambia mi vida, Señor.

Amén y amén.

Notas: _____

_____

Por encima de todo, vístanse de amor,
que es el vínculo perfecto.
Colosenses 3:14

Agradecimiento por nuestras madres

El segundo domingo de mayo, se celebra en muchos países el Día de las Madres.

Entonces, ¿cómo no dedicar un espacio en este en libro para honrar a mamá?

Sé que no todas las mujeres han sido buenas madres. Además, sé que si piensas hoy en tu niñez quizá no tengas los mejores capítulos de tu vida para decir: «Mi mamá fue buena, me cuidó, me protegió y hoy soy lo que soy gracias a ella y a su ejemplo». Comprendo que eso sería lo ideal. Sin embargo, este libro tiene el único propósito que es animar, motivar y exhortar a vivir una vida con principios y con una base sólida en Cristo, y aprovechar lo que Dios te muestre y hacerlo. De ahí que, por principio, debas ser obediente a la Palabra y honrar a tu madre, sin importar lo que haya pasado. Solo ámala, perdónala y queda en paz y a salvo con Dios y, por supuesto, con ella.

Te sentirás muy bien al hacerlo. Pues bien, ¿por qué no aprovechas este día para llamarla, visitarla, tener un detalle con ella y buscar una restauración en esa relación?

Yo también aprovecho para honrar a mi mami, Norma, porque ha sido una madre maravillosa. Me ha apoyado todos los días de mi vida. Ha estado conmigo aun en las malas decisiones y equivocaciones, no para juzgarme, sino para levantarme. Ha sido mi amiga, confidente, compañera y mi enfermera por cinco meses. Cuando más la necesite, dejó todo en Colombia por venir a atenderme. Es un ejemplo de disciplina y liderazgo. Es una buena abuelita y una excelente suegra. Por todo esto y más, ¡GRACIAS, MAMI, eres la mejor!

Notas: _____

_____

_____

Ámense los unos a los otros con amor fraternal,
respetándose y honrándose mutuamente.
Romanos 12:10

La honra

Según nuestras propias palabras, la honra es reconocimiento, respeto y una bendición cuando honramos a quien merece la honra. Debemos honrar, como ya dijimos, a nuestros padres, a nuestros líderes, a nuestros jefes y a nuestros hijos, cuando hacen algo que amerita el reconocimiento.

Honrar a Dios con nuestros diezmos y ofrendas es una manera de regresarle lo que Él nos ha dado. Es devolverle lo que es suyo.

También se honra a Dios con nuestro comportamiento y cuidando nuestro testimonio. De manera que, como existe la honra, también existe la deshonra, que es todo lo contrario. Con la deshonra nos desacreditamos, lastimamos nuestro testimonio, perdemos el propósito y avergonzamos a nuestro Dios.

Notas:

*Bendeciré al Señor, que me aconseja; aun de noche
me reprende mi conciencia. Siempre tengo presente al Señor;
con él a mi derecha, nada me hará caer.*
Salmo 16:7-8

Decepcionados

Hace unos meses, como casi todos los días, recibí una llamada de una oyente jovencita y muy desilusionada de su pareja. Vivió con él por catorce años, pero nunca llegaron a casarse. De esa relación quedaron tres hijos, uno de once años, otro de tres y el último de dieciocho meses.

Hace más de un año, se separó de él porque descubrió que la había engañado con varias mujeres y decidió pedirle que se fuera de la casa. A raíz de esa decisión, comenzó el calvario para esta joven madre. El padre de sus hijos no la volvió ayudar económicamente y la amenaza sin cesar con quitarle a los niños. Como si fuera poco, la está tratando de manipular diciéndole que la única manera en que la ayuda es si se va a vivir donde le diga, obligándola a vivir con la ex suegra. Además, le habla mal a los niños de ella tildándola de loca.

Nuestra oyente llamó desesperada porque no quería vivir bajo amenazas. Buscaba ayuda legal ya que, al no estar casada, no sabía si tenía algún derecho, al igual que sus hijos.

Esta pudo haber sido mi historia o tu historia, pero nos deja varias moralejas.

Debemos hacer las cosas legalmente ante Dios y ante los hombres. No por las amenazas de alguien debemos bloquearnos ni aterrorizarnos. Por el contrario, debemos resaltar quiénes somos en Jesucristo.

Hoy en día, ella y sus hijos están recibiendo consejería y asesoría legal. Así que poco a poco va recuperando su autoestima.

Por favor, todo lo que hagas consúltalo con Dios y recuerda que Él es el único que no falla ni te dejará.

Notas: _____

_____

Estas cosas os he hablado para que en mí tengáis paz.
En el mundo tendréis aflicción;
pero confiad, yo he vencido al mundo.
Juan 16:33, RV-60

Dios no nos abandona jamás

Al igual que nuestra oyente de ayer, muchos quizá se sintieran identificados con su caso. Han cometido grandes errores que, al final, afecta su vida y la de sus hijitos.

Tal vez parezca repetitivo, pero Dios es y será el único que no te abandonará jamás. Así hayas quedado sola con tus hijos y tu esposo te haya abandonado, no temas porque Dios promete acompañarte.

Comprendo que esta etapa de la vida es muy dolorosa. Lo sé de mi primera mano, pues la viví también. Incluso, se llega a pensar que nunca saldremos adelante.

Como una mujer de Dios, mi consejo es que no te quedes estancada en esa etapa. Echa para delante y piensa por primera vez en ti.

Entrégale tus preocupaciones a Dios.

Notas: _____

_____

Y ahora, Señor, ¿qué esperanza me queda?
¡Mi esperanza he puesto en ti!
Salmo 39:7

Los hijos del divorcio

Esta semana la he dedicado a ese problema triste y común que es la separación o el divorcio, y he motivado a las mujeres, y a los hombres por igual, a seguir adelante a pesar de sus frustraciones. Sin embargo, hoy llego como una gran defensora de los «hijos del divorcio».

No les hagamos más daño del que ya les hemos ocasionado con la triste noticia de que papi y mami no seguirán viviendo juntos, pues ese es un trauma de por vida que solo se logra sanar por la misericordia de Dios.

Cuando nos separamos o divorciamos, es como si olvidáramos que esos hijitos son el resultado de esa relación. Caemos en el grave error de cobrarnos la venganza por nuestras manos y ponemos a los hijos de carnada.

Nuestros hijos pasan a sufrir la manipulación y los convertimos en mensajeros para nuestro ex. Lo triste de todo es que, en la mayoría de los casos, esos mensajes van con amenazas, insultos y lo que menos damos es un buen ejemplo. Incluso, a menudo los papás cortan la ayuda económica a fin de castigar a las madres y no les dan dinero.

Si estás pasando por algo así, recuerda que necesitas la intervención de Dios en tu vida y mucha oración y protección en esta nueva etapa que estás experimentado. Así que el mejor consejo que te puedo dar es el siguiente: «Busca a Dios y entrégale por completo tu vida y la de tus hijos».

Notas: _____

_____

_____

*El Señor [...] restaura a los abatidos
y cubre con vendas sus heridas.*
Salmo 147:2-3

Oración por los hijos del divorcio

Ay, Señor, aquí sí que calificamos varias personas. En la actualidad, es muy común ser hijos de padres divorciados. A pesar de eso, hoy vengo a ti como hija afectada por ese mal. Vengo como madre y mujer que pasó por divorcios y, por consiguiente, dejé a mis hijas en un hogar disfuncional.

Padre, acudo a ti porque sé que eres el único que nos puedes sanar esas heridas, porque sé que eres el único que puedes ayudar a pasar este trago amargo a muchas personas que lo viven hoy. Porque tú, mi Dios, das consuelo y eres el único que en medio del dolor no nos abandonas.

Te pido, por favor, que guíes a cada padre y madre involucrados en divorcios en este momento. Permite que tomen decisiones adecuadas a fin de que no solo piensen en ellos y sus beneficios, que dejen a un lado el egoísmo y piensen en sus hijos y en las consecuencias de un divorcio. También te pido por los hijos de modo que mitigues el dolor que están experimentando y puedan creer que no son los culpables de los problemas de sus padres, ni de ese divorcio.

Ten misericordia de cada hijo afectado, desde los pequeños hasta los grandes, porque para todos es doloroso ver partir a mamá o papá de casa. Te pido protección para que cada hijo del divorcio pueda seguir adelante y encuentre su identidad en ti. Que aunque sean hijos de padres divorciados, logren seguir adelante y ser felices cuando los adultos puedan tener hogares sólidos.

Dios mío, sana las heridas de cada familia y bendícelos. En el nombre de Jesús, amén y amén.

Notas: _____

_____

Cuando estén orando, si tienen algo contra alguien,
perdónenlo, para que también su Padre que está en
el cielo les perdone a ustedes sus pecados.
Marcos 11:25

Otra oportunidad

Si Dios es un Dios de oportunidades, ¿por qué a nosotros a veces nos cuesta tanto darnos otra oportunidad y dársela a alguien que nos ha fallado?

Si lo vemos en el campo de las relaciones sentimentales, en el matrimonio, siempre vamos a tener dificultades. Sin embargo, ¿quién dijo que iba hacer fácil vivir con otra persona que tiene otras costumbres y otra manera de hacer las cosas?

Sé que muchas veces esos problemas en las relaciones se van agravando hasta llegar a la línea peligrosa de la falta de respeto. Entonces, como es natural, lo primero que aparece por allí en nuestra mente es el pensamiento de la separación o, lo que es peor, el divorcio.

En el ámbito de las relaciones de amigos, aparecen los errores que comenten otras personas con nosotros en el trabajo o muchas situaciones que se presentan en la vida.

Por lo tanto, debemos considerar siempre la posibilidad de brindar una oportunidad. Nada en la vida es perfecto y mucho menos en el ser humano. Recuerda que el único perfecto es DIOS.

Conozco de muchas personas que, aunque han reconocido que tienen problemas, han tomado la decisión de dejar atrás todo orgullo, perdonar y darse una nueva oportunidad.

Cuando amas y cuando ves que esa persona a la que quieres dejar hoy tiene cualidades y virtudes, puedes ampliar tu mirada y no enfocarte solo en la parte negativa. De ese modo, puedes colocar en una balanza tu relación y darte una oportunidad.

Notas: _____

_____

_____

*Sean bondadosos y compasivos unos con otros, y perdónense
mutuamente, así como Dios los perdonó a ustedes en Cristo.*
Efesios 4:32

Oportunidad contra beneficios

Cuando perdonas de corazón, vives un principio muy grande para tu vida. Sin duda, leíste bien el versículo de ayer. Por eso te invito a que pasemos la hoja y lo leamos juntos con detenimiento. Ese pasaje nos dice que si tenemos algo contra alguien lo perdonemos, para que Dios nos perdone también. O sea, para ponerlo bien claro: Si no perdonamos a los que nos ofenden, Dios tampoco nos perdonará nuestras ofensas.

Es muy fácil de comprender cuando lo leemos, pero muy duro muchas veces llevarlo a la práctica. En realidad, eso es vivir la Palabra de Dios. No se trata solo de leerla y comentar: «Ah, está bien», sino de aceptarla y decir: «Lo entiendo y lo voy a hacer».

La oportunidad tiene muchos beneficios. Entre otros, nos hace humildes. Es posible que estés pensando: «¡Se ve bien que no sabes lo que me hizo! ¿Cómo le voy a dar otro chance?». Pues ahí es justamente donde está la diferencia. Debes ser humilde, dejar el rencor y olvidar, pero de corazón, no de dientes para fuera de modo que cada vez que tengas otra situación vuelvas a traer a colación lo que pasó. ¡Y ojo, eso es muy dado en nosotras las mujeres!

Por lo tanto, siempre que intentas perdonar recibes bendición, pues al ser humilde y perdonar como Dios te perdona, das frutos de madurez y siembras en tu vida para bien. Entonces, cuando el día de mañana falles, seguro que te gustaría que te dieran otra oportunidad. Recuerda: Todos los días cometemos errores, pero no todos los errores significan que no tienen remedio. Además, ten presente todo el tiempo que Dios es un Dios de oportunidades.

Notas: _____

_____

Porque juicio sin misericordia se hará con aquel que no hiciere
misericordia; y la misericordia triunfa sobre el juicio.
Santiago 2:13, RV-60

Aprendamos y apliquemos

Quise dejar este pasaje tal y como aparece en la Biblia, pues encierra todo lo que venimos aprendiendo en estos dos últimos devocionales y se aplica para cualquier situación.

«El siervo se postró delante de él. "Tenga paciencia conmigo —le rogó—, y se lo pagaré todo." El señor se compadeció de su siervo, le perdonó la deuda y lo dejó en libertad.

»Al salir, aquel siervo se encontró con uno de sus compañeros que le debía cien monedas de plata. Lo agarró por el cuello y comenzó a estrangularlo. "¡Págame lo que me debes!", le exigió. Su compañero se postró delante de él. "Ten paciencia conmigo —le rogó—, y te lo pagaré." Pero él se negó. Más bien fue y lo hizo meter en la cárcel hasta que pagara la deuda. Cuando los demás siervos vieron lo ocurrido, se entristecieron mucho y fueron a contarle a su señor todo lo que había sucedido. Entonces el señor mandó llamar al siervo. "¡Siervo malvado! —le increpó—. Te perdoné toda aquella deuda porque me lo suplicaste. ¿No debías tú también haberte compadecido de tu compañero, así como yo me compadecí de ti?" Y enojado, su señor lo entregó a los carceleros para que lo torturaran hasta que pagara todo lo que debía.

»Así también mi Padre celestial los tratará a ustedes, a menos que cada uno perdone de corazón a su hermano».
Mateo 18:26-35

Notas: _____

_____

El Señor mismo marchará al frente de ti y estará contigo;
nunca te dejará ni te abandonará. No temas ni te desanimes.
Deuteronomio 31:8

Dios nos ayuda

Hoy vamos a pedirle a Dios que nos ayude a ser mujeres y hombres sencillos que vivamos nuestra vida de acuerdo con su voluntad.

Sabemos que no podemos esperar más de los demás cuando no caminamos una milla extra. También sabemos que hay excepciones en esto de las oportunidades, ya que no le vas a dar la oportunidad a una persona que representa un peligro para ti o los tuyos y que hay situaciones en las que debemos soltarnos en las manos de Dios. Si eres víctima de maltratos, violaciones, ofensas o chantajes, o a tus hijos los maltratan y sufren el abuso que pone en peligro sus vidas, es urgente que vayas en busca de ayuda. Rompe el silencio y sal de ese círculo dañino porque Dios no te quiere ver de ese modo. Ante todo, tú eres un hijo de Dios. Por eso es tan importante tener un consejero o una persona que te escuche y te pueda ayudar a salir adelante en cualquier situación.

La buena noticia es que, en medio de cualquier tribulación, Dios nos ayudará.

Notas: _____

Alabado sea Dios, Padre de nuestro Señor Jesucristo,
que nos ha bendecido en las regiones celestiales con toda
bendición espiritual en Cristo.
Efesios 1:3

Semana de celebración: La bendición

Esta semana quiero que sea de mucha bendición para cada uno de nosotros.

Siempre he sido consciente de que a Dios no solo le agrada que tú y yo le pidamos cosas, sino que también le agrada mucho que seamos agradecidos. Por alguna razón, cada vez que hablamos con Dios, lo primero que tiende a salir de nuestra boca es: «Señor, dame. Señor, has esto. Señor, quita», y así sucesivamente. Sin embargo, esta semana quiero que celebremos.

La celebración es testificar y reconocer el poder de Dios en nuestras vidas. La celebración es sinónima de alegría y de que tenemos alguien en el cual confiar y al cual creer.

Piensa por un momento en lo mayor que Dios ha hecho por ti en tu vida y dale gracias ahora mismo.

Notas: _____

_____

_____

*Bueno es el SEÑOR; es refugio en el día de la angustia,
y protector de los que en él confían.*
Nahúm 1:7

Semana de celebración: La protección

En el día de hoy, celebramos que Dios nos protege aun cuando dormimos. Celebramos con gratitud que nos protege a nosotros y a los nuestros de todo mal y peligro.

Celebramos que nos ha guardado en medio de un accidente, enfermedad, vicio o destrucción. Por eso, le damos gracias porque a pesar de que nuestros hijos están expuestos a las malas compañías y las malas influencias, Él los guarda y los mantiene en sus caminos.

Celebramos que Dios nos protegió en tiempos donde no buscamos su rostro, donde usamos su santo nombre en vano y olvidamos de dónde nos libró. Ahora vemos y reconocemos que Dios nos protegió y nos libró quizá de la muerte y nos sacó del hoyo más profundo en el que caímos.

Traigamos hoy como ejercicio los momentos donde vimos la intervención de Dios en diferentes ocasiones de la vida y démosle gracias.

Gracias, Señor, por tu protección.

Notas: _____

_____

_____

¡Despierta, alma mía! ¡Despierten, arpa y lira!
¡Haré despertar al nuevo día!
Salmo 57:8

Semana de celebración: El nuevo día

Sé que después de esta semana de celebración tú y yo tendremos un corazón muy agradecido por Dios. Seremos capaces de recordar todo lo grande que es nuestro Padre y todo lo hermoso que es Él.

Hoy celebramos que tenemos un día más de vida, que a Dios le plació que nos levantáramos, que respiráramos, que hoy es una nueva oportunidad para reparar lo que se dañó, que hoy, como te lo he dicho otras veces, la misericordia de Dios es nueva. Celebramos que hoy puede ser el día en que alcancemos esos sueños o lleguemos por fin a la meta tan esperada.

Hoy es un nuevo día en el que nuestro Señor tiene preparada cosas hermosas. Recuerda que Él siempre quiere lo mejor para nosotros. Ánimo, levántate con la expectativa de dejarte sorprender hoy por Dios.

Notas: _____

_____

El gran amor del Señor nunca se acaba,
y su compasión jamás se agota. Cada mañana se renuevan
sus bondades; ¡muy grande es su fidelidad!
Lamentaciones 3:22-23

Semana de celebración: La fidelidad

Solo podría basar mis enseñanzas bajo este título de hoy: «La fidelidad de Dios para con mi vida».

Dios ha sido más que fiel. Ha tenido paciencia conmigo y me ha demostrado que aunque le he fallado miles de veces, Él siempre tiene amor hacia mí. Aunque me ha disciplinado, y en ocasiones he sentido su fuerte represión, hoy entiendo que lo hizo por amor a mí.

Ten presente que esta semana celebramos muchas cosas. Así que, como ejercicio, estamos recordando los miles de momentos en los que Dios nunca nos ha fallado:

Recuerda cuando quizá te quedaras sin trabajo y pasaron meses, pero que jamás te faltó nada.

Recuerda cuando tal vez no tuvieras tus documentos legales para vivir en Estados Unidos, manejabas sin licencia o trabajabas con un documento prestado. O a lo mejor estuviste ilegal por años sin tener problemas y, aun así, tuviste casa, auto y alimentos para tu familia. Esa, mi amigo, es la «fidelidad de Dios».

Notas: _____

_____

_____

*Porque de tal manera amó Dios al mundo, que ha dado
a su Hijo unigénito, para que todo aquel que en él cree,
no se pierda, mas tenga vida eterna.*

Juan 3:16, RV-60

Semana de celebración: El amor

La muestra más hermosa y grande del amor de Dios la hizo hace más de dos mil años cuando Dios entregó a su único Hijo, Jesucristo, para que viniera a este mundo hecho hombre y muriera por el perdón de nuestros pecados.

En realidad, no fue una muerte sencilla, Todo lo contrario, fue la peor manera en que podía morir un ser humano. Fue una muerte de cruz. ¿Sabías que la muerte de cruz era la más humillante en esa época? Así morían los ladrones y los repudiados. Además, era una muerte cruel y lenta.

Recuerda hoy ese sacrificio que Dios hizo por amor a nosotros para darnos una vida eterna.

Cuando tenemos este episodio claro en nuestra mente, podemos comprender que la salvación es un regalo de Dios y que desde ese capítulo de la historia, Dios nunca ha dejado de amarnos. Así nos lo demuestra día a día con la vida, las bendiciones, la naturaleza hermosa que disfrutamos y con la esperanza que cuando nos toque partir de este mundo, estaremos en su presencia por toda una eternidad.

Notas: _____

_____

Busquen primeramente el reino de Dios y su justicia,
y todas estas cosas les serán añadidas.
Mateo 6:33

Semana de celebración: La búsqueda

Esta semana la hemos dedicado a celebrar todo lo que Dios ha hecho en nuestras vidas y lo que hará. Hemos realizado un recorrido por distintas situaciones en las que hemos visto su protección, sus nuevas oportunidades, su fidelidad y sus regalos de amor. La pregunta que cabe ahora es la siguiente: ¿Cómo es que después de todo lo que Él hace por ti no vas a la iglesia?

Dios quiere que vayas a la iglesia porque allí crecerás en lo espiritual y escucharás palabra que necesitas oír. Además, cuando vas a la iglesia, estás ayudando a guardar tu vida y la de tus hijos de modo que crezcan en sus caminos rodeados de personas que se preocuparán por sus vidas. También te podrás sentir útil. Muchas veces las personas me dicen: «¿En qué puedo ayudar si quiero servir a Dios y deseo hacer algo por los demás?».

Pues bien, las iglesias están llenas de necesidades, ya que son los hospitales de los enfermos del alma. De la misma forma en que tú saliste adelante y te ayudaron, otros necesitan hoy de ti.

Si ya estás en la iglesia, ámala, cuídala, apoya a tus pastores y sigue haciendo lo que Dios te manda. Si aún no vas a ninguna iglesia, es tiempo de buscar una que tenga una sana doctrina y donde tus hijos se puedan sentir felices. Deja el pretexto de que trabajas mucho y no tienes tiempo de ir a la iglesia. ¡Mucho cuidado! Dios podría pensar igual: «No tengo tiempo para tus problemas tampoco».

Hoy celebramos que la búsqueda de Dios y tener una iglesia es una bendición.

Notas: _____

_____

Día 151

Ustedes me invocarán, y vendrán a suplicarme,
y yo los escucharé. Me buscarán y me encontrarán,
cuando me busquen de todo corazón.
Jeremías 29:12-13

Semana de celebración: La oración

La oración no debe ser la repetición como loritos de las palabras que nos han enseñado. La oración va más allá, pues es un principio de vida. Es un recurso que nos dejó Dios a fin de interceder por los demás. Es una comunicación directa con Él.

En el momento de la oración debemos abrir nuestro corazón al Padre que está ahí pendiente de lo que estamos orando. Por eso, la oración no es una técnica, aunque debemos aprender a orar y ser precisos en la manera de orar. Es decir, debemos ser específicos cuando le estemos pidiendo algo a Dios.

La oración por las necesidades de los demás trae también tremendos beneficios. En el Manual de Instrucciones, Dios dice que cuando nos preocupamos por los problemas de los demás, Él se preocupa por los nuestros.

La oración es milagrosa. Además, la oración debe servir de protección. Por eso es tan importante cubrir con oración a nuestros hijos, cónyuges y hasta el trabajo y los compañeros. La oración es tan poderosa que Dios nos manda a orar hasta por nuestros enemigos.

La Palabra también nos dice que debemos orar sin cesar. Si no estás acostumbrado a hacerlo, no te preocupes. Empieza poco a poco cuando estés a solas con Dios. Habla con Él y hazlo todos los días hasta que llegue el momento en que, aun cuando estés es la calle, te encuentres en comunicación permanente con tu Padre.

Notas: _____

_____

Día 152

Me invocará, y yo le responderé; con él estaré
yo en la angustia; lo libraré y le glorificaré.
Salmo 91:15, RV-60

La tormenta

Este tiempo del año se conoce en la Florida como la época de los huracanes, las tormentas y los tornados. Y cada vez que se forma uno de estos fenómenos de la naturaleza, nos preparamos, bueno, al menos con los huracanes y las tormentas, pues los tornados se forman de repente.

Siempre que hay amenazas de huracanes, o cuando vamos a recibir el impacto de fuertes lluvias, nos avisan que debemos comprar agua, linternas, baterías, comida enlatada y muchas cosas necesarias para pasar esos días. Asimismo, debemos prepararnos para los tiempos difíciles.

Sabemos que hay, como dice la Biblia, tiempos de vacas flacas y tiempos de vacas gordas en cuanto a la economía. También nos dice que habrá tiempos para llorar, morir, sembrar y así muchas otras cosas que se nos presentarán en la vida. De ahí que nuestra preparación debe ser como si en verdad nos avisaran que viene una prueba.

Por lo tanto, nuestro equipo debe tener oración, comunión con Dios y lectura de la Palabra. Lo que es más importante, debemos creer en las promesas de Dios de modo que, cuando vengan tiempos difíciles, estemos fortalecidos y confiados en que Él tiene el control.

Recuerda: En la temporada de huracanes... ¡prepara tu kit! En la temporada de pruebas... ¡prepara también tu kit!

Notas: _____

_____

_____

*¿Qué Dios hay como tú, que perdone la maldad
y pase por alto el delito del remanente de su pueblo? [...]
y arroja al fondo del mar todos nuestros pecados.*
Miqueas 7:18-19

Los errores más comunes

Quisiéramos vivir la vida sin caer en tantos errores, pero Dios los permite por varias razones. Primero, para glorificarse. Si todo nos fuera bien y no tuviéramos luchas de ningún tipo, ¿te imaginas cómo seríamos? De seguro estaríamos lejos de Dios. Sin embargo, las equivocaciones y las caídas nos hacen estar bien agarraditos del Padre.

De los errores aprendemos y esa es una de las razones por las que Dios, que conoce por completo nuestra vida, nos permite atravesar circunstancias difíciles en las que pareciera que Él no está y que nunca vamos a salir adelante. Soy la primera en reconocer esos errores, pues muchas veces en mi vida tomé decisiones de las que me arrepiento y en las que no tuve en cuenta a Dios. En realidad, me aparté de su cobertura y viví las consecuencias.

Otro error del que debemos huir es el de alejarnos de Dios. Si nos alejamos de Él, tendremos grandes posibilidades de que nos enredemos en situaciones difíciles. También mucha gente comete el doble error de alejarse de Dios y permitir la influencia de personas que lo que menos quieren es que uno esté en los caminos del Señor.

Mi consejo en este día es que la vida sin Dios es vacía, no tiene sentido.

Así que ten una relación profunda con Él, a fin de que te guíe aunque hayas caído de nuevo.

Notas: _____

_____

SEÑOR, hazme conocer tus caminos; muéstrame tus sendas.
Encamíname en tu verdad, ¡enséñame!
Salmo 25:4-5

Oración por dirección

Dios mío, te agradecemos este nuevo día. Gracias porque nos aumentas la bendición de un día más para vivir.

Vengo a ti reconociendo que eres Dios y que te necesitamos.

Señor, como intercesora tuya, te suplico que ayudes a cada uno de mis amigos, oyentes y a todos en general de modo que los llenes de sabiduría para que logren entender tus caminos y, por consiguiente, tu perfecta voluntad.

También te suplico que los ayudes siempre que se equivoquen y les extiendas tu misericordia las veces que sea necesaria.

Permite que la vida de cada persona que hoy lee este devocional se conmueva de tal manera que sea capaz de discernir y escuchar mejor tu voz y hacer tu voluntad. Dios mío, guarda a cada familia representada a través de este libro, a los oyentes y a todo el que lo pueda tener en sus manos.

No permitas que nos desviemos ni a la derecha ni a la izquierda. Ayúdanos a permanecer en ti.

Amén y amén.

Notas:

*Alégrate, joven, en tu juventud; deja que tu corazón
disfrute de la adolescencia.*
Eclesiastés 11:9

Aprovecha tu juventud

El matrimonio a temprana edad no es recomendable. Hoy en día, es muy común escuchar de alguien que se casó entre dieciocho a veinte años de edad. No generalizo, pues a muchos les va bien. Sin embargo, hay otros que no están seguros de lo que quieren y se casan por huir de sus padres o por meter la patita. Entonces, se aburren del matrimonio, se alejan de la iglesia y desean otras experiencias para vivir lo que no disfrutaron por casarse tan temprano.

Joven, no te cases por imitación y disfruta tu juventud. La vida de matrimonio no es fácil y menos con hijos. Vive y date el tiempo para casarte con la persona adecuada y en el tiempo prefecto de Dios.

Padres, no patrocinen eso de que Dios me habló para que esa persona fuera el cónyuge de mi hija. No apoyes uniones solo porque creas que Dios le habló a alguien. Si Dios lo hizo, que sea Él mismo dando el tiempo para realizarlo.

Abuelos, nunca dejen de aconsejar a los nietos. Las canas tienen experiencia y sabiduría. Yo le agradezco a mi madre que siempre ha tenido el carácter y el amor para aconsejar a sus nietas.

Por último, pastores y líderes, no auspicien el hecho de que del primer noviazgo de nuestros adolescentes tengan que salir los cónyuges. Ese es un grave error y es muy común en nuestras iglesias. Es preferible que conozcan más gente y no que se cometan errores que a veces son irreparables.

Notas: _____

_____

_____

*Con todo mi corazón te he buscado; no me dejes
desviarme de tus mandamientos.*
Salmo 119:10, RV-60

Espera el tiempo de Dios

Esta semana aprendimos que debemos estar siempre preparados en lo espiritual a fin de poder afrontar las situaciones que se nos presentan en el diario vivir. Aprendimos sobre algunos de los errores que podemos cometer por alejarnos de Dios. Además, hablamos de tener muy presente con qué tipo de persona nos relacionamos, no solo en el ámbito de la amistad, sino también en los negocios, en los ministerios a los que nos asociamos y en quiénes llevamos a casa. En fin, necesitamos mucha sabiduría de nuestro Dios porque estos errores son muy frecuentes.

Ayer aprendimos que todo tiene su tiempo. Esto lo aplicamos al matrimonio, un paso tan importante y que muchos jóvenes dan sin siquiera estar seguros de amar a la otra persona. Es más, a veces se adelantan a lo que Dios les tiene o se dejan llevar por algunas personas que de manera irresponsable profetizan que serán marido y mujer. Entonces, cuando esas parejas se casan bajo tal presión ministerial, sus matrimonios no duran ni un suspiro. De ahí que cada vez veamos más jovencitas en las iglesias embarazadas y solas. ¡Niñas teniendo niños!

Que Dios nos ayude a ser buenos consejeros, líderes responsables, iglesias con doctrinas sanas y que las amistades con las que nos relacionemos sean sanas y adecuadas para los nuestros.

Notas: _____

_____

_____

Ni aun el Hijo del hombre vino para que le sirvan,
sino para servir y para dar su vida en rescate por muchos.
Marcos 10:45

Cómo somos útiles

Quiero rendir un sincero homenaje a todas las personas que tienen claro el concepto del servicio. A las personas que dedican gran parte de su tiempo a servir a otros, son voluntarias de organizaciones y sacrifican de su tiempo para servir. Las admiro y le pido a Dios que las siga usando de una manera poderosa dondequiera que desempeñen ese don.

Sin duda alguna, el servicio es un don o un llamado. Hay personas que nacemos con ese llamado de ayudar, servir y escuchar al necesitado. Otras, aunque quizá no tengan la pasión, quieren aprender, se preparan y, de igual modo, lo hacen de una manera hermosa.

El servicio es un privilegio. La Palabra de Dios dice que «hay más dicha en dar que en recibir» (Hechos 20:35). Se siente una satisfacción muy grande cuando puedes extender la mano y ayudar. No hablamos de reconocimientos económicos, pues es lo que menos dinero deja, sino de lo mucho que vale una sonrisa, una lágrima por agradecimiento y el saber que, a fin de cuentas, no lo hacemos para nosotros, sino para Dios.

El mejor ejemplo, como digo a menudo, nos lo dejó Jesús. Siendo el Hijo de Dios vino para servir. Iba a todas partes y, a cualquier parte que llegaba, lo hacía para sanar, liberar y enseñar. Incluso, hizo algo de gran significado: Les lavó los pies a sus discípulos. Jesús era un servidor por excelencia.

Pidámosle a Dios que nos guíe para ser buenos servidores y que produzca en nosotros «tanto el querer como el hacer» (Filipenses 2:13).

Notas: _____

_____

_____

¿Por qué voy a inquietarme? ¿Por qué me voy a angustiar?
En Dios pondré mi esperanza [...] ¡Él es mi Salvador y mi Dios!
Salmo 42:5

Activos, no pasivos

La pasividad no es una amiga para ninguno de nosotros. ¿Sabías que la pereza y la falta de motivación logran carcomerte por dentro? Los que vivimos en Estados Unidos sabemos que aunque aquí se trabaja fuerte, se vive el fenómeno de la tristeza y la soledad. No todos tienen sus familiares acá y se pueden sentir algunas de estas cosas que, llevadas al extremo, son nocivas.

En esos casos, no vas a tener tiempo para pensar mucho, más aun si se está en circunstancias que afectan tu vida como un divorcio, una separación, una pérdida de un ser querido o un trabajo. En estas situaciones, casi al instante dejamos de luchar para salir adelante. Entonces surge el sentimiento humano que es más a dejarse morir, sentirse derrotado, abandonado, y esto no ayuda para nada en la crisis. Claro está, todos los que hemos experimentado algún tipo de pérdida sabemos que se vivirá un luto y eso es normal. Lo que no debemos permitir es quedarnos estancados en esa etapa.

La actividad y la ocupación nos ayudarán a sentirnos útiles e importantes de nuevo. Si lo analizamos, Dios nos dice siempre en sus promesas que nos esforcemos y seamos valientes. También nos dice que en el mundo tendremos aflicción, pero que estemos tranquilos porque Él ha vencido al mundo. Además, nos afirma que no viviremos prueba más pesada de la que no podamos soportar. Por lo tanto, al leer el Manual de Instrucciones encontramos que Dios no nos abandonará.

¡Ponte en acción y sigue adelante!

Notas: _____

_____

El comienzo de la sabiduría es el temor del Señor;
conocer al Santo es tener discernimiento.
Proverbios 9:10

Semana de meditación
¿Qué es tu casa?

¿Recuerdas la popular frase de «Mi casa es tu casa»? Creo que en determinado momento se la hemos dicho a alguien. Esta semana, Dios me ha mostrado que meditemos en nuestras casas. Que pensemos en qué tipo de hogar tenemos y lo que vivimos allí. Por eso considero que será de gran bendición poder reconocer, cambiar y reforzar lo que estamos haciendo bien.

La casa más que un lindo apartamento con todos los lujos, o una casa súper moderna, debe ser un lugar de paz, amor, descanso, unión, celebración, adoración y otras muchas cosas que añadirás con toda seguridad.

En estos próximos días vamos a pedirle a Dios que nos haga comprender la clase de hogar en que estamos viviendo y que nos ilumine a fin de aceptar sus instrucciones para hacer cambios radicales en nuestra familia. Que nos muestre lo que les estamos brindando a los hijos y al cónyuge.

¡Prepárate para comenzar esta semana de análisis profundo y de cambios radicales!

Notas: _____

_____

_____

Así dice el Señor [...]
«Búsquenme y vivirán».
Amós 5:4

Semana de meditación
¿Tu casa es un cuadrilátero?

Es triste, pero a muchos nos ha tocado en alguna época de nuestra vida ver algún lugar de la casa convertido en un *ring* de pelea. Quiero que sepan que lo viví en algunas oportunidades. Durante mi primer matrimonio, tuve algunos problemas por violencia doméstica. Así que mi cuarto, baño y cocina fueron un cuadrilátero donde el público eran dos criaturas que temblaban de miedo.

¡Cuántas mujeres maltratadas saben de lo que estoy hablando! Sin embargo, no solo se trata de peleas entre parejas, también existen entre padres e hijos que se faltan al respeto. Incluso, puede haber algunos golpes en esas discusiones.

El problema no termina aquí, ¿qué me dicen de los hermanos en los que menos los une es el amor? Se odian y se desafían dentro de la casa a puño limpio, sin importar que el público presente sea sus padres y a veces abuelos.

Dios no formó la familia para que tú y yo la despedacemos de esa manera. A veces pienso en qué sentirá Dios cuando ve desde el cielo tanta agresividad.

Padres, hijos, no podemos permitir que esto siga pasando. Queremos hogares felices e hijos estables. Debemos cortar de raíz la violencia dentro de la familia. Si tu hogar está expuesto a este tipo de situación, debes buscar ayuda de inmediato.

Notas: _____

_____

_____

Quiero triunfar en el camino de perfección: ¿Cuándo me visitarás?
Quiero conducirme en mi propia casa con integridad de corazón.
Salmo 101:2

Semana de meditación
¿Tu casa es un hotel?

Venimos analizando los diferentes tipos de hogares en los que quizá vivamos y sé que Dios nos está mostrando a cada uno lo que está mal y lo que debemos corregir con su ayuda. Tal parece que en la casa tipo hotel no vive nadie. Es posible que sean familias numerosas, pero como ninguno permanece allí, se asemeja más bien a un hotel. Cada uno tiene sus llaves y no hay un control de llegada ni de salida. La cocina en este hogar prácticamente no funciona, pues nunca se coincide en la casa a las horas de la comida.

Siempre que llega alguno de la familia, revisa si tiene mensajes y después se va a su habitación. Pueden pasar varios días sin verse a la cara los miembros de este tipo de hogar. Aquí en este hogar no hay *koinonía*, ni hay momentos para disfrutar en familia, muchísimo menos de orar, porque están muy ocupados.

En el hogar hotel no hay nadie que se preocupe por las necesidades de los demás a no ser que exista una emergencia que requiera la atención de todos sus huéspedes. Es un hogar muy frío donde se carece de la presencia de Dios.

¡Huy! ¿Habrá alguien que diga que así es su casa? ¿Que todo lo que se describe hoy es poco para el infierno en que vive?

Te recuerdo que Dios siempre tiene una oportunidad para ti. Solo necesitas un corazón arrepentido y entregarle al Señor esos errores. Entonces Él, con su amor, te dará un hogar como lo necesitan tus hijos. Un hogar en el que se respire a familia, a compartir la mesa y a orar juntos.

Notas: _____

_____

_____

Llegaré entonces al altar de Dios, del Dios de mi alegría y mi deleite, y allí, oh Dios, mi Dios, te alabaré al son del arpa.
Salmo 43:4

Semana de meditación
¿Tu casa es un altar de adoración?

Hace unos meses, tuve la oportunidad de entrevistar a la señora Gloriana Montero, esposa de uno de los cantantes más queridos en el campo de la música cristiana y que ahora es copastor de la iglesia de Marcos Witt. En la entrevista hablamos de muchas cosas: su vida como soltera y los hechos que dieron lugar a su boda. Para los que conocen la vida de Danilo Montero, este costarricense es un adorador por excelencia. Se preocupa mucho por enseñar a buscar la presencia de Dios. Así que me llamó mucho la atención preguntarle cómo era su hogar, pues ya llevan casi dos años de casados. A lo que me respondió: «Mira, la convivencia siempre tiene algunas situaciones, pues existen diferencias».

Como es natural, Gloriana no entró en detalles. Sin embargo, me dijo que un día decidieron convertir su hogar en un «Altar de Adoración», a fin de que lo que tuvieran que pasar no empañara lo que vivirían allí para honrar a Dios. «En nuestro hogar», me dijo, «se adora constantemente y se tiene toda la libertad para orar». Sin duda, este matrimonio hace todo lo posible por darle esa ofrenda a Dios.

Esta idea me pareció tan hermosa, que me propuse, junto con mi esposo y mis princesas, que nuestro hogar fuera también un Altar de Adoración, donde se incluyera la búsqueda de Dios, la lectura de la Palabra en familia, la oración constante los unos por los otros. Además, también nos propusimos inculcarles este estilo de vida a mis princesas.

¿Por qué no aceptas este reto y empiezas a hacer cambios con la ayuda de Dios?

Notas:

Sobre todo, hermanos míos [...] que su «sí» sea «sí»,
y su «no», «no», para que no sean condenados.
Santiago 5:12

Que nuestro «sí» sea «SÍ»

Dios nos enseña que debemos ser hombres y mujeres de una sola palabra, que nuestro sí sea sí y nuestro no sea no. En lo personal, esto me costó mucho trabajo y muchas situaciones incómodas. En más de una ocasión me puse roja y tuve que aprender a decir «no».

El asunto no es que fuera una mujer que careciera de palabra, sino que me apenaba decir «no» cuando no debía comprometerme en realidad. En especial, siempre decía «sí» en todas las cosas de trabajo. Imagínate, ¿qué iban a pensar de mí? Entonces, después estaba cargada y estresada. Hasta que un día Dios me mostró que eso no era sano, que debía tener el carácter y aprender a decir «no» cuando fuera necesario.

Hoy te motivo a que aprendas que cuando digas «sí» a algo sea porque en verdad tienes la seguridad de que viste la luz verde de Papito Dios y que aceptas lo que es debido. Esto se ajusta al trabajo, la vida personal, las relaciones con los demás, la iglesia y hasta en la relación con Dios.

¿Cuántas veces le decimos al Señor: «Sí, Dios mío, esta vez sí voy a cambiar, o voy a empezar algo, y no lo hacemos? No tenemos palabra y eso desagrada a Dios, así que no es sano para nuestra vida. Cuando mantenemos la palabra, también damos testimonio de quiénes somos en Cristo.

Notas: _____

_____

_____

El temor del SEÑOR es el principio del conocimiento;
los necios desprecian la sabiduría y la disciplina.
Proverbios 1:7

Que nuestro «no» sea «NO»

Este devocional es, en realidad, la segunda parte del que tuvimos ayer. En esa ocasión hablamos de ser personas de una sola palabra y de dar testimonio también con nuestras decisiones. Aprendimos que el tener palabra nos libra de muchos malos ratos y de muchas situaciones comprometedoras.

Con el «no» sucede lo mismo que con el «sí». Cuando se dice «no» a tiempo, te puedes librar de un gran pecado o de una mala decisión de verte expuesto a momentos de los que quizá te arrepientas toda la vida.

Claro, también con decir «no» se puede ser contraproducente en otras circunstancias de la vida. Por ejemplo, negar a Dios, negar que eres cristiano porque te avergüenzas ante la gente que no le conoces o por orgullo permanecer negados a cambios.

Hoy queremos pedirte, Dios mío, que nos muestres con claridad cuándo nuestra falta de palabra ha involucrado a otras personas y quizá no hemos dado el mejor testimonio.

Te pedimos que nos guíes y nos permitas ser hombres y mujeres con el carácter de tu Hijo Jesucristo y no vivir por lo que piensen los demás, sino por la convicción de agradarte y honrarte.

Notas: _____

_____

El principio de la sabiduría es el temor del SEÑOR; buen juicio
demuestran quienes cumplen sus preceptos.
Salmo 111:10

¿Temor a Dios?

Ayer el versículo con que finalicé la enseñanza encierra esta frase: «El temor del Señor». Quise retomarlo porque cuando se empieza a conocer un poco más la Palabra, cuando comenzamos a asistir a una iglesia evangélica o cuando escuchamos a pastores o cristianos, es muy común escuchar acerca del temor al Señor o a Dios. A menudo, en esto se ve el miedo que sienten algunos a lo que pudiera hacerles Dios, como el temor que sintieron Adán y Eva después de desobedecerlo en el jardín del Edén al comer del árbol prohibido.

Sin embargo, el libro de Proverbios no se refiere al temor de que nos haga daño Dios, sino que se refiere a no querer ofenderlo sabiendo que Él tiene un corazón amoroso. En conclusión, esta palabra bajo este contexto de Proverbios significa reverencia y respeto. También dice otro versículo que «el comienzo de la sabiduría es el temor del SEÑOR» y que «conocer al Santo es tener discernimiento» (Proverbios 9:10).

Lo más importante es que cada día le pidamos a Dios sabiduría a fin de ser obedientes y agradarlo siempre. No hay nada más hermoso que poder vivir respetando y agradando a nuestro Padre, en lugar de hacer las cosas por miedo o cobardía.

Notas: _____

_____

_____

Porque el SEÑOR da la sabiduría; conocimiento
y ciencia brotan de sus labios.
Proverbios 2:6

Oración por sabiduría de Dios

Padre, en estos días estaba escuchando una enseñanza del pastor Charles Stanley donde hablaba de lo poderoso que es orar e interceder por otras personas, y que cuando uno ora por las necesidades de los demás, tú respondes de una manera especial.

Yo lo he experimentado con la oración diaria en el programa de la radio.

Por eso quiero, mi Dios, interceder durante este devocional por las necesidades de tus hijos y que desde el cielo hagas tu santa voluntad.

Dios mío, te suplico que le des a cada uno de mis amigos y hermanos mucha sabiduría. Tú dices que a cada uno se nos ha dado una porción y que te la pidamos si necesitamos más.

Padre, necesitamos ser sabios para que las decisiones que tomemos sean adecuadas. Para que las palabras que digamos, y aun nuestros pensamientos, estén llenos de ti y de tu santa voluntad.

Sabemos que tendremos situaciones que enfrentar, pero no queremos seguir equivocándonos y arrastrando a nuestros seres queridos.

Todo esto te lo pedimos en el nombre de Jesús.

Amén y amén.

Notas: _____

_____

_____

Porque donde esté tu tesoro,
allí estará también tu corazón.
Mateo 6:21

Sencillez de la vida
(primera parte)

¡Cuántas veces en el camino de la vida nos encontramos personas que se creen, como decimos popularmente, «la última Coca-Cola del desierto»! Personas que valen por lo que tienen y por los títulos que las acompañan. Personas que incluso te miran por encima del hombro.

Sin embargo, ¡qué duro es volver a encontrar a esas mismas personas que por diferentes situaciones en la vida se encuentran devastadas y sin el consuelo de Dios! El ejemplo más cercano y popular es la situación hipotecaria que vivió este país y que cambió el panorama total de muchos. Algunos se quedaron sin nada, pues perdieron casas, autos, crédito, trabajos y familias. Hoy en día, no los hemos vuelto a ver.

Quizá se sientan avergonzados porque su vida se basaba en lo material. Es evidente que eran lo que tenían y su felicidad no se cimentaba en Dios, sino en el dinero. ¡Qué lección de vida tan dura! Esto nos enseña que en este mundo no debemos aferrarnos a nada material. Que las riquezas son espectaculares mientras nuestro corazón no esté en ellas. Que Dios nos da esas riquezas, pero para que en medio de ellas seamos humildes, sencillos y generosos. Por lo tanto, nunca debemos olvidar que Él es el que quita y pone. No nos apeguemos a lo material, pues cuando partamos de este mundo, nada podremos llevarnos. Entonces, lo que quede, se lo repartirán nuestros propios seres queridos. Vivamos con sencillez de corazón.

Notas: _____

_____

_____

Tú das la victoria a los humildes,
pero humillas a los altaneros
Salmo 18:27

Sencillez de la vida
(segunda parte)

Es muy importante que la sencillez y la humildad las apliquemos a la vida de nuestros hijos. Esto es una función de nosotros como padres que debemos cultivar.

En mi caso, me ha dado resultados. Desde mi niñez, mi padre, el señor Carlos Pinzón, pionero de la radio y la televisión en Colombia, famoso y reconocido, nunca mostró ser una persona prepotente. Por el contrario, siempre se destacó por su sencillez y su humildad, y con un don de gente increíble. Incluso, después de retirado de los medios y con ochenta años de edad, la gente lo encuentra y lo reconoce. Es más, cuando se expresan de él, lo hacen de una manera muy amorosa. Ese ha sido un bello ejemplo a seguir para nosotros como hijos y como profesionales. Ahora, como adulta y profesional, lo he aplicado pidiéndole siempre a Dios que me mantenga humilde y asequible a las personas.

Durante años, también he aprendido algo en lo que pienso de vez en cuando: «TODOS SOMOS REEMPLAZABLES, NADIE ES IMPRESCINDIBLE».

Con ese pensamiento, día a día doy lo mejor de mí como si fuera el último y no lo hago para complacer a nadie, sino que lo hago para DIOS.

Notas: _____

_____

_____

Aprendan de mí, pues yo soy apacible y humilde de corazón,
y encontrarán descanso para su alma.
Mateo 11:29

Sencillez de la vida
(tercera parte)

En el devocional anterior dije que la manera de ser mi padre, aun siendo famoso, siempre se caracterizó por la humildad y la sencillez. Eso lo aprendí de él y mi oración constante a Dios es que no permita jamás que los humos se me suban a la cabeza, sino que la gente siempre tenga un buen concepto de mí.

Nuestra vida debe ser un buen ejemplo para nuestros hijos. En muchos casos, actúan de acuerdo con el ejemplo que ven. Si desde pequeños les inculcas que no deben ser elitistas, ni clasistas, y que aunque tengan muchas comodidades deben ser sencillos y buenos con las personas que los rodean, así se comportarán.

En lo personal, nunca acostumbré a mis princesas que se vistieran solo con ropa de marca. Les enseñé que a veces mami tenía para darles esos gustos, pero que otras veces solo podía comprarles algo lindo y sencillo. También les enseñé que poco a poco podrían darse gustos cuando empezaran a trabajar y, ¿sabes?, es lo mejor que pude hacer. Cuando acostumbras a tus hijos a un estándar de vida muy alto y las cosas cambian por problemas financieros, por una calamidad o una enfermedad, se van a echar a morir.

Mi princesa Naty es el más dulce ejemplo. Hoy en día, trabaja y se da gustos. Se compró su auto *Mini Cooper*, pero también aprendió a vivir con sencillez.

Te animo a que no dañes a tus hijos. Cuando se puede, se les da. Si en tu caso siempre tienes una buena situación económica, enséñalos a ser humildes y sencillos. No hay nada peor que les llamen «creídos y petulantes».

Notas: _____

_____

_____

*Dios se opone a los orgullosos,
pero da gracia a los humildes.*
Santiago 4:6

Sencillez de la vida
(cuarta parte)

En esta semana estamos aprendiendo lo importante que es ser humildes y sencillos. En otras palabras, que nos deseen y admiren. Hemos sostenido estas enseñanzas con apartes del Manual de Instrucciones para llevar todo bajo lo que Dios quiere que seamos tú y yo.

De modo que no podría cerrar esta semana sin dejar de recordar algo que muchos conocemos y que para otros quizá hoy sea la primera vez que lo lean: «Todo el que a sí mismo se enaltece será humillado, y el que se humilla será enaltecido» (Lucas 14:11).

Si Dios lo dice, lo creo. Además, si alguien te puede decir cómo a base de golpes he madurado desde el punto de vista espiritual, esa soy yo.

Dios lo dice con claridad. Si eres humilde, Él te levantará y te pondrá en grandes posiciones, pero si te exaltas mucho (eres creído o engreído), te humillarán y avergonzarán. Así que este principio de vida es mejor tomarlo como una fuerte sugerencia de nuestro Dios.

Si queremos lograr muchas cosas, triunfar y salir adelante, de seguro que debemos pedirle a Dios que no ayude a ser humildes de corazón. Conocemos en el camino muchos que suben como palmas, pero bajan como cocos. Y esos golpes son muy duros. A veces, a las personas humilladas les resulta muy difícil sobreponerse. Por eso no hay nada mejor que vivir una vida bendecida con la sencillez.

Notas: _____

_____

La actitud de ustedes debe ser como la de Cristo Jesús, quien,
siendo por naturaleza Dios, no consideró el ser igual
a Dios como algo a qué aferrarse.
Filipenses 2:5-6

Sencillez de la vida
(quinta parte)

El mejor ejemplo de sencillez y de humildad lo hemos conocido con el mismo Jesús que, siendo el Hijo del Rey, se despojó de sí mismo. La palabra «despojó» en griego es *kenoo*, que significa «vaciarse de su gloria», o sea, se colocó en una actitud de no exigir nada de lo que merecía por ser el Hijo de Dios. Al contrario, se convirtió en siervo de manera voluntaria, haciéndose semejante a los hombres, menos en el pecado. Por lo demás sufrió hambre, tristezas, pobreza, rechazo, calumnias, maltrato y hasta la muerte. Esto sí que es un ejemplo de humildad.

¿Qué haríamos nosotros de todo lo que Jesús hizo? ¡Creo que NADA! Sin embargo, lo lindo es que Jesús lo hizo por obediencia al Padre. Si queremos ser imitadores de Cristo, nos falta mucho por aprender.

Jesús fue humilde y esa debe ser nuestra meta.

Notas: _____

_____

*Pase lo que pase, compórtense de una manera digna del
evangelio de Cristo [...] firmes en un mismo propósito,
luchando unánimes por la fe del evangelio.*
Filipenses 1:27

Sencillez de la vida
(sexta parte)

Al terminar esta semana me he sentido muy motivada a poner
en práctica cada una de las enseñanzas que aprendimos aquí.
Por eso sería bueno que seamos capaces de resaltar el mayor
ejemplo de todos y sé que no lo vamos a olvidar nunca. Ese
ejemplo fue JESÚS.

Si Él lo hizo siendo el que era, ¿por qué tú y yo no vamos a poder
hacerlo? Comencemos con las cosas sencillas. Quizá mostrando
humildad en el trato a nuestros semejantes en el trabajo y en la
calle o siendo personas amables y rectas. En la iglesia podemos oler
a Jesús, tal y como lo dice el cantante cristiano Michael Rodríguez
en una de sus canciones. En la casa también podemos ser humildes.
En fin, morir a toda soberbia, a todo mal genio, y que seamos aun
sencillos en el hogar.

Pastores, profesionales, líderes, que los títulos no se les suban a la
cabeza. Que aunque su iglesia sea la mayor y la más reconocida,
logren seguir siendo los mismos siervos que Dios llamó y entregó
lo que hoy disfrutan.

Empecemos por nosotros mismos, hagamos una radiografía de
nuestro ser y pidámosle a Dios su ayuda.

Notas: _____

_____

No hagan nada por egoísmo o vanidad; más bien,
con humildad consideren a los demás
como superiores a ustedes mismos.
Filipenses 2:3

Oración por una vida sencilla

Señor, al cerrar hoy esta semana de trabajo de muchas luchas para unos y de celebraciones para otros, queremos agradecerte por dejarnos las instrucciones de vida en el Manual de Instrucciones, la Biblia.

Gracias porque allí podemos aprender las cosas que esperas de nosotros y nos permites ver los beneficios que tendremos cuando somos obedientes a tu Palabra.

Gracias, mi Señor, porque con tu ayuda pondremos en práctica el mayor ejemplo de humildad que nos dejó tu Hijo Jesucristo.

Quita de cada uno de nosotros toda prepotencia. Quita toda altivez. Quita todo orgullo que nos impide que veamos a nuestro hermano como a nosotros mismos.

Cambia los corazones de piedra por corazones de carne. Que seamos sensibles ante las necesidades de los demás. También, pon en cada uno tanto el querer como el hacer.

En el nombre de Jesús oramos, amén y amén.

Notas: _____

_____

El Espíritu del Señor omnipotente está sobre mí,
por cuanto me ha ungido para anunciar buenas nuevas [...]
y libertad a los prisioneros.
Isaías 61:1

La libertad está en Cristo

No te aflijas tú que estás en la cárcel. No te lastimes más con tu culpabilidad. No te atormentes pensando en lo que no fue.

Has recorrido un camino lleno de espinas y hoy te ves allí lleno de heridas. Te sientes solo en esa fría celda y, en muchos casos, ni siquiera puedes caminar con libertad dentro de la cárcel porque no solo arrastras tus culpas, sino el peso de unas cadenas.

Sin embargo, algo maravilloso te ha sucedido en medio de este tiempo de cautiverio... has conocido a Dios. Así que, mírate. ¡Ya no eres la misma persona! Vistes un uniforme, pero tienes nuevas vestiduras que te ha dado Dios. Ya tu tiempo lo aprovechas para buscar más de Él. Lees la Biblia y escuchas en la radio programas donde se habla del amor de Dios. Por lo tanto, aunque estás en la cárcel, eres más libre y feliz que muchos que estando libres tienen sus vidas atadas y están presos en los vicios.

Notas: _____

_____

Yo soy el que por amor a mí mismo borra tus transgresiones
y no se acuerda más de tus pecados.
Isaías 43:25

Mis amigos

Dios me ha inquietado de una manera muy especial a tener un acercamiento con nuestros amigos que se encuentran en diferentes centros de corrección.

Con sus cartas, me dicen que se sienten muy agradecidos cuando nos acordamos de ellos, elevamos una oración a su favor o cuando dejamos cualquier cosa que sea importante y vamos a conocerles. Quiero hacer un reconocimiento a mis nuevos amigos y sé que Dios nos hablará cuando les exprese las cosas que me han conmovido y me han enseñado a sentir misericordia, ternura y cariño por cada uno de ellos.

Víctor ha sido un regalo conocerlo después que me escribiera para informarme que fue cabecilla de las Maras Salvatruchas. En su carta de corazón abierto, me cuenta de todos los pactos que hizo con el enemigo y de qué manera engañan a los jóvenes para que caigan en el mundo cruel de las pandillas. También me explica lo que le llevó a estar en peligro de muerte hasta que cayó preso. Hoy en día, con solo veintiún años de edad y en prisión, se ha reconciliado con Dios y ha comenzado el cambio en su vida.

He tenido el privilegio de conocer a Víctor, de conversar con él, de orar juntos y poder escuchar cómo a gritos quisiera que todos los jóvenes que andan en malos pasos se alejen y no terminen en la cárcel como él.

Notas: _____

_____

Si el Hijo los libera, serán ustedes
verdaderamente libres.
Juan 8:36

Oración por libertad personal

Mi Dios, ¡qué engañado y frustrado he vivido en todos estos años, siempre esperando de alguien para ser feliz! Por mucho tiempo pensé que vivir para mi trabajo me mantendría ocupado y feliz. Sentía que si no tenía a alguien a mi lado, no podría alcanzar mis sueños. Incluso, por mucho tiempo creí que las drogas, el alcohol y la pornografía me llenaban.

Perdón, mi Señor, porque me uní a malas compañías y me di cuenta que no les importaba mi felicidad.

Hoy quiero declarar que he encontrado mi libertad en ti. Me niego a seguir cargando toda culpabilidad y decido dejar mi vida en tus manos.

Señor, rompe todo lo que me ate a mi pasado y hazme libre en el nombre de Jesús.

Hoy decreto que tú eres todo para mí y me declaro libre.

Amén y amén.

Notas:

Muchas son las angustias del justo,
pero el SEÑOR lo librará de todas ellas.
Salmo 34:19

¿No sabes qué hacer?

No te puedes desesperar. Es posible que te preguntes: «¿Qué debo hacer?». Si es así, de seguro que estás en un momento de inquietud, de preocupación, y no sabes cómo enfrentarlo. En momentos así es cuando tu mirada va al cielo, las lágrimas corren por tus mejillas y te acuerdas de Dios. En otros casos, no tienes en realidad cabeza para Él.

Sin embargo, ¿qué debemos hacer cuando sentimos que la vida nos está oprimiendo? ¿Qué debemos hacer cuando las finanzas no marchan bien como antes o el matrimonio va de mal en peor?

La respuesta a todas estas preguntas es la misma: «Aférrate a Dios». No es tiempo de huir de la situación. Es tiempo de enfrentarla y no debes hacerlo solo, porque Dios, que es nuestra máxima autoridad, dejó establecido lo siguiente: «No te abandonaré».

¿Entiendes esto tan profundo y a la vez sencillo? Dios no te va abandonar ni a dejar. Estará a tu lado aun si las situaciones parecen interminables. Confía en el Señor y dile cómo te sientes. Te garantizo que Él te ayudará y te dará nuevas fuerzas como al águila.

Notas:

Si desde allí buscas al Señor tu Dios con todo tu corazón
y con toda tu alma, lo encontrarás.
Deuteronomio 4:29

Te sigue la pista

Ayer te explicaba que el mejor remedio para los problemas es ADIOS. Te lo digo con conocimiento de causa y no porque sea una persona religiosa. Tengo mucha experiencia de haber visto a Dios intervenir en mi vida en momentos que uno dice: «Bueno, ¿y ahora qué?».

Dios, que conoce toda tu necesidad, a veces te permite pasar por estas aflicciones, que en algunos casos son pequeñas y grandes en otros, a fin de que enfoquemos nuestra mirada en Él.

Dios desea que dependamos por completo de Él, no a medias o cuando nos convenga, pues quiere ser real en nuestra vida. Por eso cada vez que estés en esos torbellinos, no pongas tu mirada en el problema. Aprende que es hora de serle más fiel a Dios que nunca. No permitas que te vendan la idea de que tú solo puedes salir adelante, porque no es cierto. Es posible que lo logres por un tiempo, pero tarde o temprano tendrás que reconocer que sin Dios la vida es realmente un caos.

Dios te sigue la pista y quiere probar tu corazón. Así que es tiempo de creerle y saber que Él te sacará de esta situación y de todas las que pudieran venir.

Notas: _____

_____

_____

Con amor eterno te he amado; por tanto,
te prolongué mi misericordia.
Jeremías 31:3, RV-60

Déjate sorprender

Si Dios es el Creador de mundo, si es el que nos creó, nos separó y escogió como sus hijos, nos dejó un libro lleno de promesas que hablan cosas maravillosas y positivas, no nos dejemos vender otras falsas ideas.

Cuanto más dudas de su poder, más difíciles se pueden volver tus situaciones.

Recuerda que esto de no temerles a las circunstancias no es de un día para otro. Se trata de un fruto que es producto de estar conectados con Dios. Entonces, poco a poco, aprendemos a confiar en Él, de manera que cuando lleguen los problemas, no tendremos miedo ni terror. Por el contrario, sabremos que aunque la situación es fuerte, Dios es más poderoso que cualquier mala noticia o problema.

Dios es tu ayudador y te ama.

Notas: _____

_____

Día 180

La paz les dejo; mi paz les doy.
Yo no se la doy a ustedes como la da el mundo.
No se angustien ni se acobarden.

Juan 14:27

Oración por paz en el corazón

Acuérdate, Señor, de tu ternura y gran amor que siempre me has demostrado.

Ayúdame, Señor, a relacionarme cada día más contigo y así poder confiar plenamente en ti.

Perdóname por los momentos en que he hecho todo en mis propias fuerzas, poniendo la confianza en mi propia sabiduría.

Deseo, Señor, ser una persona madura en ti y me comprometo a conocerte mejor, a pasar más tiempo a tu lado y así poder experimentar la bendición de tenerte como el Padre que cuida de mi familia y de mí.

Gracias, mi Señor, y te entrego el resto de este día en tus manos. En el nombre de Jesús, amén y amén.

Notas: _____

_____

_____

Día 181

Gracias a Dios que en Cristo siempre nos lleva triunfantes y,
por medio de nosotros, esparce por todas partes
la fragancia de su conocimiento.
2 Corintios 2:14

Secretos para triunfar

Creo que este es un pensamiento que alguna vez todos hemos tenido: ser alguien, triunfar y que nos vaya bien. Y eso es lo que quiere Dios. Es más, Él quiere que prosperemos.

Sin embargo, ¿cuáles serían algunos secretos para triunfar? Quizá lo que te diga hoy sea lo que hay en mi corazón también. Sin embargo, en ocasiones y por diferentes razones, no lo ponemos en práctica. Quizá se deba a que no creemos en nosotros mismos o que les damos prioridad a otras cosas o personas. En mi caso, a veces pienso más en el beneficio de los demás que en hacer cosas para mis hijas, dejando mis sueños para el final.

Por ejemplo, yo quería hacer este libro, pero a la verdad no sabía por dónde empezar. Incluso, a menudo pensaba que no iba a ser capaz de escribir un libro. ¿A qué hora podría hacerlo? Aunque ya varias personas me habían sugerido que lo hiciera, siempre lo postergaba. Lo lindo de todo esto es que Dios ya tiene determinado lo que seremos y haremos, y nos da la pauta para seguirla. Así que seamos obedientes y emprendamos las cosas que Dios ponga en nuestros corazones de modo que logremos el verdadero triunfo.

Notas: _____

_____

_____

Todo lo que te viniere a la mano para hacer,
hazlo según tus fuerzas.
Eclesiastés 9:10, RV-60

Seamos instrumentos

Me tomé la tarea de investigar lo que es un instrumento musical y llegué a esta conclusión: Un *instrumento musical* es un conjunto de piezas que se disponen en un todo de manera que un intérprete logre producir sonidos musicales. Si lo analizamos, es posible que de cualquier objeto se pueda obtener sonidos. Sin embargo, para que sea musical, el sonido que produce debe combinar la melodía, el ritmo y la armonía.

Dejando este análisis a un lado, quiero hacer un paralelo a lo que nosotros podemos ser en las manos de Dios. La Palabra nos enseña que a todos se nos han dado dones y talentos. Muchas veces ni sabemos que los tenemos. Así que un día alguien nos los descubre o nosotros mismos nos damos cuenta que ciertas cosas que hacemos nos salen bien y le gustan a la gente.

Si un instrumento musical es un conjunto de piezas que se combinan para producir sonidos melódicos, rítmicos y armónicos, tú y yo tenemos esa combinación perfecta para poner en acción el don que puso Dios en nosotros.

Además, si a diferencia de que en principio cualquier cosa que produzca sonido puede ser un instrumento, te recuerdo que tú no eres cualquier cosa, sino que eres un hijo de Dios creado a su imagen y semejanza.

Valórate y pídele al Señor que te revele cuál es ese talento y empieza a desarrollarlo ya.

Notas: _____

_____

En lo que requiere diligencia, no perezosos;
fervientes en espíritu, sirviendo al Señor.
Romanos 12:11, RV-60

Todos podemos ser instrumentos

Para ser un buen instrumento, solo debemos tener el deseo de ser útiles en las manos de Dios y estar siempre con un corazón dispuesto al servicio. Si lo analizamos, vemos que podemos ser instrumentos de diversas maneras: Como voluntarios en alguna organización o en la iglesia, donde quizá lo podamos desempeñar en uno de los departamentos de servicio al necesitado.

Ahora bien, si tu llamado es más específico como el de ser líder o pastor, sabemos que Dios capacita al que llama y de inmediato te darás cuenta de eso. También en tu trabajo puedes servir siendo un instrumento del amor de Dios y reflejando a Jesucristo.

Por último, tal vez tu don sea como músico, cantante o compositor que, con sus talentos, nos ministran en la vida y son una bendición. En general, la gran misión de cada uno de nosotros es amar al prójimo, pues así somos instrumentos útiles al servicio del Señor.

Notas: _____

_____

Hagan lo que hagan, trabajen de buena gana,
como para el Señor y no como para nadie en este mundo.
Colosenses 3:23

Oración por servicio a los demás

Amante Dios, hoy queremos comenzar este nuevo día entregando nuestra vida en tus manos con el único deseo de ser útiles para ti.

Si me falta amor por los demás, te pido, Dios mío, que me des esa porción para poder servir al necesitado y verlos con ojos de amor como lo ves tú.

Quiero ser obediente a tu Palabra y ser de bendición para otros.

Purifica mi corazón y úsame, Señor.

Ayúdame a no pensar solo en mis necesidades, sino en las de los demás.

Quita de mí todo pensamiento contrario a tu voluntad y hazme sensible a la necesidad de las personas que me rodean.

Amén y amén.

Notas: _____

_____

El ojo misericordioso será bendito,
porque dio de su pan al indigente.
Proverbios 22:9, RV-60

Testimonio

En los años que Dios me ha permitido estar en este ministerio radial, he podido ser testigo de los muchos milagros que se han hecho realidad en personas que han sido obedientes a un llamado, dejando a veces sus propios sueños para realizar los de otros.

Hoy, en este libro, quiero aprovechar para honrar a todos los ministerios, organizaciones y personas que han hecho algo por el más necesitado. Por mencionar algunos, quiero hablarte del pastor Mario Marrero que, siendo de la isla del encanto, Puerto Rico, Dios depositó un corazón amoroso por los niños abandonados en Medellín, Colombia, con el «Ministerio más que Vencedores». También está el caso de Mariví Brito, toda una profesional como productora por años del programa «Al Rojo Vivo», de la cadena Telemundo. En la actualidad, ya no está en la televisión, sino que hace parte del precioso ministerio *Mision Child*, donde con la colaboración de muchas personas le dan estudio y alimentos a cientos de niños en Colombia. Y así podría mencionar muchos otros que hacen una labor hermosa por los necesitados.

Mi clamor es que Dios siga levantando personas con esta misma visión y que logremos apoyarlos. Y tú… ¿qué estás haciendo con tu vida?

Notas: _____

_____

_____

Dichoso el que halla sabiduría, el que adquiere inteligencia.
Porque ella es de más provecho que la plata
y rinde más ganancias que el oro.
Proverbios 3:13-14

Pide sabiduría en vez de paciencia

¡*A*y, dame paciencia, Señor! Esta frase la utilizamos todos en momentos cuando no podemos más. Y tiene sentido decirla, pero lleva implícita una petición que quizá desconozcas y te sorprendas cuando te la explique.

La paciencia solo se desarrolla con dificultades y pruebas. Si le dices a Dios: «Señor, dame paciencia», le pides que te mande una prueba de manera que aprendas a desarrollar la paciencia. ¿Y a quién le gustan las pruebas y las dificultades? ¡A nadie!

Esto lo aprendí con un pastor y me dije que nunca más le pediría algo así a Dios. Más bien le pido que me dé la sabiduría que me ayude a pasar la situación que esté viviendo.

Así que es más valioso ser sabio que paciente.

Aprende a esperar en el tiempo de Dios. Él nunca falla y siempre llega a tiempo.

Notas: _____

_____

_____

Dignos de confianza son, SEÑOR, tus estatutos;
¡la santidad es para siempre el adorno de tu casa!
Salmo 93:5

Semana de pacto con Dios:
Camino de santidad

Uno de los cantantes cristianos más reconocidos es Jesús Adrián Romero. Tiene canciones muy especiales, pero hay una es particular que nos invita a cuidar nuestra boca, los ojos, las manos y guardarlos como una ofrenda a Dios en un acto de santidad.

Con esto, no me refiero a que no puedas hacer nada porque todo sea pecado, sino a que nos guardemos para no caer más fácil de lo que caemos en la tentación. Además, que le pidamos al Señor que nos ayude a hacer compromisos que lograremos con la ayuda y el favor de Dios.

Sabemos que cada uno de nosotros tiene diferentes debilidades que muchas veces nos han metido en aprietos y que han sido grandes luchas. Cuando estamos alejados de Dios, o no le conocemos, la vida en santidad no nos preocupa y ni siquiera pensamos en las consecuencias. Sin embargo, tú debes saber que cuando tomaste la decisión de recibir a Jesús en tu corazón, las cosas que haces sí tienen consecuencias y no quedan solo atrás y ya.

Por eso, Dios dejó establecido mandamientos a fin de que los cumplamos. De no ser así, recuerda que tendremos una responsabilidad por nuestros actos.

Con esta reflexión pretendo invitarte a que te guardes y aprendas a identificar esas piedras que te están haciendo tropezar. Esta semana haremos decisiones trascendentales para la vida y sabrás que serán de mucha bendición.

Notas: _____

_____

_____

Pero fiel es el Señor, que os afirmará
y guardará del mal.
2 Tesalonicenses 3:3, RV-60

Semana de pacto con Dios:
Nuestros ojos

El símbolo de cuidar nuestros ojos no es solo el cuidado desde el punto de vista de la salud que tú y yo le podamos dar a los ojos. Es cuidarlos en el campo espiritual. Es cuidarnos de lo que estamos mirando y qué imágenes permitimos que lleguen a nuestro cerebro.

¿No es cierto que cuando vemos una imagen violenta se queda por varios días en nuestra mente? Es más, yo diría que se queda registrada allí para siempre. También eso sucede con las personas que están atadas a la pornografía. Ya sus ojos están contaminados y es como un vicio, pues cada vez quieren ver más. Entonces se dan cuenta que están súper enviciados y esto no solo les hace daño a ellos, sino que también traicionan a su familia y desagradan a Dios.

¿Cuál es tu caso? Si tienes temor de Dios, necesitas hacer hoy un pacto de cuidar tus ojos de lo que ven y entender si lo que has venido haciendo no está bien.

Por lo tanto, dile a Dios hoy: «Señor, me comprometo contigo a no volver a la pornografía. Renuncio por completo a cualquier acto deshonesto que esté haciendo con mis ojos y te ofrezco esta ofrenda por amor a ti».

Notas:

De la abundancia del corazón habla la boca.
Mateo 12:34

Semana de pacto con Dios:
Nuestra boca

La boca, aparte de que sirve de entrada a la cavidad bucal, tiene varias funciones. Dios la creó para ingerir los alimentos, salivar, para tener sentido del gusto, pero quizá hablar sea lo más importante. Dios la diseñó perfecta y muchos la usamos mal. Entonces, ¿has pensado en las cosas indebidas que se puede hacer con ella? Aunque se puede usar para fumar, drogarse, hablar mal y chismear, también se puede usar, en muchos casos, para bendecir y hablar cosas que agradan a Dios y a la familia.

¡Qué mal ejemplo les damos a nuestros hijos y compañeros de trabajo cuando somos malhablados! ¡Eso es terrible! Cuando conocemos una persona, nos puede dar una clara impresión al abrir su boca y expresarse.

Por eso hoy la idea es que podamos cortar todo lo malo que está saliendo de nuestra boca. ¿Eres de bendición o una persona grosera al expresarte?

La oportunidad para ti este día es que puedas reconocer y comprometerte con Dios de que dejarás atrás las groserías y las malas palabras, y que te comprometerás a guardar tu boca para honrarlo a Él.

Quiero que recuerdes algo de lo que dice la Biblia respecto a la boca y es que «de una misma boca salen bendición y maldición» (Santiago 3:10).

Señor, hoy me comprometo a guardar mi boca y honrarte con mis palabras.

Notas: _____

_____

_____

Por sobre todas las cosas cuida tu corazón,
porque de él mana la vida.
Proverbios 4:23

Semana de pacto con Dios:
El corazón

El corazón es el órgano más importante del cuerpo. Diría que es el motor para que tú y yo estemos vivos. Bombea sangre todo el día y trabaja de manera incansable. Aunque tiene sus funciones bien establecidas, a veces falla.

Antiguamente decía, al igual que muchos: «Hagamos lo que diga el corazón». Esto era como dejarse llevar por lo que dictara el corazón y vivir lo que nos ofreciera el mundo. Entonces, cuando empecé a conocer más de cerca al Señor y a leer su Palabra, descubrí que era todo lo contrario: No debo tomar decisiones porque lo dicte mi corazón y que no hay nada más engañoso que nuestro propio corazón. Dios quiere que busquemos sabiduría, pero no en sí del corazón, donde se mueven todas las emociones.

En varias ocasiones, el Manual de Instrucciones habla de no dejarse corromper, de no contaminarse, porque del corazón salen los malos pensamientos, los adulterios, las fornicaciones, los homicidios, solo por mencionar algunas cosas.

Por eso hoy es otra oportunidad para decirle a Dios que queremos cuidar nuestro corazón y deseamos hacer su voluntad.

Notas: _____

_____

La lengua es un miembro muy pequeño del cuerpo,
pero hace alarde de grandes hazañas.
¡Imagínense qué gran bosque se incendia con tan pequeña chispa!
Santiago 3:5

Semana de pacto con Dios:
La lengua

Dicen los que saben que la lengua es uno de los órganos más pequeños del cuerpo. Con la lengua también se hace referencia al sistema de comunicación o idioma de una comunidad. Este órgano posee las glándulas gustativas que nos ayudan a disfrutar los alimentos. Sin embargo, la lengua también se menciona en la Biblia como una advertencia que nos ha dejado Dios para que la usemos bien, ya que puede causar mucho daño, como es en el caso de la murmuración. Dios califica la murmuración o chisme como pecado.

Con la lengua se puede destruir a una persona. Menos mal que solo nos dio una lengua. ¿Te imaginas si tuviéramos más?

Hoy, al igual que toda esta semana, estamos viendo cómo cada uno de estos miembros de nuestro cuerpo se creó con un propósito divino, pero que a veces los hombres les hemos dado un mal uso. Del mismo modo que en los demás devocionales, aclaro que no todos usan mal la lengua. Hay otras personas que bendicen con sus palabras y no se prestan para hablar ni hacerles daño a los demás.

Señor, hoy me comprometo a guardar mi lengua y a honrarte con ella.

Notas: _____

_____

La fe viene como resultado de oír el mensaje,
y el mensaje que se oye es la palabra de Cristo.
Romanos 10:17

Semana de pacto con Dios:
Mis oídos

El oído es el órgano de la audición que nos permite percibir los sonidos.

Mientras analizamos en esta semana todos nuestros órganos, vemos que nuestros sentidos se crearon a la perfección. En lo personal, le he dado gracias a Dios por todos mis sentidos y, en especial, porque todos me funcionan. Esa es una bendición.

Sin embargo, no nos quedamos solo en las definiciones, sino que hemos hecho un paralelo con la parte espiritual. Así que, ahora, debemos pedirle a Dios que también nos guarde por completo los oídos.

¿Qué estamos escuchando? ¿Qué permitimos que llegue a nuestra mente? ¿Qué tipo de música elegimos? ¿La música que nos deprime o nos pone melancólicos? ¿O escuchamos música que nos edifica y reconforta nuestro espíritu? ¿Prestamos nuestros oídos para el chisme o prestamos los oídos para escuchar cosas que desagradan a Dios?

Hoy te recuerdo que el Señor también hace referencia a los que escuchemos.

Por ejemplo, dice que la fe viene por el oír la palabra de Dios.

En cuanto a esto, quiero enfatizarles algo a las mujeres, sobre todo las que están solas, que no presten sus oídos a hombres que solo quieren endulzar con palabras y que, si no estás bien fuerte en Dios, te pueden hacer flaquear. A las mujeres se les conquista por el oído.

Señor, hoy me comprometo a guardar mis oídos y honrarte a ti.

Notas: _____

_____

_____

Día 193

Te bendeciré mientras viva,
y alzando mis manos te invocaré.
Salmo 63:4

Semana de pacto con Dios:
Las manos

Sin duda, Dios creó las manos a la perfección. Sus funciones son específicas como tomar y sostener objetos. Junto con los dedos, son utensilios para comer. Con las manos también se expresan saludos, aunque no todos los hacemos como es debido. A veces hacemos señales que no son las más decentes. ¡Huy! *Ja, ja, ja.*

Para las personas que no pueden hablar, las manos son un tremendo instrumento para hablar con señales. Sirve como instrumento de medida y herramienta de trabajo. Piensa por un momento todo lo que hacemos con nuestras manos para trabajar, jugar y hacer deportes. En fin, podríamos seguir trayendo a nuestra mente infinidad de cosas.

Sin embargo, las manos mal usadas entristecen a Dios. Con ellas muchas personas roban y toman un arma para herir a otros o matar.

Con las manos se maltratan miles y miles de niños, de hombres y mujeres.

Sé que muchas personas que hoy leen este libro tienen sus manitos enfermas o les falta partes de las manos por accidentes o por nacimiento. Aun así, no se quejan y hacen lo que pueden para salir adelante.

Señor, hoy me comprometo a guardar mis manos y honrarte a ti.

Notas:

Guárdame como a la niña de tus ojos;
escóndeme bajo la sombra de tus alas.
Salmo 17:8, RV-60

Oración por los compromisos con Dios

Dios mío, esta semana ha sido una semana de pacto contigo. A través de estas pequeñas enseñanzas he comprendido que no solo debo cuidar mi vida, sino también debo guardar todo mi ser.

Gracias, Señor, porque quiero hacer el compromiso de guardarme por completo a ti. Ayúdame a estar limpio en lo que escucho, en lo que veo, en lo que toco, en lo que hablo.

Conviérteme en una persona de carácter y dame tanto el querer como el hacer. No te quiero fallar jamás.

Padre, entrego este día en tus manos y te declaro el Rey de mi vida y el Rey de mi corazón.

Amén y amén.

Notas: _____

_____

_____

Soy yo mismo el que los consuela. ¿Quién eres tú, que temes a los hombres, a simples mortales, que no son más que hierba?
Isaías 51:12

De día en día

A veces nos pasa que hemos tenido un fin de semana bien activos con Dios. Hemos tratado de estar en comunicación con Él y hacer su voluntad. Entonces, ¡sorpresa! Llega un nuevo día, una nueva semana, y con ellos las luchas y los problemas. Así que dices: «Dios mío, ¿hasta cuándo? Dios mío, ayúdame, no puedo más».

Para esos momentos es que viene este recordatorio de vivir de día en día. No te llenes la cabeza pensando en lo que fue y ya no es... vive el presente, tu presente, y procura vivir el hoy. De ese modo, cuando llegue la preocupación, tendrás cabeza para pensar y evitarás tomar una decisión equivocada.

Recuerda que aunque la situación que atraviesas hoy sea más difícil que tus fuerzas, Dios está allí presente en tus noches de angustia. Te da la compañía cuando te sientes solo. Incluso, a veces permite esta breve preocupación para que le busques de manera exclusiva a Él. No quiere que tu enfoque sea carnal, sino espiritual.

Hoy es una excelente oportunidad para rendirle tu problema al número uno en la solución de las crisis. Su nombre es «Jesús».

Notas: _____

_____

_____

El amor debe ser sincero.
Aborrezcan el mal; aférrense al bien.
Romanos 12:9

¿Qué pasa con el amor?

A veces hay que preguntarse qué pasa con el amor y si es una farsa. Es posible que digas: «Bueno, ¿y qué le pasó a Claudia? ¿Por qué habla así del amor?».

Mientras escribía este libro, me entero que una persona que decidió dar un cambio en su vida aceptando a Jesús y dándose ella misma una oportunidad, se casó por tercera vez y a los cuatro meses su pareja le pegó. ¿Te parece conocida esta historia? Claro que debe parecerte conocida. Es el pan nuestro de cada día. Lo digo con mucha tristeza, pues las parejas se casan muy enamoradas y, en cuanto se acaba la luna de miel, hay abusos.

La pregunta que me viene a la mente es esta: ¿Estamos teniendo a Dios en cuenta en nuestras decisiones, sobre todo en preguntarle si es la persona idónea? Me refiero en este caso a Mirka Dellanos, la periodista de Univisión que ha sufrido tantas desilusiones en el amor. Hace un tiempo, decide hacer un giro en su vida y tiene un encuentro personal con Jesús. Empieza a asistir a una iglesia y comienza a testificar de hacer la voluntad de Dios. Poco después se casa de manera sorpresiva y al mes y medio el hombre estuvo en la cárcel por abuso doméstico y con restricción para no acercársele.

¿Dime si no parece una historia de novela? Sin embargo, no es así. Eso es lo que está pasando en los hogares cristianos. El enemigo no quiere parejas felices. Quiere robar el matrimonio, matar el amor y destruir la felicidad y la esperanza.

¿Con quién te vas a casar? Por favor, CONSÚLTALO con el Señor.

Notas: _____

_____

*Los leoncillos se debilitan y tienen hambre,
pero a los que buscan al SEÑOR nada les falta.*
Salmo 34:10

Conoce a tu pareja

El Señor me está inquietando en gran medida con esto del matrimonio. Aunque esté casada, sé que muchas personas están pasando crisis matrimoniales muy fuertes.

He visto que no solo las parejas se casan en la adolescencia sin saber lo que quieren para el futuro, sino que muchos otros se casan por cubrir un error llamado «embarazo». Así que no hay tiempo de conocer a fondo a las parejas que, en vez de ser parejas, son «disparejas». No hay tiempo para conocer comportamientos durante el noviazgo, y si ven reacciones violentas, no las tienen en cuenta en el momento de tomar la decisión de casarse.

Cuando te casas pensando que todo va a hacer color de rosa, que no es verdad porque también la convivencia tiene sus ajustes, súmale a esto personas que después de casadas muestran reacciones violentas, celos enfermizos y cambios bruscos de ánimo. ¡Es muy preocupante!

Hoy te invito a que, si estás soltero, disfrutes de tu soltería. No entres en el afán absurdo de casarte por casarte y no esperar la persona adecuada en el tiempo de Dios. No obstante, si estás en la época de noviazgo y consideras la posibilidad de casarte, ora para que sea Dios el que te dé luz verde. En el caso de que seas casado, como yo, necesitamos consagrarnos a Dios guardando el matrimonio en oración constante, de modo que cada obstáculo que se levante lo superemos con su favor.

No entreguemos al enemigo nuestros hogares, sino defendámoslo, a fin de que Dios sea el centro de la relación y nuestro Consejero.

Notas: _____

_____

_____

*Dios es fiel, y [...] él les dará también
una salida a fin de que puedan resistir.*
1 Corintios 10:13

Todo falla... ¡Dios no!

Cada cierto tiempo, es común escuchar que hubo una falsa alarma en algún lugar. Esto indica que de seguro algo no andaba bien. Cuando la alarma se dispara en nuestro negocio o en nuestra casa, nos ponemos súper alertas. Ahora bien, ¿te imaginas cuando fallan las alarmas de un aeropuerto causando confusión y dejando a más de doce aviones en tierra por horas hasta recibir una orden oficial para seguir indicaciones? Eso fue lo que pasó en un aeropuerto de Estados Unidos. Gracias a Dios solo fue una falsa alarma.

Te puedo decir que a menudo Dios es una alarma en nuestra vida. Una alarma que no falla, ni se equivoca. Cuando nos da una señal de alerta, es porque hay peligro cerca. Lo lamentable es que a veces no escuchamos, y cuando nos damos cuenta, es demasiado tarde y viene el golpe.

Recuerda que Dios no quiere que tú y yo tropecemos, sino que seamos felices. Sin embargo, debemos reconocer que en muchas ocasiones nos gusta hacer lo que nos parece y no disgusta hacer lo que nos indica Dios.

Así que te recuerdo una vez más que todo falla, pero Dios no. Las alarmas de Dios para nuestra vida nos pueden evitar catástrofes que nos dolerán toda la vida.

Notas: _____

_____

_____

En tus manos encomiendo mi espíritu;
líbrame, SEÑOR, Dios de la verdad.
Salmo 31:5

Oración por evitar las malas decisiones

Padre nuestro que estás en el cielo, ¡santificado sea tu nombre! Señor, hoy venimos delante de ti porque reconocemos que muchas veces somos culpables de nuestro propio destino. Tomamos decisiones equivocadas y ahora quizá estemos pagando las consecuencias.

Dios mío, sé que muchas veces me has puesto alarmas para que no haga cosas que sabes que me causarán dolor y yo no te he tenido en cuenta.

Te pido perdón y te suplico me des la oportunidad de evitar tomar malas decisiones. Hoy te prometo que te tendré presente en todo lo que haga para que me vaya bien. Gracias, mi Dios.

Entregamos el resto de este día en tus manos. Guárdanos de todo mal y peligro. Te lo pedimos en el nombre de Jesús, amén y amén.

Notas:

Busquen al Señor mientras se deje encontrar,
llámenlo mientras esté cercano.
Isaías 55:6

En familia

Es importante entender el valor que Dios le da a la familia. ¿Has pensado en cuántos sábados o fines de semana no has estado en casa? ¿Desde cuándo no complaces a tu familia con ir a algún parque o un restaurante? Debes saber que tu primera obligación es, y será siempre, tu familia. Dios instituyó la familia para que estuviéramos acompañados y para que pasáramos tiempo juntos.

Quizá sea la mañana de este sábado y te das cuenta que te identificas con mis palabras. A lo mejor ya tienes planeado el día con tus amigos y no has tenido en cuenta a tus hijos ni a tu pareja. Estás en tiempo de cambiar los planes y aprovechar la familia que te entregó Dios.

En caso de que al mirar a tu alrededor estés solo porque no tengas familia, tal vez digas: «Pero bueno, ¿y yo qué hago?». Quiero que sepas que Dios está contigo. Él es tu Padre, tu Amigo, tu Consejero.

Aprovecha esta oportunidad de tener un momento a solas con Dios. Reflexiona en las bendiciones que te ha dado Él y entonces dedica este día para ti. ¿Qué tal si vas a la playa, visitas un amigo, sales a caminar o haces lo que más te gusta?

Dale gracias a Dios por tu familia dondequiera que esté.

Notas: _____

_____

Acerquémonos confiadamente al trono de la gracia para recibir
misericordia y hallar la gracia que nos ayude
en el momento que más la necesitemos.
Hebreos 4:16

Una relación con Él

Muchas veces hemos escuchado hablar acerca de relacionarnos con Dios. Por eso, en varias ocasiones me surgió esta pregunta: «¿Cómo me puedo relacionar con Dios?». Entonces aprendí varias cositas que te quiero confiar. No soy pastora ni poseo ningún título religioso, pero tengo años de experiencias maravillosas con Dios.

La relación con Dios es algo entre Él y la persona. Nadie más cabe ahí: Tú y Dios. Es personal, es privado, es íntimo. En una relación nos conocemos porque pasamos tiempos juntos. De ahí que, para que una relación crezca y se afiance, le haga falta tiempo de calidad. Como necesitamos tiempo para hablar con Dios, saca de tu mente que es absurdo hablar con alguien que no ves, pues aunque no lo veas, está ahí escuchándote. Cuando te relacionas con Dios, comprendes sus maravillas y comprendes cuántos sacrificios hizo por ti. Eso te dará un amor tan profundo que sentirás respeto y temor para hacer su voluntad. Además, terminarás rindiendo tu vida en sus caminos.

La relación con Dios te da seguridad. Te da también la garantía de ser feliz y esperar de manera confiada sus bendiciones.

Aférrate a Él, no es una religión, sino una relación personal. ¡No te arrepentirás!

Notas: _____

_____

Bueno es el Señor; es refugio en el día de la angustia,
y protector de los que en él confían.
Nahúm 1:7

Testimonio

Dios mío, esta vida cada vez está más difícil. Solo podemos sentir seguridad a tu lado.

Solo los que hemos experimentado tu favor podemos dar fe de esa protección que nos das, por muy complicadas que estén las cosas. Señor, fortaleza mía, castillo mío.

Guárdame en tus manos y muestra el camino que debo seguir.

Dame sabiduría y guíame para llevar a mi familia por el buen camino.

No permitas, mi Dios, que tome malas decisiones y protégeme de todo mal y peligro.

En el nombre de Jesús, amén y amén.

Notas: _____

_____

Es mejor refugiarse en el Señor
que confiar en el hombre.
Salmo 118:8

No dependas del hombre

¿Te has dado cuenta de las muchas veces que en tu vida te has puesto en la posición de «depender» de alguien? Quizá en tu trabajo dependas de alguien. Es obvio que no me refiero a que no respetes a los que están en autoridad. Claro que hay que respetarlos. De lo que hablo es de que tu vida gire en torno a esa persona, que des por sentado que nunca te va a fallar y que confíes más en ella que en Dios, por ejemplo. ¿Sabes que pasa con eso? Lo que pasa es que cuando te falla esa persona que es tan humana como tú, la desilusión es grande y tu dependencia se va al piso.

Para que no sufras es mejor que no dependas de nadie. Así que aprende a depender de manera exclusiva de Dios. Quizá te preguntes: «¿Y cómo lo logro?».

Primero, pídele perdón a Dios en oración por no haberlo puesto a Él ante todo en tu vida. Segundo, pídele que te ayude a fin de que puedas ponerlo en práctica. Tercero, solo dale la oportunidad a Dios que te sorprenda. Él, que es amor, te demostrará con muchos detalles que se preocupa por tu bienestar. Por último, lee la Palabra. Allí encontrarás muchas promesas que, cuando las analices, serás capaz de ver que Él sí ha estado dispuesto a bendecirte.

Notas: _____

_____

¡Este Dios es nuestro Dios eterno!
¡Él nos guiará para siempre!
Salmo 48:14

Oración por dependencia de Dios

Mi Jesús, quiero en este día reconocer que he estado dependiendo de las personas sin tenerte en cuenta a ti. Por error he puesto mi dependencia en otros y no te he dado tu lugar. Quiero aprender a depender de ti únicamente, sabiendo que me amas, que eres fiel y que nunca cambias.

Gracias por las promesas que has dejado en la Biblia para mí. Ayúdame a creerlas y tomarlas para mí.

Señor, me comprometo a depender de ti y honrarte el resto de mis días.

Amén y amén.

Notas: _____

_____

_____

*Aparta de mí el camino de la mentira,
y en tu misericordia concédeme tu ley.*
Salmo 119:29, RV-60

La mentira

El tema de la mentira tiene mucha tela por donde cortar. Todos hemos mentido y seguiremos mintiendo. El que niegue esto ya está mintiendo.

La *mentira* puede tomar tanta fuerza en una persona que se considera una enfermedad. Se le llama «mitomanía», que es la forma incontrolada de mentir, donde el mitómano hace de la mentira su modus vivendi. Las personas mienten sin medir los alcances de la mentira. En realidad, es terrible.

El Manual de Instrucciones reprende con fuerza la mentira y dice que Dios la aborrece. Eso lo encontramos en Proverbios 12:22 «El SEÑOR aborrece a los de labios mentirosos, pero se complace en los que actúan con lealtad». También la Biblia dice que el padre de mentiras es Satanás y tú debes saber que es precisamente el diablo el que nos induce a la mentira.

Tú y yo, como hijos de Dios, debemos evitar la mentira. Además, recuerda que para Dios todas las mentiras son iguales, incluso las que llamamos blancas, porque mentir es un pecado ante sus ojos. ¡Vaya! ¡Qué tremendo! Esto es algo a lo que estamos expuestos todos los días de la vida. Por ejemplo, nos llama alguien y mandamos a decir que no estamos en casa.

Establezcamos hoy la conciencia de que mentir nos aleja de la comunión con Dios. Recordemos también que si somos mentirosos, eso es lo que estamos sembrando y, por supuesto, lo cosecharemos también.

Notas: _____

_____

Ahora que se han purificado obedeciendo a la verdad
y tienen un amor sincero por sus hermanos,
ámense de todo corazón los unos a los otros.
1 Pedro 1:22

La intriga

La *intriga* es una acción que se ejecuta con astucia y de manera oculta para conseguir un fin. A veces es una necesidad de conocer algo que está velado para nosotros. Por eso, se puede usar de manera positiva cuando sentimos que algo es bueno y nos interesa investigar o ir más allá de lo que sabemos.

La intriga también se puede usar mal cuando tenemos en nuestro corazón ese deseo erróneo de causar duda, incertidumbre, sembrar cizaña o dejar pensando a los demás en algo determinado.

Tú y yo podemos levantar intrigas contra alguien y sencillamente destruir su imagen o testimonio. ¡Tengamos mucho cuidado de cómo expresamos los que pensamos! Recuerda que no todo lo que pienses de alguien es real. Nosotros podemos tener un concepto muy equivocado de alguien, y si no nos damos la oportunidad de conocerle mejor, podremos juzgar e inclusive levantar falsos testimonios y mentir.

Ya aprendimos ayer lo dañina que es la mentira y lo que Dios piensa al respecto. Cada vez que pensemos algo malo de una persona, no la juzguemos y siempre démonos la oportunidad de conocerle.

Es normal que todo el mundo no te caiga bien, como tú tampoco le caerás bien a todo el resto de la gente. A pesar de eso, debemos distinguirnos como hijos de Dios y tener misericordia y amor por el prójimo.

Notas: _____

_____

_____

Si vosotros no perdonáis, tampoco
vuestro Padre que está en los cielos
os perdonará vuestras ofensas.
Marcos 11:26, RV-60

El odio

El *odio* es un sentimiento muy negativo. Se manifiesta en una profunda antipatía, disgusto, aversión, enemistad o repulsión hacia una persona, cosa, situación o fenómeno, por lo que se desea evitar, limitar o destruir lo que se odia.

El odio proviene exactamente de la misma fuente que el amor y forma parte de la humanidad. El odio es destructivo y autodestructivo. Es como un veneno que se riega y contamina y crea raíces de amargura. Además, te aleja por completo de Dios, ya que Él es amor.

No es bueno si tienes este tipo de sentimientos porque terminarás mal a la larga. Recuerda también que por odio muchas personas han cometido las peores locuras y han hecho terribles decisiones entre intentos de asesinatos y venganzas. Lo que es más triste, hay personas que su propio odio los alcanza y se eliminan a sí mismas. Si hoy te has identificado con el odio, es tiempo de decirle a Dios lo siguiente: «No quiero odiar más y deseo sanar mi corazón. Así que te ruego que me limpies y me purifiques. Permite que hoy mismo pueda liberarme, perdonar y sacar todo lo que me hace daño».

Notas: _____

_____

_____

Sean bondadosos y compasivos unos con otros,
y perdónense mutuamente,
así como Dios los perdonó a ustedes en Cristo.
Efesios 4:32

El rencor

El *rencor* es ese resentimiento que echa raíces en nuestro ser y que se manifiesta de manera tenaz contra alguien por alguna razón.

No pretendo decirte que no sea normal que sientas rencor cuando te han herido, te han maltratado y te han rechazado. En estos casos, es muy común que se despierte este sentimiento hacia la vida y hacia los demás.

Mi llamado es a que salgas de allí. Es decirte que ser una persona rencorosa no te lleva a ninguna parte porque nunca te vas a sentir libre para ser feliz.

Además, el rencor no te permite crecer como persona, pues siempre vas a sentir que algo no te deja avanzar.

Piensa que no hay nadie perfecto y que tú también podrías fallar en algún momento. Entonces, ¿cómo te sentirías si esa persona no te perdonara y te las cobrara por el resto de la vida?

Ah, y si vas a olvidar, es olvidar. Nada de decir «perdono, pero no olvido».

Vivamos el mejor ejemplo de todos, el de Jesús, quien perdona nuestras faltas y nunca más vuelve acordarse de ellas.

¡Anímate! Hazlo por tu bienestar espiritual.

Notas: _____

_____

_____

Refrena tu enojo, abandona la ira;
no te irrites, pues esto conduce al mal.
Salmo 37:8

Oración por sentimientos destructivos

Jesús, este día me presento delante de ti reconociendo que me cambies, Señor. He visto cómo estos sentimientos que he venido experimentando me han estado robando la calma, la paz y me han alejado de ti.

Señor, hoy te entrego la mentira, la intriga, el odio, el rencor y cualquier otro comportamiento que te estén desagradando. Sé que llevar esto conmigo me está destruyendo y no puedo más.

Por eso, mi Dios, te necesito. Sin ti es imposible cambiar. Solo tú puedes poner en mí ese deseo de cambiar. Ayúdame, Señor, a ser firme y comenzar una nueva vida sin mentiras, sin odios y sin rencores.

Te amo, Dios mío, y te necesito. Gracias por escucharme y por darme la oportunidad de cambiar. Amén y amén.

Notas: _____

_____

Susténtame conforme a tu palabra, y viviré;
y no quede yo avergonzado de mi esperanza.
Salmo 119:116, RV-60

Nuevas oportunidades

En el transcurso de este libro hemos comprobado por los testimonios y los pasajes bíblicos que nuestro Padre es un Dios de oportunidades. A veces la gente nos frustra nuestros sueños. Incluso, los padres por error cortamos las alas de nuestros hijos. Muchos líderes también cortan los anhelos de sus discípulos y, en otros casos, hasta los cónyuges arruinan la vida de sus parejas. Sin embargo, la buena noticia es que no todo está perdido. Por el contrario, Dios nos está llamando a brindarnos más oportunidades con nuevo retos. Claro está, todo dependerá de nosotros si estamos alertas a los cambios que Él quiere en la vida de sus hijos.

Aunque pensemos que es imposible salir adelante, debemos tener presente que Dios está siempre dispuesto a darnos la salida. Nunca nos dejará solos y nos pondrá nuevos anhelos. El secreto es confiar en Él.

Pídele a Dios que resucite esos sueños que ya habías enterrado y empieza a visualizarte alcanzado esos logros. Ubícate en el futuro, mírate renovado y trabaja hacia ese blanco con la seguridad que alcanzarás tu meta. No importa la edad que tengas. Aunque para otros sea absurdo, recuerda que Dios es el que tiene la última palabra. Por lo tanto, Él es el que decide cuándo, cómo y dónde cumple ese anhelo de tu corazón.

Notas: _____

_____

¡Levántate y resplandece, que tu luz ha llegado!
¡La gloria del SEÑOR brilla sobre ti!
Isaías 60:1

Deja de llorar

No podemos llorar toda la vida por una pérdida. Ya escuchaste que debemos vivir el luto y que el dolor es normal cuando hemos tenido una adversidad. Aun así, ten presente que ese dolor puede desaparecer con la ayuda de Dios.

Hoy les hablo a los que después de cierto tiempo aún siguen llorando esa pérdida, pues es tiempo de que digan: «¡Me levantaré y resplandeceré!».

Al igual que la Palabra nos recuerda que hay tiempo de sembrar y tiempo de recoger lo sembrado, también nos dice en Eclesiastés que hay «un tiempo para llorar, y un tiempo para reír» (3:4).

No se trata de que olvides que murió tu hijo, que te abandonó tu cónyuge, ni que le fallaste a Dios. Nunca se nos olvida, pero Dios en su infinito amor nos restaura de tal manera que nos quita el dolor y nos sana cada herida.

Por eso no te puedes quedar llorando. Tus lágrimas no cambiarán lo sucedido. Y el hecho de que dejaras de llorar por tu fracaso no significa que ya no te importe. Todo lo contrario, se debe aprender del dolor.

No obstante, si sigues llorando, no te recuperarás. ¡Dale la oportunidad a Dios de recuperarte!

Notas: _____

_____

Convertiré su duelo en gozo, y los consolaré;
transformaré su dolor en alegría.
Jeremías 31:13

Fortalécete en Dios

Siempre que pasamos una crisis, la verdad es que casi nunca sabemos cómo vamos a salir de esa situación, ni cómo vamos a quedar. Me imagino que muchos de ustedes han pasado pruebas de toda clase y tan fuertes que creyeron que era el final.

Cuando sufrimos un divorcio, una enfermedad, una pérdida, una dificultad financiera o una desilusión amorosa, salimos extenuados, ya que la situación que vivíamos nos drenó de manera física, moral y espiritual. Quedamos cansados y con ganas de unas verdaderas vacaciones. Sin duda, la prueba te devuelve golpeado, pero no derrotado.

¿Por qué es importante saber que nos podemos sentir de esta manera después de pasar situaciones tan duras? Porque somos conscientes de nuestra humanidad y que aunque luchemos con nuestras fuerzas, la sanidad verdadera solo la obtendremos en Dios. Al igual que el cuerpo necesita fortalecerse para una total recuperación después de una enfermedad, también nosotros debemos fortalecernos en el Señor para tener la verdadera recuperación. La fortaleza en Dios la encontramos en el gozo, en la fe, en la esperanza y en la búsqueda incansable de su Palabra y su presencia.

No dejes de orar, no dejes de leer el Manual de Instrucciones y no dejes de congregarte.

Notas: _____

_____

*Pero fiel es el Señor, que os afirmará
y guardará del mal.*
2 Tesalonicenses 3:3, RV-60

Mi Capitán

Quizá te parezca extraño que todo lo que lo que lo que diga en este libro lo lleve siempre a mi experiencia con Dios. Si te incomoda, perdóname, pero no pudiera dejar nunca más de testificar lo es que es vivir y rendir mi vida por entero a Dios.

En lo personal, he vivido las dos cosas: He estado con el Capitán a bordo y también he vivido sin Capitán. Incluso, me he ido a la deriva. Les confieso que el viaje ha sido largo y fuerte. Cuando estás a la deriva, no sabes para dónde vas, ni los peligros a los que estás expuesto. Estar sin control es arriesgarse a chocar, a perderse o, lo que es peor, a naufragar. Los golpes en mi vida han sido muchos y he regresado lastimada y herida. A decir verdad, no vale la pena.

No hay nada más hermoso que entregar ese barco al Capitán que es Dios y descansar sabiendo que Él tiene todo el control, los recursos y los planes perfectos para nosotros.

Por eso te sugiero que rindas tu vida a Dios. Esto incluye trabajo, hogar y los hijos, a fin de que Él sea el que guíe tu vida y salgas victorioso en todo lo que emprendas.

Notas: _____

_____

_____

Hijo mío, si haces tuyas mis palabras [...]
entonces comprenderás el temor del SEÑOR
y hallarás el conocimiento de Dios.
Proverbios 2:1, 5

Con sentimentalismos no hay milagros

¿Cómo movemos el corazón de Dios? Es posible que te estés preguntando: «¿De qué manera logro que Dios me dé lo que le pido? ¿Qué sacrificio debo hacer para que Él se conmueva? ¿Debo ayunar por conveniencia?».

Estas son algunas de las maneras más comunes con las que tratamos de mover el corazón de Dios a nuestro favor. Quiero aclarar que no todo el mundo es igual. Hay personas que lo del ayuno lo hacen como Dios manda y es muy poderoso. Sin embargo, es lamentable que se nos olvide que Dios es Dios. Él conoce nuestros intereses e intensiones y no nos va a dar nada por interés. Entonces, ¿por qué tratamos de manipularlo?

Nosotras las mujeres somos muy sensibles y sentimentales, pero les tengo una noticia que quizá ya hayas escuchado: Nuestras lágrimas no mueven el corazón de Dios y tu llanto no va a hacer que las cosas cambien a tu favor.

Dios quiere personas de fe. Quiere personas comprometidas con Él que le busquen en espíritu y en verdad. Lo que en realidad mueve a Dios es nuestra obediencia.

Notas: _____

_____

Pero tenemos este tesoro en vasos de barro,
para que la excelencia del poder sea de Dios,
y no de nosotros.
2 Corintios 4:7, RV-60

La unción

Cuando uno llega a los caminos de Dios, empieza a escuchar ciertas palabras que no conocemos y que a menudo repetimos, sin tener idea.

¿Qué es la unción? No es importante solo conocer el significado de la palabra como tal, sino también el modo de manifestarse en nuestras vidas.

La unción, según la describe la misma Biblia, es Dios haciendo cosas en la gente que solo Él puede hacer y que lo lleva a cabo por medio de nosotros, pero con su poder. A menudo vemos pastores y líderes que hacen cosas que solo son posibles con el poder de Dios y ahí es cuando decimos: «Esa persona tiene unción». El significado en la Biblia de la unción es «derramar, esparcir sobre algo». Mediante la unción Dios consagra al ungido para una función en particular dentro de sus propósitos y lo capacita para el servicio. Por lo tanto, Dios es el que prepara a esas personas.

Mi consejo es que no cuestiones cuando veas personas haciendo cosas que te sorprenden porque es Dios en ellas. Ahora bien, no todo el mundo tiene el poder para hacerlo. Hay muchas iglesias en las que se manipula a la gente y no hay ninguna unción, sino un montaje. Sé que es duro, pero es la verdad. Muchas iglesias usan el nombre de Dios para hacer cosas que Él no aprueba o que sencillamente no son su voluntad. Por ejemplo, una rosa, un manto o ciertos rituales que se apartan de la cobertura de nuestro Dios. Ten mucho cuidado con la iglesia que escoges y con lo que sucede allí dando por sentado que se hace en el nombre de Dios.

Notas: _____

_____

_____

*No se amolden al mundo actual, sino sean transformados
mediante la renovación de su mente.*

Romanos 12:2

El cambio

L a unción no cambia, lo que en verdad nos cambia es cuando renovamos nuestro carácter en Cristo. Es posible que alguien tenga un tremendo poder y ore por ti. Con todo, si no le entregas tu vida a Dios, no hay cambio, y si no hay cambio, no hay el verdadero carácter de Cristo.

Todos estamos en esa lucha, pues queremos dejar de fallarle a Dios y deseamos cambios radicales en nosotros. El cambio viene de adentro hacia fuera, ya que a Él le interesa transformarnos aunque a veces nos resulte doloroso.

Dios quiere que tengamos una nueva vida, pero antes debemos morir a lo que somos. Así que hay que morir para vivir. Puedo dar fe de que el cambio no viene todo en un abrir y cerrar de ojos. Sin duda, es un cambio hermoso el que Dios pone con su carácter, pues de repente lo que me gustaba hacer ya no me siento cómoda haciéndolo o por lo menos voy a pensarlo por la consecuencia.

El cambio es el mejor regalo que nos puede dar Dios. Nos da tantos beneficios que muchas veces me he dicho: «¿Por qué no te conocí antes, Señor? ¡De cuántas cosas me hubiera librado!». Si hubiera tenido antes a Dios, mis hijas no hubieran pasado por las muchas cosas a las que las expuse.

Entrega tu vida y cambia... es el mejor regalo para ti, después de la salvación.

Notas: _____

_____

_____

Crea en mí, oh Dios, un corazón limpio,
y renueva un espíritu recto dentro de mí.
Salmo 51:10, RV-60

Oración por cambios radicales

Señor, ¡cuántas veces te he prometido cambiar y cuántas veces te he fallado!

Dios mío, estoy arrepentido por no tomar decisiones radicales en mi vida. Sé que soy débil, y aunque hago el esfuerzo por cambiar, termino haciendo lo que no quiero.

Reconozco que tú estás interesado en transformar mi vida porque tienes grandes cosas para mí. Jesús, ayúdame a cambiar y a entender tus propósitos en mi vida. Quiero ser un ejemplo para mi familia y dar testimonio de que eres un Padre bueno.

Señor, entrego en este día todas las cosas de mi vida que te entristecen y dispongo mi alma y mi corazón para un cambio radical.

En el nombre de Jesús oramos, amén y amén.

Notas: _____

_____

_____

Padres, no exasperen a sus hijos,
no sea que se desanimen.
Colosenses 3:21

La obediencia a los padres

Este día quiero honrar a los padres que hacen una buena labor enseñando, educando e interviniendo en la vida de sus hijos.

La relación con nuestros hijos no siempre es fácil. Pasan diferentes etapas en sus vidas en las que es casi imposible penetrar.

Dios quiere que tú y yo vivamos el modelo que Él estableció como Padre.

La violencia y la agresión no nos llevarán a nada bueno con ellos.

Lo que siempre escuchamos es verdad: La violencia trae más violencia.

Necesitamos tener una magnifica relación con Dios y pedirle que nos ayude en esta difícil tarea de ser padres. Aunque ya lo he dicho en otros devocionales, en el Manual de Instrucciones encontramos la manera adecuada para educar a nuestros muchachos.

Sin embargo, recuerda que nuestro ejemplo, lo que ven y lo que aprendan será lo que guarden como un estilo de vida.

Empieza por respetarlos, diles cuánto los amas y lo especiales que son para ti.

No los compares con otro hijo o hijo de algún amigo.

Siempre reafírmales su corazón.

Notas: _____

_____

_____

Día 219

Lunes

Hijo mío, escucha las correcciones de tu padre y no abandones las enseñanzas de tu madre. Adornarán tu cabeza como una diadema.
Proverbios 1:8-9

Hijos abusivos

Hace unos días me contaron de un hecho que uno pensaría que es increíble.

Hijos que maltratan a sus padres e hijas que le pegan a su mamá. Un abuso que puede ser más común de lo que creemos. En este caso, madre e hija se congregan en la iglesia y aparentan tener una vida normal. Sin embargo, la gran realidad es que la hija, que es una mujer hecha y derecha, le pega a su mamá.

Lo más triste de esta situación es que la mamá le tiene miedo a su hija y nunca se ha atrevido a denunciarla ni a hablar del problema en la iglesia. ¿Cómo es posible que suceda algo así? Lo que estas personas están sembrando es destrucción, fracaso y un juicio de Dios sobre sus vidas.

Sé que a veces los papás somos exigentes, pero nada les da el derecho a los hijos de maltratarlos. Dios diseñó a los padres con suficiente carácter para disciplinar y con mucho amor. Es más, hagan lo que hagan los hijos, el corazón de padre no va a cambiar. Esto no quiere decir que tú los maltrates con palabras groseras, mucho menos que les pongas una mano encima.

Padres, si están viviendo una situación así con sus hijos, deben buscar ayuda de inmediato.

Notas: _____

_____

_____

MArtes

Yo soy el que por amor a mí mismo borra tus transgresiones
y no se acuerda más de tus pecados.
Isaías 43:25

Día del perdón

Esta semana hemos aprendido acerca de cómo debemos honrar a nuestros padres. También hemos reflexionado que no podemos permitir que el abuso de hijos a padres se siga desarrollando como una terrible enfermedad.

Por eso hoy es una oportunidad de arrepentimiento. Es el momento de ponernos a cuentas con Dios y cortar esa terrible maldición para la vida.

Tú quieres ser próspero, deseas tener éxito y la bendición de una larga vida, así que debes respetar y honrar a tus padres.

Hoy Dios te está llamando a que busques a tus padres, les pidas perdón y les digas que estás arrepentido.

Comienza una nueva relación con ellos donde Dios pueda reinar y restaurar todas esas heridas.

Notas: _____

_____

*El Señor [...] restaura a los abatidos
y cubre con vendas sus heridas.*
Salmo 147:2-3

La recuperación por una pérdida

Hace unos meses llegó la triste noticia de la pérdida de la bebita de la cantante Shanna en un embarazo ya avanzado. ¡Cómo entristecen esas noticias! Nadie lo puede experimentar más que la madre que lo sintió en su vientre y tuvo la esperanza de recibirle. Me sorprendió mucho y admiré el valor con el que nuestra Shanna recibió esta prueba. Desde el hospital en que se recuperaba, declaró: «Solo Dios sabe por qué evitó que naciera la bebita. Ya sabrá Él de qué la guardó. Yo seguiré adelante».

Les cuento esto porque se necesita estar muy lleno de nuestro Dios para recibir una noticia de tal envergadura con tanta madurez espiritual. Podemos ver una vez más que nuestro Padre cuida de nosotros y nos da su amor. Sé que muchas mujeres han pasado por esta misma situación y aún hay heridas abiertas que quiere sanar nuestro Señor.

Escuché a un predicador que enseñaba que para recuperarse debemos llorar lo perdido, fortalecernos en Dios y consultar con Él cuál es el paso a seguir.

Cuando entregamos esa carga tan pesada y ese dolor tan grande, Dios de seguro que va a actuar a nuestro favor.

Aunque en medio del dolor no vean una salida, recuerden que Él es su fortaleza y el único que les da la paz «que sobrepasa todo entendimiento» y que, además, «cuidará sus corazones y sus pensamientos en Cristo Jesús» (Filipenses 4:7).

Notas: _____

_____

_____

Jueves

El Señor está cerca de los quebrantados de corazón,
y salva a los de espíritu abatido.
Salmo 34:18

Oración por la pérdida de un hijo

Señor Jesús, hoy vengo ante ti intercediendo por todas las madres que han perdido un hijo, ya sea durante el embarazo o en alguna otra circunstancia.

Sé que tú, como Padre, puedes comprender la inmensidad del dolor porque también entregaste a tu Hijo Jesucristo a una muerte terrible en la cruz.

Señor, consuela, fortalece y levanta a cada hija tuya que esté atravesando este dolor. Sabemos que eres perfecto, y aunque no entendamos por qué permites estas pruebas en nuestras vidas, descansamos en ti.

Ayúdalas, mi Dios, y permite que los padres que sufren también puedan recibir consolación. Levanta y sana estos matrimonios y permite que tú seas su esperanza.

Gracias, Señor, por las pruebas. A pesar de que no las entendemos, sabemos que tienen propósitos eternos en ti.

Te amo, Señor, y te entregamos nuestras vidas.

En el nombre de Jesús, amén y amén.

Notas:

¿Quién puede subir al monte del SEÑOR?
¿Quién puede estar en su lugar santo?
Solo el de manos limpias y corazón puro.
Salmo 24:3-4

La limpieza del templo de Dios

El concepto de la limpieza no es necesariamente verte con una escoba, una mopa o cualquier otro utensilio de aseo. La limpieza también tiene que ver con nuestro cuerpo cuando Jesús viene a nuestro corazón al aceptarlo como el Salvador de nuestras vidas.

El Manual de Instrucciones nos enseña que nosotros somos el templo del Espíritu Santo. La pregunta es la siguiente: ¿Cómo está ese templo? ¿Está lleno de corrupción, de pecado, de mentira, de hábitos que desagradan a Dios?

La limpieza de la casa de Dios, o el templo del Espíritu, a veces no es cosa de un día. Quizá tengamos cosas tan arraigadas que nos resulten difíciles de sacar. Sin embargo, con la ayuda de Dios, claro que es posible.

Cuando estamos agradecidos por lo que Él nos ha dado, como la salvación y la vida eterna, tenemos que poner de nuestra parte.

Hoy examinemos y saquemos lo que de seguro oscurece el templo del Espíritu y la posterior llegada de Dios a nuestra casa.

Notas: _____

_____

_____

Preserva también a tu siervo de las soberbias;
que no se enseñoreen de mí; entonces seré íntegro,
y estaré limpio de gran rebelión.
Salmo 19:13, RV-60

La rebeldía

Ayer aprendimos que debemos limpiar y poner en orden nuestro cuerpo que, desde el punto de vista espiritual, es la casa de Dios.

Sé que a veces cuando no entendemos mucho el porqué de las cosas que nos pide Dios, se levanta cierta rebeldía en uno. Se trata de algo que nos dice: «¿Y por qué tengo que hacerlo?». Entonces, si lo hacemos, quizá sea a medias y cambiemos ciertas cosas. No obstante, nos quedamos con lo que nos gusta, que a menudo es lo más pecaminoso. Es de lamentar que no entendamos que el mal es para nosotros mismos, ya que esa actitud no nos llevará a ningún final feliz.

Todos tenemos algo de rebeldes. A ninguno nos agrada que nos digan que debemos cambiar. Pensamos que nadie tiene derecho sobre nosotros. Es más, se nos olvida que si hemos rendido la vida a Dios, Él tiene autoridad sobre ti y sobre mí y la tiene como Padre.

¿Qué es lo que levanta en ti la rebeldía? ¿Salir de tu zona de comodidad y hacer cambios radicales? Recuerda que esto te traerá bendición.

Dios es un Dios de orden, por eso no actúa en el desorden. Por lo tanto, si Dios no trabaja en nosotros cuando hay desorden, ¿por qué no ordenamos nuestra vida?

¡Ah! Tengamos presentes que los que trabajan en el desorden son los demonios.

Notas: _____

_____

_____

Alaba, alma mía, al Señor,
y no olvides ninguno de sus beneficios.
Él perdona todos tus pecados y sana todas tus dolencias.
Salmo 103:2-3

Recojamos los estragos
(primera parte)

Al igual que los fuertes vientos derriban árboles, rompen techos y desordenan el lugar por donde pasan, lo mismo sucede con nosotros. A veces permitimos que lleguen a nuestra vida los vientos representados por malos hábitos, amistades que no nos aportan nada positivo y decisiones que destruyen lo que nos ha dado Dios y lo que Él construyó con tanto amor. Además, puede ser que en muchos casos veamos y experimentemos los vientos de poca intensidad y que creamos que no corremos peligro, pero esos también hacen daño y dejan consecuencias.

Recuerda que nosotros no tenemos el control de nuestra vida. Somos seres humanos que nos dejamos llevar por las circunstancias. Así que cuando queremos apartarnos del problema, estamos en pleno torbellino.

Incluso, hay vientos que nos golpean tan fuerte que no nos dan la oportunidad de refugiarnos, ya que hemos permitido que impacte nuestra vida de frente. Entonces, cuando pasa esa tempestad de pruebas y desolación, nos damos cuenta de lo que hicimos y solo vemos los estragos y la destrucción. Esto nos duele en el alma, pues no evitamos lo que estamos viviendo. Ante eso nos preguntamos: «¿Quién podrá ayudarnos? ¿Acaso será Dios?».

Sin duda, hay esperanza aun en medio de las pruebas y nos podremos levantar con la ayuda y la dirección del Señor.

Notas: _____

_____

En su angustia clamaron al Señor,
y él los salvó de su aflicción. Los sacó de las sombras
tenebrosas y rompió en pedazos sus cadenas.
Salmo 107:13-14

Recojamos los estragos
(segunda parte)

En estos días estamos reflexionando acerca de las cosas negativas que les permitimos llegar a nuestra vida y a las que les llamo «vientos». Quizá esto se deba a que, por estar en temporada de huracanes, deseara establecer el paralelo con nuestra vida.

Muchos de esos impactos que vivimos los ocasionamos nosotros mismos. Tomamos malas decisiones, no escuchamos a tiempo los consejos y hacemos lo que bien nos parece. En algunos casos, esto nos lleva a quedar literalmente en «zona de desastre». Entonces, una vez más, el nombre de Dios viene a nuestros labios y pensamientos. Volvemos a orar con tanta intensidad como no lo hacíamos por mucho tiempo. Después nos arrepentimos y le pedimos a Dios una nueva oportunidad.

La buena noticia es que nuestro Padre siempre está dispuesto a recibirnos y a recogernos, así sea que estemos hecho pedazos o que seamos solo escombros. Con su infinita misericordia nos empieza a sanar y a reconstruir hasta dejarnos una vez más en pie.

Lo más importante de todo, mis queridos amigos, es que aunque Dios nos perdona y olvida nuestras faltas, siempre viviremos las consecuencias de nuestros actos.

Por favor, que no se nos olvide el dolor por el que pasamos y de dónde nos sacó Dios.

Notas: _____

_____

_____

Tú, Señor, eres bueno y perdonador;
grande es tu amor por todos los que te invocan.
Salmo 86:5

Recojamos los estragos
(tercera parte)

Hemos visto que Dios es un Dios perdonador. Aunque le hemos fallado, nos mira con amor y misericordia. No nos abandona. Por el contrario, cuando ve nuestro arrepentimiento, nos perdona y nos restaura.

Hoy deseo que reflexionemos sobre ese acto de amor tan hermoso del Señor. A menudo, aparece nuestra humanidad y nuestra tendencia es a olvidar cuando ya estamos bien otra vez. Es como si nos diera amnesia y caemos de nuevo en los mismos errores del pasado o aun peores.

¿Cuántas veces Dios nos ha levantado y le hemos vuelto a fallar? Muchas, ¿verdad?

Por eso nosotros debemos pedirle que nos ayude a ser fuertes y valientes. A que tomemos decisiones radicales para no volver atrás. Sin embargo, eso sí va a depender de cada uno de nosotros. Él nos da la oportunidad de cambiar de una vez y para siempre.

Ahora bien, ¿la tomamos o la dejamos?

Notas: _____

_____

> *Entren por sus puertas con acción de gracias [...]*
> *denle gracias, alaben su nombre. Porque el SEÑOR*
> *es bueno y su gran amor es eterno.*
> Salmo 100:4-5

Oración de gratitud

Dios mío, aquí estoy delante de ti con un corazón agradecido por todo lo que has hecho por mí.

Sé que he cometido gravísimos errores y mi vida está destruida y desbastada, pero gracias a tu gran amor y bondad me recibes una vez más con los brazos abiertos dispuesto a perdonarme y darme una nueva oportunidad.

¡Gracias, Señor! Mi anhelo es permanecer viviendo una vida recta y agradable a tus ojos. Dame la fuerza para no volver atrás y la sabiduría para buscarte de noche y de día.

Me comprometo a ser cada vez mejor hijo tuyo, siendo más sensible a tu Palabra. Y a huir ante las tentaciones que no van a faltar.

Dios mío, ¡qué lindo eres tú! Te amo con todo el corazón y oramos en el nombre de Jesús, amén y amén.

Notas: _____

_____

Los ojos del Señor están sobre los justos,
y sus oídos, atentos a sus oraciones.
Salmo 34:15

Regalos de nuestro Dios

Para los que me conocen, saben que muy a menudo utilizo este lema: «Déjate sorprender. Dios nos consiente. Dios nos da regalos porque nos ama. Está interesado en vernos felices».

Todos los días lo compruebo en mi vida. No se trata de que Dios lo haga por capricho, sino porque es el único que conoce en realidad tus gustos, tus deseos, tu corazón. Como Padre, desea nuestro bienestar. Es tan especial que nos deja boquiabiertos, con detalles que quizá solo habías soñado tú.

Hace tan solo unos meses, Él me volvió a sorprender y me dio un regalo tan hermoso que ha sido inspiración para este libro que hoy disfruto contigo.

Me dio el privilegio de unirme a un viaje misionero al Perú para visitar exactamente un área llamada Callao y llevar muchas cosas que hacen falta allí, pero sobre todo poder ver y palpar la necesidad de un pueblo. No hay nada más gratificante que lo que predicamos o aprendemos lo pongamos por obra.

No te desanimes, Él no te dejará sin sueños que cumplir. Todo será en su momento. El primer regalo ya lo tenemos y es la vida eterna.

Notas: _____

_____

_____

Dios haga resplandecer su rostro sobre nosotros,
para que se conozcan en la tierra sus caminos,
y entre todas las naciones su salvación.
Salmo 67:1-2

Demos testimonio en todo lugar

El testimonio muestra la clase de personas que somos. También nos permite dar fe de lo que nos ha dado Dios y de los cambios que nos ha permitido tener. Sobre todo, con el testimonio podemos influir en muchas personas a nuestro alrededor.

A veces nos pasa que quisiéramos que nadie nos conociera porque nos daría pena, ¿verdad? No desearíamos que se percibiera nuestro verdadero YO, en especial cuando somos personas públicas.

Cuando decidimos representar a nuestro Dios en la tierra, el testimonio cobra más importancia, por una sencilla razón: Son muchas las miradas puestas en ti y en mí. Tal parece que no podemos darnos el lujo de ser como somos quizá en la iglesia o en la casa porque alguien nos pudiera ver o escuchar. Sin duda, esto es muy bueno, pues nos obligamos a ser siempre hombres y mujeres comprometidos con la Palabra y con un deseo ferviente de mostrar lo que Dios ha hecho en nosotros.

En los lugares menos esperados, me he encontrado gente que conoce de mi trabajo en la radio y me han visto tal cual soy. Me ha sucedido muchas veces en supermercados, en la calle, en el hospital y, lo que menos me he imaginado, en un avión, donde el auxiliar de vuelo es oyente de la radio.

Mi enseñanza en este día es que tú y yo debemos guardar nuestro testimonio. En primer lugar, por agradar y obedecer a nuestro Dios. En segundo lugar, porque no sabemos quién nos mira y lo que mostremos puede ser determinante en la vida de otra persona.

Notas: _____

_____

_____

En las muchas palabras no falta pecado;
mas el que refrena sus labios es prudente.
Proverbios 10:19, RV-60

Palabras, palabras, palabras

Tus palabras tienen más valor de lo que quizá te hayas imaginado. ¿Cuántas veces por palabras dichas sin pensar te has visto comprometido, atado y metido en problemas?

Hay un refrán popular que dice que las palabras se las lleva el viento. Yo diría que esto sucede en algunos casos. Por lo general, toda palabra que sale de tu boca toma una fuerza que va más allá de lo razonable. Por eso es tan importante que pensemos antes de hablar, que pensemos antes de dar nuestra palabra.

Dar nuestra palabra implica compromiso y a veces por emoción, o por las circunstancias, nos vemos comprometidos a aceptar negocios, llamados ministeriales e incluso relaciones que sabemos que no son la voluntad de Dios. Entonces, cuando queremos retractarnos de lo que dijimos, nos interpretan mal y una vez más se perjudica el testimonio.

Dos consejos en este día: Primero, piensa antes de hablar y comprometer tu palabra. Segundo, debemos tener como prioridad consultarlo todo con nuestro Dios.

No hagas nada por pena. Es mejor ponerse rojo por un momento que rosado por el resto de tus días.

Notas: _____

_____

La hierba se seca y la flor se marchita,
pero la palabra de nuestro Dios permanece para siempre.
Isaías 40:8

La Palabra

Ayer reflexionamos acerca de las palabras que muchas veces salen de nuestra boca sin que midamos sus consecuencias. Además, aprendimos acerca de los problemas y los malentendidos que podemos ocasionar. Muchas relaciones y amistades se han dañado por un malentendido o porque prometimos hacer algo que no cumplimos.

¿Y qué me dices de los trabajos? Es posible que hayamos tenido problemas por un comentario fuera de lugar. Asimismo está el caso de los que se complacen con el chisme y se enredan en la vida de los demás sin pensar que su palabra se compromete también.

Ahora consideremos por un momento en qué situaciones nos hemos visto envuelto. Pensemos, pues, que nuestra palabra debe ser sincera, desinteresada, firme y honesta. Luego, con la ayuda de Dios, propongámonos hacer el bien y no miremos a quién.

Por eso, hoy quiero que reconozcamos juntos al único que no cambia y el único que su Palabra permanece para siempre. El único que con el poder de su Palabra creó este mundo e hizo milagros. El que nos garantiza que a través de su Palabra seremos libres y tendremos una nueva vida... ¡Dios!

Notas: _____

_____

_____

Si alguien se cree religioso pero no le pone freno a su lengua, se
engaña a sí mismo, y su religión no sirve para nada.
Santiago 1:26

Oración por el dominio de las palabras

Señor, en este día te damos gracias por tu presencia en nuestras
vidas. También te damos gracias por tu Palabra que nos
examina y nos permite mejorar y cambiar comportamientos que
no te son agradables.

Queremos, mi Dios, entregarte toda nuestra vida. En especial,
queremos pedirte que nos ayudes a meditar sobre la importancia
de controlar cada palabra que salga de nuestra boca.

Si le hemos hecho daño a alguien, danos la oportunidad de restituir
y restablecer relaciones y contactos que se lastimaron por nuestra
culpa.

Y, por favor, mi Señor, refrena nuestra lengua.

Te lo pedimos en el nombre de Jesús, amén y amén.

Notas: _____

_____

No te apresures en tu espíritu a enojarte;
porque el enojo reposa en el seno de los necios.
Eclesiastés 7:9, RV-60

El enojo

¿Qué nos pasa, Dios mío? Soy la primera es humillarme delante de ti, pues hay cosas en nuestra vida que aborrecemos y que no queremos soportar más. Te hacemos promesas y te volvemos a fallar de nuevo.

Cuando quiero hacer el bien, hago lo contrario.

¡Qué condición tan triste para los que te amamos!

En nuestro andar contigo hemos hecho grandes cambios. Sin embargo, aún quedan cosas que de seguro entristecen tu corazón y el enojo es una de ellas.

No permitas que el enojo haga nido en nuestros corazones.

Perdónanos, Señor, y fortalécete en nuestras debilidades. Por eso, danos el valor para ser hombres y mujeres nuevos en Cristo Jesús.

Notas: _____

_____

*Alégrense en la esperanza, muestren paciencia en el sufrimiento,
perseveren en la oración. Ayuden a los hermanos necesitados.
Practiquen la hospitalidad.*
Romanos 12:12-13

El servicio: Viaje misionero al Perú

Nunca antes había apreciado tanto la palabra «servicio» como en el viaje misionero al Perú. Un viaje que me dejó muchas enseñanzas y experiencias. Que me hizo reflexionar, valorar y reconocer que tengo el mejor Padre del mundo, Dios, y que soy bendecida de verdad.

El Señor hubiera podido determinar que tú y yo naciéramos en un hogar con extrema pobreza. Sin embargo, no fue así. Es posible que ahora estés pasando necesidades, yo también las he vivido en etapas de mi vida. Con todo, nunca ha sido una vida de grandes miserias.

Jamás seremos capaces de entender y valorar tanto esto como cuando tenemos contacto con la necesidad de otros. Eso fue lo que vimos en la visita que hicimos a la plaza de Canadá, en el Callao, durante este viaje misionero. La vida sencillamente no vale nada. Hay calles a las que ni las autoridades pueden entrar porque allí reinan la droga, la prostitución y la inseguridad.

Cuando llegamos, la gente nos miraba con extrañeza. No obstante, a medida que pasábamos horas en el lugar, se acercaban a nosotros. En esa plaza se realizaron servicios evangelísticos donde cada noche más de ciento ochenta personas recibieron a Jesús. Además, se les llevó servicio médico bajo carpa y se les entregaron medicinas y ropas. Daba gusto ver las caras de felicidad y agradecimiento.

Cuando tengas la oportunidad de servir, no lo dudes ni un instante. Es el mejor regalo que puedes darle a la humanidad.

Notas:

Vístanse de amor, que es el vínculo perfecto.
Que gobierne en sus corazones la paz de Cristo, a la cual
fueron llamados en un solo cuerpo. Y sean agradecidos.
Colosenses 3:14-15

Un corazón agradecido

¿Cómo no vamos a tener un corazón agradecido por nuestras bendiciones cuando vemos gente tan linda viviendo en circunstancias tan pobres?

Sabemos que en nuestra ciudad de Miami también hay necesidades, pero nunca se comparan a lo que necesitan recibir en esta provincia del Perú o en otros lugares de América Latina.

En los días de estadía en el Callao vi una gran necesidad. Sus casas están desbaratadas por completo. A muchas hasta les falta parte del techo y están expuestas al frío y a la lluvia. La suciedad es tanta que a uno le cuesta trabajo creer que allí vivan seres humanos. Podemos visitarlos si quisiéramos más de una vez e igual se tomará su tiempo para ver cambios. Solo Dios puede hacer un milagro, como se lo hemos pedido.

Aprendamos a ser agradecidos. Disfrutemos lo que tenemos, ya sea poco o mucho. Reconozcamos que Dios es el que nos cuida y propongámonos a valorar nuestra vida con sus altibajos, pero confiados de que no estamos solos.

Hoy, tú puedes pedirle perdón a Jesús porque quizá seas una persona que ha renegado del tipo de vida que te ha tocado vivir. No se trata de que no puedas ser próspero. ¡Claro que puedes serlo! Sin embargo, nunca debes olvidar de dónde nos sacó Dios.

Notas: _____

_____

_____

*Todos los caminos del hombre son limpios
en su propia opinión; pero Jehová pesa los espíritus.*
Proverbios 16:2, RV-60

El desorden y la suciedad
(primera parte)

El desorden y la suciedad son dos enemigos nuestros. ¡Qué importante es saber que el desorden y la suciedad son desagradables a la vista y a la vida y que también nos afecta en el campo espiritual! Nosotros podemos ser pobres o humildes, pero nada nos da derecho a ser desordenados y sucios.

El abandono personal y del hogar solo reflejan tu desinterés en la vida. En las Escrituras aprendemos que son los demonios los que viven en el desorden y la suciedad. Ese abandono te llevan a la depresión y te atan, de tal manera, que no puedes ver las bendiciones y las promesas que Dios tiene para ti.

Son muchas las promesas que tenemos, pero solo son para los valientes, para los que preparan su casa, ya sea que se trate de tu cuerpo o del techo bajo el que vives.

Dios es un Dios de orden y no puedes pedirle que reine de otra manera.

Limpia y ordena tu casa y tu vida, y verás la mano de Dios sobre ti.

Notas:

Sé ejemplo de los creyentes en palabra, conducta,
amor, espíritu, fe y pureza.
1 Timoteo 4:12, RV-60

El desorden y la suciedad
(segunda parte)

Ayer aprendimos de dos grandes enemigos en la vida que nos pueden estar restando bendiciones: el desorden y la suciedad. A lo mejor la casa donde vives es, como dicen, una tasita de té que brilla de limpieza, pero tu vida por dentro está desordenada y sucia. Así que debes comprender que hay que hacer cambios. Estos cambios no suceden de la noche a la mañana y llevarán su tiempo. Sin embargo, una vez que lo entiendas, puedes tomar cartas en el asunto.

El orden empieza por ti mismo siendo limpio, pulcro y agradable para tu esposa, tus hijos y los que te rodean, y también en la manera de mantener tu casa. Entonces, quizá la pregunta que te hagas sea esta: «¿Cómo puedo cambiar?». La respuesta es que con Dios todo es posible.

Pídele a Dios que te ayude a ser ordenado. Desecha lo que ya no usas. No acumules basura, ni desperdicios en la cocina debido a la pereza. Que tu baño, tu ropa, y hasta tu auto, muestren a Cristo. Además, ten presente que lo que les modeles a tus hijos será lo que seguirán como ejemplo. Si te ven descuidado y abandonado, es muy probable que hagan lo mismo.

Hoy el Señor te da la oportunidad de cambiar, de echar fuera el desorden y la suciedad y de cortar esas ataduras. Como resultado, serás capaz de prepararte para el orden y la limpieza de tu vida.

Notas: _____

_____

Cumple los mandatos del SEÑOR tu Dios [...]
Así prosperarás en todo lo que hagas
y por dondequiera que vayas.
1 Reyes 2:3

La pobreza del alma

Sin duda, todos sabemos que hay ricos y pobres. Las clases sociales han existido toda la vida.

En el mundo se acepta muy bien esta frase que hasta forma parte de una canción: «Cuanto tienes cuanto vales». No obstante, cuando tú y yo conocemos el camino, la verdad y la vida, nos damos cuenta de que estábamos muy equivocados.

El Señor en su Palabra nos dice que cuando lo aceptamos a Él y lo reconocemos como nuestro Salvador, nos convertimos en hijos de Dios y, a su vez, coherederos con Cristo. Además, nos dice que será nuestro Proveedor y nuestro Guardador, prometiéndonos prosperarnos y bendecirnos.

En ninguna parte de la Palabra se habla que debemos permanecer en pobreza o que debemos llegar a un estado de conformismo. Sin embargo, en mi viaje misionero pude ver de cerca, y sé que pasa en todo el mundo, que hay personas que aunque son libres porque conocieron a Jesús, viven con una mentalidad de pobreza absoluta. Creen que al estar así en medio del abandono van a agradar más a Dios o le van a conmover su corazón.

¡Qué equivocados están! A Dios lo mueve la fe y nuestros pasos confiados en Él. Lo mueve, como ya dije, la obediencia.

Por eso hoy te invito a que te sacudas de la tierra de la pobreza, pues Dios quiere bendecir tu vida. Te invito a que renuncies a estructuras que te hacen pensar que no se puedes ser tan próspero como Jesús. Abandónate en sus brazos y déjate consentir por tu Padre celestial.

Notas: _____

_____

_____

*[Ella] está atenta a la marcha de su hogar,
y el pan que come no es fruto del ocio. Sus hijos se levantan
y la felicitan; también su esposo la alaba.*
Proverbios 31:27-28

El corazón del hogar

La mujer es el corazón del hogar. Sin duda, Dios le ha dado a la mujer esta gran responsabilidad.

¿Te has puesto a pensar que cuando tenemos nuestros esposos, o aun si somos madres solteras, Dios nos ha dado la capacidad de ser ese corazón del hogar? Tú y yo influimos de una manera positiva o negativa en nuestros esposos y en nuestros hijos. Cuando estamos desanimadas, eso es lo que transmitimos en casa... ¡y cómo sufren todos ese desaliento!

Sin embargo, esto lo vemos también en las cosas positivas. Si eres emprendedora, de seguro animas a tu esposo en los momentos en que necesita de ti. Asimismo, cuando alientas a tus hijos y los aconsejas en medio de las dificultades, su respuesta será positiva.

Por eso la mujer es ese motor que debe estar siempre conectado con Dios, ya que nuestra función en el hogar es determinante. Así que, recapacita, pues si tu esposo y tus hijos se quejan de ti, que eres insoportable, que no se te puede hablar o que te pasas la vida con regañinas, estas son señales de advertencia.

Pidámosle a Dios que nos ayude a cambiar y a estar centradas, de manera que logremos seguir siendo ese motor impulsor en la familia.

Notas: _____

_____

_____

*Sáname, SEÑOR, y seré sanado; sálvame
y seré salvado, porque tú eres mi alabanza.*
Jeremías 17:14

Sanidad interior

Cuando llegué a conocer de Dios, al poco tiempo alguien me habló de que necesitaba sanidad interior. Al principio, no entendía, pues no me consideraba enferma. Sin embargo, después comprendí que todos vamos enfermos del alma a encontrarnos con Jesucristo. Por supuesto, unos más que otros.

Muchos traemos heridas aún sin sanar y esto afecta a las personas que nos rodean. Si uno está mal en las emociones, no tenemos la capacidad para salir adelante como Dios quiere, ni podremos dar lo mejor de nosotros a otros.

Yo tenía enfermas mis emociones, pues unos días me sentía feliz y otros me sentía morir. Vivía en un constante cambio de ánimo lo cual daba inestabilidad a mis princesas. Estaba enferma del alma y en esa etapa de mi vida tomé las peores decisiones.

El Manual de Instrucciones habla de que no debemos ser personas de doble ánimo y por eso es que nos debemos dejar orientar y ayudar. Hoy en día, muchas de las iglesias cristianas cuentan con personas preparadas para aconsejarnos y, con la ayuda de Dios, lograremos obtener nuestra sanidad.

No nos creamos autosuficientes. «Todos» necesitamos sanar el alma. Necesitamos reconocer que solo con la ayuda de Dios obtenemos una verdadera sanidad interior.

Una vez sanados, podremos ayudar a otros, en especial a nuestros hijos y cónyuges. Si la mujer está bien, podrá ser ese motor esencial del hogar.

Notas: _____

_____

_____

Amado, yo deseo que tú seas prosperado en todas las cosas,
y que tengas salud, así como prospera tu alma.
3 Juan 2, RV-60

Beneficios de la sanidad

Estos días estamos aprendiendo lo importante y lo benéfico que es tener la sanidad del alma.

¿Sabías que muchas de las enfermedades son producto del rencor y la falta de perdón? Las heridas que han quedado abiertas nos mantienen frustrados y con raíces de amargura que con el paso del tiempo se manifiestan en enfermedades.

Tú deseas un hogar, unos hijos y una vida en paz y feliz. Por eso necesitas mirar hacia dentro y pedirle a Dios que te muestre esas partes de tu vida que necesitan sanidad y libertad. Te sentirás diferente cuando le permitas a que Dios obre en ti.

El Señor nos da promesas de libertad y de bendición. Lo que a veces sucede es que nosotros mismos detenemos esas promesas. Siéntete libre hoy y dile a Dios tu deseo de cambiar.

Notas:

Si el Hijo los libera,
serán ustedes verdaderamente libres.
Juan 8:36

Oración por liberación

Dios mío, sé que tú quieres liberarme de la pobreza y el desorden. Por eso, hoy me presento delante de ti entendiendo y reconociendo que soy tu hijo. También comprendo que, como hijo, tengo los derechos y los privilegios de ti, que eres mi Padre.

En este día cancelo con autoridad todas las enseñanzas negativas que me han hecho creer que, por ser cristiano, debo ser pobre.

Así que hoy entiendo que tú tienes bendiciones en abundancia para mi familia y para mí.

Gracias, Señor, porque he aprendido que tú eres un Dios de orden.

Mi Jesús, hoy te pido, por favor, que me libres de toda atadura y pongas en mi corazón el deseo de salir adelante y de luchar por alcanzar mis sueños.

Renuncio este día a la pobreza, al desorden, al abandono, a la suciedad, a la depresión y me declaro libre. Recibo tu bendición ahora.

En el nombre de Jesús, amén y amén.

Notas: _____
_____
_____

Sep 1

¡Despierten, arpa y lira! ¡Haré despertar al nuevo día! [...]
Te alabaré, SEÑOR [...] Pues tu amor
es tan grande que rebasa los cielos.
Salmo 108:2-4

Un nuevo día

Cada día trae su propio afán. Entonces, ¿por qué nos vamos a afanar por el día de mañana? Hasta la Biblia nos recomienda que dejemos el estrés y vivamos cada día como si fuera el último. Eso no significa que no te proyectes al futuro y que no planifiques. Estas cosas son buenas. Lo que no es bueno es que te dejes robar la bendición al preocuparte antes de tiempo.

Aprender a descansar en el Señor nos trae muchas ventajas, pues vives en paz y afrontas tus problemas confiando en que tendrán solución. Aun estando en aprietos financieros, conoces quién es Dios que no te desampara ni de día ni de noche. Cuando descansas en Dios, es porque has entendido en realidad que tu Padre que está en los cielos cuidará de tus hijos aun cuando partas de este mundo.

Comencemos entonces a darle gracias a Dios por el día de hoy. Además, vivamos a plenitud y saquemos el mejor provecho del mismo aunque venga con cosas que no esperábamos.

Ora cada mañana y encomiéndale tu camino al Señor. Preocúpate por los negocios de Dios y Él se preocupará por los tuyos.

Gracias, Señor, por este nuevo amanecer. Lo entrego en tus manos. En el nombre de Jesús, amén.

Notas: _____

_____

_____

No [...] pongan su esperanza en las riquezas [...]
sino en Dios, que nos provee de todo en abundancia
para que lo disfrutemos.
1 Timoteo 6:17

Disfruta la vida

Creo que nunca sobrarán este tipo de libros llamados de inspiración o motivación, ya que necesitamos escuchar a cada momento cosas como estas. Todo se debe a que nada nos resulta suficiente para ser felices. Por cualquier asunto, por pequeño que sea, dejamos que se dañe nuestro día y nos preocupamos.

Dios hizo la vida para disfrutarla. La hizo para el deleite tuyo y mío. Los planes originales del Creador eran que viviéramos en el paraíso. Y no fue así por nuestra recordada Eva.

La mujer se dejó convencer por la serpiente y terminó haciendo lo que le prohibió Dios. Luego está Adán que, en vez de pararse firme y decir no, también cayó en la tentación y le falló a su Creador. A partir de allí comenzó el pecado.

Sin embargo, Dios en su amor nos ha permitido conocerle. Ha perdonado nuestros pecados y nos da el mejor regalo de todos: La vida eterna en su presencia.

Seamos conscientes de esto y no permitamos que las pequeñas cosas acaben con nuestra alegría.

Notas: _____

_____

_____

Es don de Dios que todo hombre coma y beba,
y goce el bien de toda su labor.
Eclesiastés 3:13, RV-60

La vanidad de la vida

Muchas cosas en la vida son vanidad y nos hacen perder la orientación. Por ejemplo, el anhelo desmedido por las riquezas. La Biblia nos enseña que el amor al dinero también es vanidad.

Por eso, el verdadero convertido es el que deja a un lado el interés por las cosas materiales y se concentra en Dios que es el Dador de todo en este mundo. Una cosa es ser próspero y otra cosa es que tu vida la pongas a valer por lo que tienes... Cuanto tienes, cuanto vales.

El Manual de Instrucciones nos recuerda que no podemos creer que siempre seremos jóvenes, pues la juventud pasa de igual manera. Como salimos desnudos del vientre de nuestra madre, así volveremos sin nada.

Pidámosle a Dios que seamos capaces de mantener un equilibrio en la vida, que disfrutemos de sus bendiciones y que, de lo mucho o lo poco que tengamos, podamos darles a los demás.

Notas: _____

_____

_____

En los labios del prudente hay sabiduría;
en la espalda del falto de juicio, solo garrotazos.
Proverbios 10:13

Sabiduría contra necedad
(primera parte)

La sabiduría es un don hermoso y tenerla es una ganancia, mientras que la necedad es un defecto y es desobediencia.

Durante este año hemos recordado que cada uno de nosotros tiene una porción de sabiduría. No obstante, también el Manual de Instrucciones nos dice que si nos falta sabiduría, se la pidamos a Dios.

Es un privilegio y una virtud ser sabios en todo lo que hacemos, hablamos y pensamos. Cuando nos tomamos el tiempo para pensar antes de actuar, nos libramos de errores y de muchos dolores de cabeza.

Como todo en la vida, debemos tener un equilibrio. Hay personas que por tratar de ser sabios se van al extremo y se vuelven legalistas. Piensan que teniendo una conducta irreprochable van a ser capaces de evitar una crisis o una situación difícil. Les recuerdo que Dios creó el día bueno y también el malo. Lo importante es discernir los momentos y vivir en consecuencia.

Hay oportunidades que nunca regresan y está en ti tomar una sabia decisión. También hemos experimentado que el infortunio nos lleva a la reflexión y produce el fruto de la sabiduría.

Después de esas grandes dificultades que hemos enfrentado, es increíble cómo la manera de ver la vida cambia de forma radical y aprendemos mucho. Sin darnos cuenta, maduramos, y es de allí que viene el fruto de la sabiduría.

Notas: _____

_____

La sabiduría del prudente es discernir sus caminos,
pero al necio lo engaña su propia necedad.
Proverbios 14:8

Sabiduría contra necedad
(segunda parte)

La sabiduría es una virtud, pero la necedad es un defecto y se puede convertir en un pecado. En la vida se presentarán momentos en los que nos pondrán a prueba y donde tendremos la opción de tomar decisiones sabias o necias. Así que cualquiera de las dos determinará las consecuencias de nuestros actos.

Del mismo modo que muchas personas crecen en sabiduría y aprenden de sus errores, otras tantas volverán a su necedad y no aprenderán la lección ni darán frutos, aunque hayan tocado fondo y Dios les haya dado otra oportunidad.

Las personas que son así, las vemos abrumadas sin cesar y siempre enredadas en problemas. No tienen paz en sus corazones porque no tienen a Dios en cuenta en sus vidas. Se creen autosuficientes, pero sus vidas no modelan a Cristo.

La comparación que hace Dios en la Biblia sobre la necedad del hombre es que el necio es como el perro que vuelve a su vómito. ¿Visualizas esa imagen? *¡Puf!* Entonces, si hemos sufrido por los errores cometidos, ¿por qué los repetimos? Porque se nos olvida el dolor y el daño causado.

Por lo tanto, pidámosle hoy a Dios que nos fortalezca y nos dé sabiduría que viene de lo alto.

Notas: _____

_____

_____

El que va por buen camino teme al SEÑOR;
el que va por mal camino lo desprecia.
Proverbios 14:2

Oración por buenas decisiones

Señor, te queremos dar muchas gracias por tu Palabra. Gracias por dejar entre nosotros ese Manual de Instrucciones que está lleno de recomendaciones y de consejos para que se apliquen a la vida de cada uno de tus hijos.

En estos días reflexionamos acerca de la sabiduría y la necedad y vimos que las dos pueden afectar nuestra vida para bien o para mal. Por eso, hoy queremos decirte que necesitamos tu ayuda. Queremos que nos bendigas con una nueva porción de sabiduría, de modo que seamos capaces de hacer tu voluntad y andar como es debido en tus caminos todos los días de nuestra vida.

También te pedimos, mi Dios, que nos ayudes a ser equilibrados y no llegar a los extremos del legalismo ni del libertinaje. Sabemos que los extremos son malos.

Gracias por este nuevo día. Lo dejamos en tus manos y confiamos plenamente en ti.

En el nombre de Jesús oramos, amén y amén.

Notas:

En mi angustia invoqué al Señor; clamé a mi Dios,
y él me escuchó desde su templo; ¡mi clamor llegó a sus oídos!
Salmo 18:6

Una nueva oportunidad
Testimonio de sanidad (primera parte)

El mes de septiembre quedó marcado para siempre en mí, pues en un mes como este Dios me sanó de una grave enfermedad. Durante esa prueba, mi vida estuvo al borde de la muerte y pude comprender muchas cosas que vivo ahora: Disfrutar mi familia día a día, ser consciente que mi vida está en manos de Dios, que todo puede cambiar en un abrir y cerrar de ojos y que hoy estoy bien y mañana quizá no lo esté.

Esto nunca pasó por mi mente. Ni siquiera consideré que estaría casi cinco meses fuera de mi trabajo. Mis princesas tampoco se imaginaron jamás que una operación de colon se convirtiera en una pesadilla al ver a su mamá en una condición tan crítica por un mes y medio en el hospital, con ocho recaídas que significaron ocho veces más en el hospital y dos años de recuperación.

Hoy agradezco a mi Dios por sus cuidados. Mis hijas también valoran más a su mami y testifican que, a pesar de lo traumático que vivieron, saben que Dios me sanó y cuidó de ellas en esos días sombríos.

Además, pude experimentar el poder de la oración. Así que, debido a la oportunidad que tengo de escribir este libro, puedo agradecerles a cada uno de mis oyentes y familiares que alzaron una voz de clamor... ¡Gracias!

Cada prueba que vivas te hace crecer como persona. Maduras y aprendes una lección de vida. Por eso quiero repetirte la frase que aprendí de mi cuñado, el pastor Fernando García: «Dios es bueno todo el tiempo, todo el tiempo bueno es Dios».

Notas: _____

_____

_____

Se crece con el dolor
Testimonio de sanidad (segunda parte)

¿Se crece con el dolor? No sé cuál será tu respuesta, pero
podemos sacar muchas reflexiones con esta frase, que no es
para nada rebuscada, pues se hace realidad en la vida de los que
llevan una relación con Dios.

Me refiero a la relación con Dios porque es la única manera en que
podemos conocer su corazón y entender muchas de las cosas que
permite en nuestra vida. El dolor es una de ellas.

En este mes de septiembre te contaré, a petición popular, del mes
más traumático y doloroso de mi vida. Sé que de esta dura
experiencia Dios te dará la porción de lo que tú debes aplicar a tu
hermosa vida. En mi caso, la aprendí a apreciar cuando estuve a
punto de morir.

Toda estadía en un hospital es dolorosa por los continuos
pinchazos y los sufrimientos al recuperarnos de una intervención
quirúrgica. Mi operación fue muy complicada. Necesité mucha
morfina por varios días porque los dolores eran inmensos.

Experimenté otro dolor, el dolor del alma, de no poder ver a mi
princesa pequeña que en ese tiempo tenía un año y medio. Me
dolía dejar mi trabajo, no poder pararme ni moverme, y mi hija de
tan solo dieciocho años a cargo de la casa, las cuentas, las hermanas
y su abuelita. Me dolía mucho que me vieran tan enferma y
sufrieran, pues hemos sido muy amigas.

Sin embargo, el dolor y el tiempo fue pasando y poco a poco me
levanté de una manera milagrosa. ¡Alabado sea Dios!

Notas: _____

_____

_____

Día 252

Busqué al SEÑOR, y él me respondió;
me libró de todos mis temores.
Salmo 34:4

Temor en medio de la enfermedad
Testimonio de sanidad (tercera parte)

Fueron varios los momentos que sentí temor, eso es normal. Aunque recordaba que el temor no era de Dios, era una lucha no sentirlo, en especial cuando los médicos no veían mi recuperación de manera positiva.

Hubo situaciones que nunca olvidaré, como el día que me dijeron que me desangraba y tenían que volver a operarme a solo dos días de la primera operación. O cuando me dijeron que necesitaba mucha sangre y empecé a recibir las transfusiones... trece en total. En ese mes y medio hospitalizada era tan crítica la condición que, como les dije, el temor lo viví en diferentes momentos. Uno de los más difíciles fue cuando en mi recuperación me encontraron una bacteria que me podía quitar la vida en días. Fue tan grave la situación, que decidieron sacarme del hospital con todo un equipo médico y enfermera, pues mis defensas estaban tan bajas que mi vida corría más peligro si me dejaban hospitalizada.

Amigos, no fue fácil, pues padecí una verdadera batalla contra la muerte, una guerra espiritual.

En medio de mi condición, mi refugio era Dios y mi única terapia y consuelo era escuchar a mi madre leerme promesas de la Biblia diariamente y contarme historias de personas sanadas por Dios. Sin cesar me repetía: «Si Dios lo hizo con ellos, lo hará conmigo». Aunque era consciente de mi salvación, temía morir y no ver más a mis hijitas. Sin embargo, Dios fue más que bueno, pues prolongó mi vida en esta tierra.

Notas: _____

_____

_____

La oración de fe sanará al enfermo
y el Señor lo levantará.
Y si ha pecado, su pecado se le perdonará.
Santiago 5:15

Desesperación
Testimonio de sanidad (cuarta parte)

¿Cuántas veces has vivido una prueba donde pasan los días y las semanas sin ver mejoría, ni cambio, y te desesperas? Lo que sucede es que lo que vemos y vivimos no coincide con lo que nos promete Dios.

Eso me pasó a mí. Tuve momentos en los que lloré amargamente. Tenía la promesa de que Dios me sanaría, pero mi condición me mostraba lo contrario, pues a duras penas podía caminar. Ni siquiera pude ingerir alimentos durante dos meses. Entonces, cuando pude comer, mi organismo rechazaba la comida. Era muy difícil sentir que no tenía control de mí misma, hasta tenía que usar pañales. Así que solo decía: «Dios puede sacarme de esto».

Fue una verdadera prueba experimentar el insomnio y pude entender a las personas con esta condición. Mis días eran eternos, largos, interminables. Por el día mi mente estaba un poco ocupada con las visitas y mi familia, pero cuando se iban todos, me quedaba en ese cuarto sola con un frío que me calaba los huesos sin poder dormir. Tuve extensas conversaciones con mi Dios donde le pregunté un sinnúmero de cosas y muchas no recibían respuestas. No obstante, en medio de esa quietud obligada pude entender el propósito por el que estaba allí. En primer lugar, Dios me mostró que había descuidado mi salud y, en segundo lugar, que era muy autosuficiente. Estaba en tal vorágine de trabajo que no tenía tiempo ni para escuchar a Dios. Así que esa fue la única manera en la que, estando inmóvil, pude ver su voluntad para mi vida.

Notas: _____

_____

_____

*¡Cuán bueno y cuán agradable es que los hermanos convivan en
armonía! [...] Donde se da esta armonía,
el Señor concede bendición y vida eterna.*

Salmo 133:1, 3

Solidaridad

Testimonio de sanidad (quinta parte)

Esta semana te he contado partes de mi testimonio y hemos
podido ver juntos cómo Dios tuvo misericordia, ya que en
medio de tanta gravedad, Él intervino de una manera sobrenatural.
Así lo hará en tu vida sin importar cuál sea tu situación. ¡Dios tiene
la última palabra!

Durante este tiempo fue hermosísimo ver cómo mis oyentes, mi
familia y amigos se volcaron en solidaridad, cadenas de oración,
ofrendas, flores, llamadas, visitas y correos electrónicos con palabras
de ánimo.

Pude darme cuenta de la magnitud del cariño de las personas y me
dije varias veces: «Ha valido la pena todas las madrugadas para ir
a la radio. Ha valido la pena el servicio que he realizado por los
demás», pues lo coseché en ese tiempo.

Sé que Dios fue el que movió el corazón de muchos de ustedes
para hacer lo que hicieron por mí y mis princesas. Fue tanta la
solidaridad que hasta el personal del hospital le preguntaba a mi
familia si yo era una persona de la política, ya que el teléfono no
paraba de sonar. Era tanta la gente que venía a orar por mí, que
tuvieron que prohibir las visitas.

Mi enseñanza con esta experiencia es que recogemos todo lo que
sembramos y que también se recogen el amor y el afecto.

Por lo tanto, no dejemos de ser misericordiosos, pues lo que
podamos hacer por los demás es de bendición. Todas las personas
que están en los hospitales, las cárceles y los hogares de ancianos
necesitan de nuestras oraciones y compañía.

Notas: _____

_____

_____

Envió su palabra para sanarlos,
y así los rescató del sepulcro.
Salmo 107:20

Promesas cumplidas
Testimonio de sanidad (sexta parte)

La manera más hermosa en la que puedo cerrar estos devocionales de mi testimonio es con un corazón agradecido. La mano de mi Creador estuvo sobre mí porque aprendí a conocer otras de sus facetas como las de Padre, Médico, Sanador, Dador, Amigo... Aunque por momentos no entendía lo que vivía, también llegaron a mis oídos promesas suyas, como por ejemplo:

• «Escribe en un libro todas las palabras que te he dicho»: Cuatro años más tarde lo tenemos en nuestras manos, así que eres testigo de esa promesa cumplida (Jeremías 30:2).

• «Yo estoy contigo para salvarte» (Jeremías 30:11).

• «Yo te restauraré y sanaré tus heridas» (Jeremías 30:17).

• «De entre ellos surgirá su líder [...] Lo acercaré hacia mí, y él estará a mi lado»: La promesa de mi esposo se cumplió siete meses más tarde (Jeremías 30:21).

Conocí a mi esposo casi ocho años atrás en Las Vegas y Dios lo puso de nuevo en mi camino y lo acercó a mí. Después de un noviazgo de un año y medio, decidimos casarnos. Así que pidió mi mano y se vino a vivir a Miami. Ahora tenemos un matrimonio lleno de felicidad porque cuenta con el sello de nuestro Dios.

Hoy puedo testificar que Dios cumple «todo» lo que promete. Lo que es más importante, lo hace en el tiempo perfecto para que las cosas sucedan como Él manda.

Si puedes leer de la Biblia la promesa que Dios me dio el 13 de septiembre de 2005, entenderás mejor este milagro de vida que soy yo. Analiza esa promesa, ¡está en Jeremías 30!

Notas: _____

_____

_____

*Camino, SEÑOR, en torno a tu altar, proclamando
en voz alta tu alabanza y contando todas tus maravillas.*
Salmo 26:6-7

Oración por sueños hechos realidad

Dios mío, hoy acudo a ti en oración junto a los que como yo hemos visto cumplidos nuestros anhelos más profundos. Levanto mi mirada a ti y no me queda más que decirte... ¡Gracias! Gracias porque me acompañaste en momentos de angustia. Gracias porque de esta prueba pude aprender muchas cosas. Gracias porque puedo contárselas a otras personas a través de mi ministerio y testificarles que el Dios que sirvo me salvó, me sanó y me trajo de vuelta a una vida nueva con un esposo y un hogar para mis princesas.

Señor, mientras tenga vida te serviré de manera incondicional y no me cansaré de hablar de tus maravillas.

Permite, Jesús, que este libro les sirva de ayuda a las personas que aún dudan de tu poder y que logren conocerte mejor y cambiar el rumbo de sus vidas.

Te lo pido en el nombre de Jesús, amén y amén.

Notas:
_____
_____
_____

Servid a Jehová con alegría;
Venid ante su presencia con regocijo.
Salmo 100:2, RV-60

¿Por qué servir?

El servicio es un privilegio. Es algo que podemos hacer y nos deja muchas satisfacciones. Es una manera muy especial de representar el corazón de Dios. En otros devocionales recordamos que el mejor ejemplo de servicio lo dejó Jesús cuando estuvo en la tierra sirviendo a los demás. Incluso les lavó los pies a sus discípulos. La Palabra dice que «hay más dicha en dar que en recibir» (Hechos 20:35).

Muchas personas se comunican conmigo para decirme que quieren servir a Dios, pero no saben cómo hacerlo ni en qué hacerlo. Lo importante es que tengas el deseo. No necesariamente tienes que servir en la iglesia. Puedes hacerlo en las cárceles, los hospitales, las casas de refugio para mujeres maltratadas, hogares de adopción, centros de rehabilitación de adicciones, etc. En realidad, la mies es mucha y los obreros son pocos.

El gran problema es que muchos no sirven porque no quieren compromisos. Creen que por servir tienen que dejar de hacer sus cosas o limitarse, pero no se imaginan que Dios restituye, premia y nos da todo lo que deseamos.

He escuchado en diferentes ocasiones esta frase: «El que no sirve, no sirve». Aunque no somos salvos por obras, «la fe sin obras está muerta» (Santiago 2:26). Tu salvación es posible cuando recibes a Jesús como tu Salvador, pero la fe se manifiesta con la acción.

Pídele a Dios que te muestre cuál es tu mejor campo de servicio y empieza a desarrollarlo.

Notas: _____

_____

*Todo el que invoque el nombre
del Señor será salvo.*
Romanos 10:13

Recibe a Jesús en tu corazón

Hace quince años me hicieron esta pregunta: «¿Quieres recibir a Jesús en tu corazón?». Siempre llevo en mi corazón el agradecimiento por esa persona que fue el instrumento que Dios usó para que llegara a sus caminos. Fue paciente, nunca juzgó mi vida, ni mi condición. Por el contrario, fue sabio al llevarme a la iglesia junto con mis princesas. ¡Gracias, Juancho!

Sé que muchos de ustedes ya hicieron esa decisión, pero les pido que en este momento oren dondequiera que estén por las personas que hoy por primera vez están a punto de contestar esta importante pregunta.

Es posible que hayas entendido el sacrificio de amor que hizo Dios por la humanidad al entregar a su único Hijo Jesús para que muriera por nuestros pecados en una muerte de cruz. Tal vez hayas entendido que Dios te ofrece el perdón de tus pecados si le reconoces como tu Salvador. Sin embargo, el Manual de Instrucciones dice que nadie llega al Padre sino es por medio de su Hijo Jesucristo y que para salvación debe haber confesión. Déjame decirte que esto no es cambiar de religión, sino comenzar una relación personal con Él.

Si quieres recibir a Jesús en este día, solo tienes que leer en voz alta esta oración: «Señor Jesús, me presento delante de ti porque reconozco que soy pecador. Te pido, mi Dios, que perdones mis pecados. Hoy abro mi corazón y te recibo como el único y verdadero Salvador de mi vida. Entra en mi corazón. Transforma mi vida. Perdóname, Señor, y escribe mi nombre en el Libro de la Vida. En el nombre de Jesús, amén y amén».

Notas: _____

_____

_____

Ningún mal habrá de sobrevenirte, ninguna calamidad
llegará a tu hogar. Porque él ordenará que sus ángeles
te cuiden en todos tus caminos.
Salmo 91:10-11

Ángeles a nuestro alrededor

Hablar de los ángeles son palabras mayores y la verdad es que no voy a entrar en ese tema de explicarte cómo son. Lo único que puedo decirte es que la Biblia registra más de cien versículos donde los ángeles tuvieron su aparición en diferentes momentos de la historia bíblica.

En el mundo actual, hay personas que dicen que han tenido experiencias con ángeles, que los han visto. Aunque yo no he visto ninguno, sí creo que Dios nos envía ángeles que nos protegen de todo mal y peligro.

En realidad, es importante que te acostumbres a orar y a pedirle a Dios que les ordene a sus ángeles que estén alrededor de nuestras casas, autos e hijos. En mi caso, confío en que a pesar de que no los veo, están siempre conmigo. Además, sé que en muchas ocasiones me han librado del peligro.

Notas: _____

_____

Fortalézcanse con el gran poder del Señor.
Pónganse toda la armadura de Dios para que
puedan hacer frente a las artimañas del diablo.
Efesios 6:10-11

Los ángeles

Ayer analizamos que los ángeles existen y la Biblia registra su existencia. Sin embargo, hay personas que se desvían con este asunto. Estudian los ángeles más que la misma Biblia. Los endiosan y hablan de los milagros que hicieron los ángeles en sus vidas. Así que dejan a Dios en un segundo plano. Debemos reconocer que los ángeles existen, pero sin olvidarnos de Dios.

Nada ni nadie debe ser más importante en nuestras vidas que Dios. Me impresionó mucho saber que el diablo no es como lo pintan: rojo, con cuernos y cola. Resulta que el diablo era un ángel muy hermoso llamado Lucero, o Lucifer, que significa «hijo de la mañana». Su gran pecado fue su enorme egoísmo y su deseo de igualarse a Dios o estar por encima de Él. Deseaba que lo adoraran y le reconocieran como a Dios.

A raíz de esto, se formó una gran batalla en el cielo y expulsaron de allí a Lucifer y la tercera parte de ellos, a los que se les conoce como ángeles caídos. A partir de ese momento, Satanás se convirtió en el príncipe de este mundo que solo desea robar, matar y destruir. Por eso debemos entender que el enemigo quiere siempre hacernos daño. Entonces, cuando nos quiere tentar y hacer caer, se presenta con cosas agradables y llamativas, pues quiere engañarnos.

Por eso, mi invitación hoy es a que nos pongamos la armadura de Dios, a fin de estar firme contra todas las cosas que trama el diablo en nuestra contra.

Notas: _____

_____

_____

Preocupémonos los unos por los otros,
a fin de estimularnos al amor y a las buenas obras.
Hebreos 10:24

Personas que son como ángeles

¿Has vivido la experiencia de conocer personas que parecen ángeles? ¿Personas que aparecen en momentos de nuestra vida que nos hacen decir que son como ángeles? Es decir, personas que nos ayudaron en una situación determinada. Es una gran experiencia encontrase en el camino con estos seres especiales con un corazón tan grande que nos conmueven. Por eso los llamo ángeles enviados por Dios a nuestra vida.

Trata de recordar a esa persona que en momentos de angustia y tribulación te ayudaron, te escucharon y te sacaron adelante. O quizá tú hayas sido ese ángel para otros y hoy Dios te honra.

Mi experiencia más cercana fue en una situación donde tenía pendiente una cuenta con mi abogada de inmigración y esa oficina decidió que no podían esperar más a que me pusiera al día y decidieron demandarme. Las cosas hubieran empeorado, pues una demanda podría afectarme mi salida y entrada a los Estados Unidos. Como testimonio, te cuento que cuando los papeles llegaron al tribunal, allí había un angelito, una mujer que, cuando vio mi nombre, llamó a la emisora y pidió que no la identificaran. En su conversación con mi jefe, dijo: «Soy oyente de Claudia y necesito que le diga que sus papeles están aquí. Por eso, debe hablar con su abogada y pedirle que quite la demanda. Sé que le pueden dar una oportunidad». Para la gloria de Dios, eso fue lo que pasó. Me acerqué de nuevo a mi abogada, me dio la oportunidad y quitó la demanda. ¿Son ángeles o no estas personas? Dios permita que ella esté leyendo mi libro para decirle: «Dios te guarde y bendiga grandemente»

Notas: _____

_____

El que habita al abrigo del Altísimo morará
bajo la sombra del Omnipotente.
Salmo 91:1, RV-60

Dios es nuestro mayor defensor

En el Manual de Instrucciones, Dios nos dice que «abogado tenemos para con el Padre, a Jesucristo el justo» (1 Juan 2:1, RV-60).

Sin embargo, para que esto sea así, debes creerle a Dios y tener tu fe puesta en Él, a fin de que veas este versículo hecho realidad en tu vida.

A cada momento vivimos situaciones donde decimos: «¿Quién podrá defenderme ahora?». Entonces comprobamos que solo Dios puede ayudarnos porque Él es omnipotente y omnipresente.

Creerle a Dios es un gran beneficio, pues aunque tal parece que esa situación que hoy vives es un callejón sin salida, Dios tiene la salida para todo problema. Él tiene la última palabra y es el que cambia los decretos de muerte a vida, de enfermedad a sanidad, de prisión a libertad, de culpable a inocente.

A Dios le interesa que nos vaya bien.

De modo que si quieres activar esa defensa a tu favor, debes dejar de luchar con tus propias fuerzas, debes dejar de pensar que te las sabes todas y rendirte por completo a Jesús.

Notas: _____

_____

_____

Yo le digo al Señor: «Tú eres mi refugio, mi fortaleza,
el Dios en quien confío».
Salmo 91:2

Oración por nuestra defensa

Señor, ¡qué cosas tan hermosas nos has dejado en tu Palabra! Cuando leo el Salmo 91, comprendo, mi Dios, que si soy obediente a tu Palabra, mi vida estará siempre bajo tus alas. Con tus cuidados y protección. Que no debo temer a nada ni nadie porque eres mi Defensor.

En tu Palabra prometiste no abandonarme y estar conmigo en todo momento.

Ayúdame, Señor, a darte todo mi amor y a confiar plenamente en tu poder.

Dios mío, no temeré y descansaré en ti.

Por más noticias preocupantes que se escuchen afuera, yo creeré en ti.

Amén y amén.

Notas: _____

_____

El Señor nos recuerda y nos bendice [...]
bendice a los que temen al Señor.
Salmo 115:12-13

¿Quiénes son los bendecidos?

Los bendecidos son esos cuya vida está dirigida por la ley de Dios.

El mismo Señor nos enseña lo que debemos hacer y no hacer. Así que las bendiciones son para todos, aunque no todos las hagan suyas. En realidad, les cuesta creer que Dios tiene grandes planes con nosotros.

Ver el triunfo en los demás, es conformismo. Es no comprender que todos somos hijos de Dios y que la ley es para todos, al igual que las bendiciones.

Claro, hay personas que son más comprometidas en las cosas de Dios y guardan de verdad sus mandamientos. Tienen una relación intima con Él en oración y sacan de su tiempo para congregarse y escuchar su Palabra. De ahí que podamos ver que a ellos les llegan más rápido las bendiciones.

Otros hemos sido más cabezas duras y hemos tomado malas decisiones. Por lo tanto, hemos alejado esas bendiciones.

Si queremos recibir bendiciones, debemos ser obedientes a Dios. Recordemos también que los tiempos del Señor son perfectos y que hay oportunidades en la vida que no podemos dejar pasar.

¿A quiénes bendice Dios? ¡A todos sus hijos!

Notas: _____

_____

La bendición de Jehová es la que enriquece,
y no añade tristeza con ella.
Proverbios 10:22, RV-60

Espera tu bendición

Cada día que pasa puedo ser testigo de cómo mi amado Dios tiene muchas bendiciones separadas para nosotros. Lo que sucede es que a menudo colocamos nuestras expectativas y sueños en otras personas que quizá no nos ayuden a llevarlos a cabo. No se trata de que sean malas personas, sino que no son el canal de bendición que Él tiene para nosotros.

¿Cuántas veces te han ilusionado, te han prometido ayuda, y a la hora de la verdad nada de nada? Es verdad que se siente frustración y que hasta decimos: «No vuelvo a confiar en nadie».

Hay cosas que tú y yo debemos tener como una fórmula de vida y es que debemos aprender a identificar las cosas que vienen de parte de Dios, así como las personas que son canal de bendición.

Siempre debemos pedirle al Señor que nos guíe y nos muestre las cosas con claridad, a fin de que no nos confundan y, mucho menos, que nos engañen.

Es preferible que esperes tu bendición y saber que viene con la aprobación del cielo.

Notas: _____

_____

Tuya es, SEÑOR, la salvación;
¡envía tu bendición sobre tu pueblo!
Salmo 3:8

La bendición da felicidad, no tristeza

Si volteas la página y vuelves a leer el versículo de ayer, te darás cuenta que Dios afirma en su Palabra que su bendición enriquece y no da tristeza.

Quizá esta sería una buena prueba para nosotros y así poder estar seguros de que lo que Él nos da es perfecto. Además, que Él es el único que conoce el tiempo en que nos debe dar sus bendiciones y que no se equivoca, pues las conoce desde la eternidad.

Es normal que tengamos sueños que se convertirán realidad y otros que no pasarán de ser sueños o caprichos que no están en los planes de Dios. Lo que sí te puedo garantizar es que lo mejor para nuestra vida son los sueños que nos da nuestro Padre celestial, ya que Él sabe lo que nos hará felices.

Aprendamos a esperar ese día en que llegue la bendición. Sentirás paz, gozo y un gran respaldo espiritual. Entonces, gozarás en verdad de ese regalo y te sentirás feliz.

Lo más hermoso de todo esto es que siempre Dios tratará de cumplir tus más profundos anhelos para verte feliz.

Notas: _____

_____

La hierba se seca y la flor se cae,
pero la palabra del Señor permanece para siempre.
1 Pedro 1:24-25

Perseguidos y atacados

¿Darías tú vida por Dios? Nuestra respuesta debería ser afirmativa, sin siquiera dudarlo. No obstante, si lo pensáramos mejor, ¿moriríamos por Él?

¿Sabes que ese mismo decreto de muerte se lo entregó Dios a su Hijo? Determinó que muriera por nosotros para darnos vida eterna y Él le obedeció. Así que murió por pagar nuestros pecados y salvar de ese modo a la humanidad.

¡Qué precio tan caro y tan grande! Lo que ocurre es que Dios veía más allá de los sufrimientos y, aunque sabía que sería doloroso, era un sacrificio a favor de sus hijos.

Si lo analizamos, toda la vida los cristianos han sufrido persecución y ataques. En el peor de los casos, los asesinan solo por seguir a Cristo. Según lo registra el Manual de Instrucciones, eso no dejará de pasar.

Cada vez podremos tener más oposición, más ataques, secuestros, torturas de pastores y misioneros, pues estamos en un mundo donde se levantan falsos profetas y mucha gente no sabrá a quién seguir. Sin embargo, recordemos que aunque las cosas de este mundo se pongan peor, la batalla ya se ganó. Tú y yo no debemos olvidar quién es Dios y lo que está escrito en la Biblia: «El cielo y la tierra pasarán, pero mis palabras jamás pasarán» (Mateo 24:35). Así que no te canses de seguir a Jesús, ya que la recompensa está en los cielos.

Notas: _____

_____

Ustedes fueron comprados por un precio;
no se vuelvan esclavos de nadie.
1 Corintios 7:23

Hay que pagar un precio

Para mí la llegada a este país hace veintidós años ha sido toda una experiencia. Lo he visto como la universidad de la vida donde me tocó aprender de todo un poco, desde ser mamá y ser esposa, hasta cocinar, trabajar y valerme por mi cuenta.

Podría decir que me tocó pagar un precio. Aunque fue muy duro y tuve que sacrificar muchas cosas que deseaba, no cambio por nada lo que he vivido. ¿Sabes por qué? Porque nunca debemos olvidar de dónde nos sacó Dios. Porque aprendemos a valorar lo que tenemos. Es una manera de mantenernos más enfocados y con los pies en la tierra. Lo que es más importante... ¡ser agradecidos!

Es mejor adquirir poco a poco las cosas, a que Dios nos lo dé todo de una vez, pues lo más seguro es que nos llenemos de orgullo y se nos olvide quién es el Rey de reyes.

No te quejes más de lo que estás viviendo en el lugar en que estás. Si te tocó regresar a tu tierra y esos no eran tus planes, da GRACIAS porque quizá te guardara de algo. Si estás en los Estados Unidos pero la situación no pinta bien para ti, piensa que Dios es el que te sostendrá siempre.

Notas: _____

_____

_____

El Señor es mi fortaleza, el cual hace mis pies como de ciervas,
y en mis alturas me hace andar.
Habacuc 3:19, RV-60

A las alturas

Hoy quiero retarte a dejar todo pensamiento negativo que tienes de ti mismo.

Es tiempo de sacudirse y dejar atrás lo que el enemigo y otras personas han puesto en tu mente y que te lo has creído.

Es día de renunciar a la mentira y es día de reconocer que eres un vencedor y un hijo de Dios. ¡Abandona las máscaras!

No importa qué tipo de vida hayas tenido antes de llegar a Cristo. Una vez que recibes a Jesús en tu corazón y te arrepientes de tus pecados, la Palabra nos dice que nos convertimos en nuevas criaturas. Al ser nuevas criaturas, debemos aprender a ver la vida de otra manera. Debemos aprender a ver las cosas desde otro ángulo. No sigamos teniendo compasión de nosotros, ya que Dios no nos ve así. Al contrario, Él nos ve como cabeza y no cola. Nos ve en lo alto y no abajo.

Dios quiere llevarnos a nuevas alturas, a nuevas dimensiones.

Notas: _____

_____

_____

9-26-12

Todo lo puedo en Cristo que me fortalece.
Filipenses 4:13

Oración por afirmación

Señor Jesús, te doy gracias por este nuevo día. Quiero agradecerte también que he podido comprender que tienes tu mirada puesta en mí y que me ves como un ser de bendición.

Gracias por perdonar mis pecados y por olvidar mis faltas.

Ayúdame, oh Dios, a estar firme en ti y a ver las cosas de otra manera.

Necesito que me ayudes a restablecer mi autoestima y verme como me ves tú.

No permitas que nada ni nadie me robe la tranquilidad, la paz y el gozo.

Afirma mi vida, Jesús, en ti. Quiero agradarte y ser canal de bendición para otros.

Señor, fortalece mi vida, mi corazón, mi alma y todo mi ser.

En el nombre de Jesús, amén y amén.

Notas: _____

_____

_____

Ensancha el sitio de tu tienda,
y las cortinas de tus habitaciones sean extendidas;
no seas escasa; alarga tus cuerdas, y refuerza tus estacas.
Isaías 54:2, RV-60

Estancamiento general

¿Estás viviendo una etapa en la cual te hayas estancado? ¿Te parece que no te encuentras en ninguna parte y a veces sientes que se te une el cielo con la tierra? ¿Que te agobian los problemas familiares o la falta de trabajo? ¿Que tratas de servir en la iglesia pero como que tampoco te llena?

Quiero decirte que es válido sentirte de esa manera. Lo que no es válido es quedarse en esa condición.

Siempre he visto que nuestra vida está llena de ciclos que deben cerrarse. Así que le debemos dar oportunidad a Dios para tener nuevos comienzos cuando no cerramos esos círculos de relaciones inconclusas o proyectos que empezaron, pero que nunca terminaron. Hasta en el servicio a Dios tenemos ciclos y eso nos lleva a nuevas etapas.

Dios muchas veces permite que nos sintamos así, porque quiere sacarnos de nuestra zona de comodidad y llevarnos a otras experiencias. La pregunta que cabe es la siguiente: ¿Qué pasa si nos provoca estas molestias? Lo más probable es que nos quedemos quietos y no tomemos ninguna decisión de crecer.

Por lo tanto, realiza cambios radicales que vayan de la mano de nuestro Dios y verás que tendrás la garantía de una vida llena de éxito.

Notas: _____

_____

Toda la Escritura es inspirada por Dios, y útil para enseñar [...]
a fin de que el hombre de Dios sea perfecto,
enteramente preparado para toda buena obra.
2 Timoteo 3:16-17, RV-60

Días de preparación

Si estás buscando un cambio en tu vida, y en especial le has pedido a Dios que te dé una oportunidad para cambiar, servir y cumplir con un llamado, piensa que Dios escucha con mucha seriedad tus peticiones. Por eso, va a empezar a dirigir tu vida de tal forma que te irá llevando a dejar cosas, a tomar decisiones muy duras para ti, pero que serán necesarias para los planes que tienes. Conozco personas que han hecho pactos con Dios y han dejado sus trabajos seculares que no honraban su nombre y han buscado algo que vaya de acuerdo a su estilo de vida.

¿Sabes lo que pasa a veces? Parecemos muy espirituales y nos dejamos llevar por las emociones. Le decimos al Señor: «Quiero ser misionero, quiero ser pastor y vivir para ti».

«Perfecto», dice Dios. «¿Estás dispuesto a dejarlo todo por mí? ¿Dejarías ese trabajo que te da buen dinero, pero te roba tiempo con tu familia? ¿O estás listo para ser misionero dejando tu familia y viajando a lugares en los que quizá no tengas una cama donde dormir y la comida no sea la más apetitosa?».

El servicio a Dios tiene un precio y sacrificios que enfrentar. Sin embargo, la gran verdad es que si Dios te llama, te capacita y te prepara. Creo que ya te lo dije, pero lo repito ahora: Así como los soldados van a la guerra, pero antes necesitan preparación física y entrenamientos muy fuertes, igual sucede con nosotros. Dios necesita prepararnos para darnos lo que anhelamos.

Notas: _____

_____

Vivirás tranquilo, porque hay esperanza;
estarás protegido y dormirás confiado.
Job 11:18

Hay un mañana

Hace un tiempo veía en la televisión un programa que se llamaba «Atrapado en la frustración».

Me llamó mucho la atención que las imágenes que mostraban la representación de ese título fueran de personas atadas, amarradas y desesperadas por ser libres, pero que no podían. En ese programa presentaban gente de todo tipo que estaba frustrada por el trabajo que tenía, por las drogas y por muchas otras situaciones.

La vida en la que vivimos está llena de trampas, traiciones y adicciones que van atando a la gente de tal manera que a veces caen sin imaginarlo siquiera.

¿Sabes? Contrario de seguro a lo que piensa mucha gente, yo le daba gracias a Dios por mi libertad, por la felicidad de poder trabajar en lo que me gusta y sentirme absolutamente llena en Jesús.

Hoy quiero invitarte a conocer al Dador de la libertad. Quiero decirte que la voluntad de nuestro Padre no es que tú vivas atrapado y sin salida. Al contrario, Él quiere que seas libre y quiere romper todas esas frustraciones y ataduras en el nombre de Jesús. Dale la oportunidad a Cristo de transformar tu vida y así poder declarar de todo corazón: «Soy libre en Jesús».

Notas:

He aquí, yo estoy a la puerta y llamo; si alguno oye mi voz
y abre la puerta, entraré a él, y cenaré con él, y él conmigo.
Apocalipsis 3:20, RV-60

Dios toca a tu puerta

Cuando analizamos la frase «Dios toca a la puerta», de inmediato pensamos en su significado según la Palabra y lo que representa: El toque del Señor a la puerta de nuestro corazón. A pesar de que Dios es el único que nos conoce de manera profunda y sabe todas las cosas que cometemos, Él no toma represalias en nuestra contra. Por el contrario, toca a nuestra puerta a fin de darnos salvación y guiarnos si nos desviamos o andamos en malos caminos.

Siempre tenemos varias oportunidades de cambiar y de enderezar nuestros caminos. A decir verdad, nuestro Padre quiere las aprovechemos con su ayuda y que lo hagamos a tiempo, no cuando toquemos fondo o la situación sea preocupante en realidad.

Hoy es tu día. Así que renuncia a todo lo que te aleja de Dios. Además, pídele que te guíe para hacer su voluntad.

Notas: _____

_____

Porque no nos ha dado Dios espíritu de cobardía,
sino de poder, de amor y de dominio propio.
2 Timoteo 1:7, RV-60

Dominio propio

Creo que lo más difícil para cualquier ser humano es el dominio propio. Es decir, controlar los deseos, las cosas nocivas y las que más nos gustan. Por diferentes razones, y debido a que somos débiles, no tenemos una razón por la cual renunciar a algo que no es bueno para nosotros.

También es posible que el problema esté en que no tengamos motivación para hacer cambios. Sin embargo, cuando tenemos temor de Dios, esa lucha se hace aun más difícil porque queremos cumplirle. Entonces, si le fallamos, nos sentimos muy mal con Él. Déjame aclararte que el domino propio no necesariamente es útil para abandonar una falta grave. Puede ayudarnos en otras cosas como trabajar en exceso, comer sin control, fumar, beber y descuidar a la familia. Asimismo, es conveniente para la gente que va al gimnasio, pero no por salud ni por deporte, sino porque idolatra su cuerpo. En fin, el dominio propio les resulta provechoso también a los compradores compulsivos y los malos administradores del dinero.

Todos estos ejemplos que menciono quizá te identifiquen y no es que seas una mala persona, ni que te desprecie Dios. Todo lo contrario. Dios es tu Padre y te ama. A Él le interesa que seas feliz y una persona equilibrada en todo lo que haces.

Así que ahora quiero hacerte la pregunta del millón: «¿Cómo lo logras?». Depende de ti, pues si quieres ver un cambio, la oración es más que suficiente para respaldar tu decisión.

Notas: _____

_____

_____

*Dios [...] nos enseña a rechazar la impiedad
y las pasiones mundanas. Así podremos vivir en este mundo
con justicia, piedad y dominio propio.*
Tito 2:11-12

Oración por dominio propio

Padre de la gloria, me presento delante de ti para darte gracias por un nuevo día. Para reconocerte como el Dios de mi vida. ¡Oh, Señor, cuánto te necesita mi alma!

Hoy, mi Dios, necesito tu intervención milagrosa, ya que mi carácter es débil y me resulta difícil tener dominio propio.

Muchas veces me he prometido cambiar y dejar malos hábitos, pero vuelvo a recaer o incluso a fallar.

Por eso, mi Señor, en este día vengo ante ti para hacer un pacto contigo, pues sé que solo con tu ayuda saldré adelante.

Dios mío, hoy te entrego este hábito (decir el tuyo) y te prometo que me esforzaré al máximo para no fallarte.

Gracias, mi Dios, porque sé que cuento contigo. Tú me darás la fuerza que necesito y podré dar testimonio de tu poder.

En el nombre de Jesús, amén y amén.

Notas: _____

_____

La palabra de Dios es viva y poderosa,
y más cortante que cualquier espada de dos filos.
Hebreos 4:12

Poder transformador de la Palabra

A manera de testimonio te puedo dar fe de que no soy ni la mitad de lo que fui antes de conocer la Palabra de Dios.

Como a muchos, me gusta decir que la Biblia es el Manual de Instrucciones porque eso es en realidad: Un manual que te muestra con hechos que la Palabra de Dios tiene mucho poder para sanar, liberar y transformar.

Una vez que hablamos de la Palabra, la leemos o la enseñamos, no volverá vacía. Por eso se compara con una espada de dos filos, pues corta y transforma.

Cada día podemos acudir a esta guía y nos mostrará cómo cambiar esas esferas de la vida que necesitan la intervención de Dios, al igual que lo fue con grandes hombres y mujeres de la Biblia.

Otra cosa que debemos tener muy presente es que la Palabra de Dios nunca pierde poder ni vigencia. En fin, todo pasará, pero la Palabra no pasará.

Confíale tu vida a Dios y pon en sus manos todo lo que necesite cambio.

Notas: _____

_____

_____

Yo proclamaré el decreto del Señor: «Tú eres mi hijo»,
me ha dicho; «hoy mismo te he engendrado.
Salmo 2:7

Padres con hijos especiales

Este devocional tiene la petición de una oyente que me habló de sus tres hermosos hijos de los que una era especial, pues tiene retraso mental. Además, me comentó que en la radio, y en general, casi nunca hablamos de la lucha que tienen los padres, ni de los momentos tan difíciles por los que tienen que pasar, sin contar los sacrificios, las tristezas y el dolor.

Si este es tu caso, quiero decirte que eres privilegiado, porque Dios desde la eternidad sabía que podía contar contigo para que criaras ese hijo especial que tanto amas. Así que tienes esa cualidad tan necesaria, que otros no poseen, para este tipo de crianza.

En este día quiero levantar tus brazos cansados y decirte que en cada noche sin dormir Dios ha estado contigo. Él ha secado tus lágrimas y ha sido el que te ha dado la fortaleza cuando pensaste que no podrías con esa situación en tu vida.

No te desesperes. Piensa que todo lo que hagas por ese hijo vale la pena y que Dios desde el cielo te recompensará.

No te rindas. Recuerda que aunque esa princesa no se comporte como las demás o ese príncipe tenga dificultades en su desarrollo, es también un hijo de Dios y Él lo guardará y cuidará.

Por más fuerte que sea esta prueba, mi consejo es que nunca juzgues a Dios, pues Él es soberano.

Notas: _____

_____

_____

*Dios nos ha entregado sus preciosas y magníficas promesas para que
[...] lleguen a tener parte en la naturaleza divina.*
2 Pedro 1:4

¿Qué declaras sobre ti?

Durante estos devocionales hemos analizado que las palabras
tienen poder y nosotros somos el resultado de lo que
hablamos y de lo que comemos en cuanto respecta a la salud.

Dios tiene trazado nuestro futuro, pero a veces no vemos esas cosas.
A menudo, esto se debe a que estamos desenfocados o a que NO
creemos en nosotros mismos para lograrlo. Es posible que
pensemos que el éxito es para otros y cometamos el error más
común y determinante en la parte espiritual: Hablamos sin pensar
y decimos lo peor de nosotros mismos. Entonces, todo lo que
declaramos sobre nuestra vida toma valor debido al poder que
tienen las palabras.

Recuerda que el enemigo, Satanás, no quiere que tú triunfes. Al
contrario, está interesado en tu fracaso. A mí me costó un tiempo
entender este principio y mediante la Biblia comprobé que con
nuestras palabras podemos declarar bendición o maldición.

Ahora te pregunto: «¿Qué prefieres?». Es hora de soltar todo tu
pasado. Si en otra época te ataste con tus palabras, hoy Dios te da
la oportunidad de ser libre y hacer lo opuesto.

A fin de alcanzarlo, empieza a declarar lo siguiente: «Soy un hijo
de Dios. Soy un vencedor. Todo lo puedo en Cristo que me
fortalece. Ninguna arma forjada contra mí prosperará. Soy sano.
Soy libre. Soy una nueva criatura».

Notas: _____

_____

_____

Cada uno cosecha lo que siembra [...] Por lo tanto, siempre que
tengamos la oportunidad, hagamos bien a todos.
Gálatas 6:7, 10

¿Qué declaras sobre los tuyos?

Si leíste el devocional anterior, sabes que hablamos de la importancia de declarar cosas positivas sobre nuestra vida y tomar como nuestras las promesas que Dios nos dejó en el Manual de Instrucciones.

No obstante, así como es importante para nosotros, también es importante hacerlo para los nuestros. ¿Qué cosas dices de tu cónyuge, tus hijos y tu familia?

Un gravísimo error es lo que declaramos sobre la vida de nuestros hijos. Con nuestras palabras necias atamos a los hijos con cosas terribles como estas: «Eres un tonto. No sabes hacer nada. Eres un inútil y un bruto». No tienes idea del daño y el efecto que esas palabras traerán sobre su vida. Llega a un punto que hasta se lo creen. Y lo estarás atando con esas declaraciones de por vida.

¿Cómo eres con tu esposa? ¿La humillas, la insultas o la maltratas de palabras? Hoy Dios te dice que el que toca a uno de sus hijos toca a la niña de sus ojos (véase Zacarías 2:8). Cuando se daña a un hijo de Dios, es como si se lo hicieran a Él. ¿Te imaginas?

También, mujeres, ¿qué estamos declarando sobre los esposos? ¿Los humillamos, los insultamos, los maldecimos? Recordemos que nuestros esposos son la cabeza de la casa.

Por favor, pensemos antes de hablar y reconozcamos que todo lo que sembramos eso mismo cosecharemos.

Notas: _____

_____

Ten compasión de mí, oh Dios, conforme a tu gran amor [...]
Lávame de toda mi maldad y límpiame de mi pecado.
Salmo 51:1-2

Oración por perdón

Padre, gracias por tu presencia en mi vida. Vengo ante ti porque quiero reconocer que he sido una persona negativa y me he dejado llevar por esa manera dañina de ser. No solo les he hecho daño a los demás, sino a mí mismo. He afligido a los seres más queridos con palabras que han salido de mi boca, con las que he maldecido sus vidas, los he humillado y, sobre todo, te he faltado a ti.

Señor, te pido me ayudes y me des la fuerza para pedirle perdón a cada uno de los que les he faltado el debido respeto y les he atado con mis palabras.

Dios mío, permite que puedan perdonarme y tú cancela con tu poder cualquier maldición o atadura declarada sobre sus vidas.

Gracias por abrir mi entendimiento y mostrarme mis errores.

Me comprometo, Jesús, a cuidar mis palabras y a callar aun cuando no me guste algo.

Bendice mi vida, bendice a mi familia, a mis hijos y a mi cónyuge.

Dame el favor y la gracia para restaurar las relaciones con mis seres queridos.

Te lo pido con todo mi corazón, amén y amén.

Notas: _____

_____

_____

En cuanto a mí, veré tu rostro en justicia;
estaré satisfecho cuando despierte a tu semejanza.
Salmo 17:15, RV-60

No me gusta el espejo

Parece extraño, pero es verdad. Hay personas que no son muy amigas del espejo.

Un día iba en el auto con mi princesa Niki y me dijo: «No me gusta ese espejo». Se refería al espejo que está arriba del asiento del pasajero. Así que le pregunté: «¿Por qué dices eso, mami?». A lo que me contestó con sinceridad: «Porque me muestra todo lo que tengo». En esos días, había estado con una gripe terrible y tenía ojeras. De inmediato, saqué una hojita y escribí la idea, pues va más allá de lo que imaginamos, sobre todo en el ámbito espiritual. El espejo se menciona en seis versículos de la Biblia y, a decir verdad, no sé si es bíblico o no, pero tiene sentido lo que he escuchado: «Los ojos son el espejo del alma».

Hay espejos en los que nos vemos de tamaño regular, pero hay otros que vienen con aumento y esos nos muestran los mínimos detalles de la cara. Esos no me gustan. Otros espejos distorsionan la imagen y, por lo general, los vemos en las ferias porque es divertido. Sin embargo, ¡qué importante es el espejo! Te muestra tal como eres y prevé cualquier molestia... ¡ya sabes a lo que me refiero! Sé que a veces lo que vemos en el espejo puede determinar nuestro estado de ánimo. Quizá se trate de unas libras de más o de una pérdida de peso.

Pensemos, pues, que del mismo modo que el espejo nos muestra cómo somos, también nuestra vida debería ser un espejo para los demás. Es decir, que quienes nos vean quieran ser iguales a nosotros porque reflejemos a Jesucristo.

Notas: _____

_____

Día 283

*Todos nosotros, que con el rostro descubierto reflejamos
como en un espejo la gloria del Señor, somos transformados
a su semejanza con más y más gloria.*
2 Corintios 3:18

¿Qué reflejamos?

¿Podemos decir que reflejamos a Jesús? Me gustaría mucho decir que reflejo a Jesús al cien por cien, pero sería una enorme desfachatez de mi parte. Estoy muy llena de defectos y debilidades que no sería justa con mi Dios. Sin embargo, su anhelo es que alcancemos la estatura del varón perfecto, ¡pero cuán lejos estamos de esto!

Nuestro Padre dice en su Palabra que nos hizo a su imagen y semejanza, pero hemos distorsionado ese concepto con el pecado. Así que me enternece mucho cuando en el Manual de Instrucciones dice que Él nos ve después del perdón de nuestros pecados limpios y sin manchas. De ahí que cada uno de nosotros deba reflexionar de manera individual, y desde el punto de vista espiritual, la clase de espejo que somos y lo que reflejamos.

¿Está nuestro espejo opaco y por más que le echas los mejores líquidos limpiadores siempre se ve opaco? ¿Está nuestro espejo tan manchado que aunque lo limpies le sigues viendo la mancha? ¿O está nuestro espejo roto y no lo limpias porque sabes que se ve deteriorado y feo?

En este día quiero que recuerdes que aunque tu vida esté opaca por tu pasado, manchada por el pecado o rota, porque crees que ya no tiene valor, hoy Jesucristo te dice que Él murió por ti para limpiar y restaurar tu vida y que ya nunca más serás el mismo. Por eso, Jesús te da la oportunidad de un nuevo comienzo a fin de que seas reflejo de su amor.

Notas: _____

_____

Mis ojos pondré en los fieles de la tierra, para que estén conmigo;
el que ande en el camino de la perfección, este me servirá.
Salmo 101:6, RV-60

La infidelidad... enemiga del amor

La infidelidad es enemiga del amor y un cuchillo que corta el alma. Por eso, Dios quiere que enderecemos nuestros caminos. Es triste que haya personas que tenga ese tipo de experiencia, ya sea por su traición o porque las traicionen.

Dios ve la infidelidad como un pecado y se cataloga por igual tanto en el hombre como en la mujer. Por tradición, el hombre siempre ha sido más infiel, pero la verdad es que hoy en día las mujeres también tienen altos índices en este aspecto. Además, es tan fuerte que hasta son capaces de dejar a un lado a sus hijos y vivir una aventura.

La infidelidad es la peor decisión que podemos tomar. Tiene consecuencias muy dolorosas y te deja un vacío que solo puede llenar Dios con su perdón. No vale la pena arriesgar lo que tienes por unos momentos de placer, pues después la soledad y la culpabilidad serán tus compañeros.

Dios quiere hoy enderezar tu camino y quiere que valores el hombre que te ha dado. Y si no tienes pareja, tampoco tienes derecho al hombre ajeno. En mi caso, el Señor me llevó por un proceso de restauración tan doloroso que aprendí la lección, pero no me salvé de vivir las consecuencias.

Por eso te invito a que rompas hoy con esa relación. Pídele a Dios que te perdone y te dé la oportunidad de una nueva vida.

No siembres en la vida de los demás lo que no quisieras vivir en ti o en tus hijos. La infidelidad te lleva a la muerte espiritual.

Notas: _____

_____

El que lleva a los justos por el mal camino, caerá en su propia trampa; pero los íntegros heredarán el bien.
Proverbios 28:10

La infidelidad

Hombres, la infidelidad no es una moda ni te hace más hombre. Por el contrario, te hace más cobarde.

Para los hombres que no tienen una vida espiritual sana, les cuesta mucho entender que debes ser hombre de una sola mujer. Aunque el mundo te tilde de tonto, esa es la voluntad de nuestro Dios. Por eso la fidelidad es la más hermosa cualidad y virtud que pueda tener un hijo de Dios.

¿Has pensado qué haría Jesús si lo hubieran tentado con la infidelidad? ¡Hubiera huido, ya que fue íntegro en todo!

Si quieres cambiar tu vida, debes dejar atrás el pecado de la infidelidad que desgracia tu vida y la de tu familia. El Manual de Instrucciones habla con dureza de las consecuencias. Recuerda lo que se declara en Romanos 6:23: «La paga del pecado es muerte». No te hablo de la muerte natural, sino de la muerte espiritual que pone un abismo entre Dios y tú, te aparta de su protección y te lleva a tocar fondo.

No es más hombre el que tiene más mujeres. Es más hombre el que solo tiene una. Si tienes más de una mujer, recapacita y permite que Dios te libere de esta doble vida. Renuncia a esa relación y arrepiéntete de corazón. Dios, que es un Padre de oportunidades, restaurará tu vida.

Recuerda que la verdadera vida no está en la tierra. La verdadera vida está cuando partamos de este mundo y tengamos que darle cuenta a Dios por lo que hicimos con nuestra vida y con nuestros hogares.

Notas: _____

_____

_____

Amen al SEÑOR, todos sus fieles;
él protege a los dignos de confianza.
Salmo 31:23

Oración por fidelidad

¡Oh, Dios mío, qué claro eres en tu Palabra! Sin embargo, ¡qué necios somos! Por eso caemos con facilidad en las redes de Satanás que nos presenta todo llamativo y agradable. Entonces, a la larga viene el final tan amargo por nuestras equivocaciones.

Señor, tú creaste el matrimonio y estableciste como mandamiento la fidelidad, a fin de que seamos felices y bendecidos.

Ayúdanos, Padre, a tener nuestra mirada puesta en ti y a huir de la tentación.

Danos tanto el querer como el hacer, y pon en cada uno de nosotros un nuevo amor por nuestros cónyuges.

Perdóname, mi Dios, y restaura mi vida. Dame la oportunidad de reconocer mi falta y recuperar mi matrimonio.

También te pido que me guardes de la amarga experiencia de la infidelidad y de todo peligro. No me dejes caer en tentación y líbrame del mal, de modo que sea capaz de cumplir el pacto de fidelidad que hice en el altar.

En el nombre de Jesús, amén y amén.

Notas: _____

_____

Perezoso, ¿hasta cuándo has de dormir? [...] Así vendrá tu necesidad
como caminante, y tu pobreza como hombre armado.
Proverbios 6:9-11, RV-60

La pereza

Una cosa es pasar el rato, que por cierto es muy agradable, y otra muy diferente es ser perezoso. La pereza no habla lo mejor de nosotros, ya que es como una carta de presentación.

Aparte de lo que puede afectar en tu trabajo y te dé mala fama, quizá no te tengan en cuenta para cosas que te gustarían. Incluso, me atrevería a decir que es fatal para tu casa.

En lo personal, no podría estar al lado de un esposo perezoso. ¡Qué terrible es que nosotras como mujeres, que debemos tener el respaldo de nuestra pareja, nos toque hacerlo «todo» porque no podamos contar con él debido a que siempre está dormido o a que todo le dé pereza! Tal vez para algunos les resulte extraño saber que Dios hable en la Biblia de esta condición.

El libro de Proverbios nos pone como ejemplo el insecto más organizado y trabajador: La hormiga. ¿Sabías que la hormiga prepara su comida en el verano y recoge en el tiempo de la siega su mantenimiento? Sus caminos son organizados a pesar de que no tienen gobernador, ni señor.

¿Tú necesitas un jefe para trabajar y hacer las cosas con excelencia? Si eres ese tipo de persona que le cuesta ser activo y cumplir con sus obligaciones, piensa que Dios te está observando y no hay nada más gratificante que todo lo que hagamos lo hagamos como para el Señor.

Notas: _____

_____

Que el SEÑOR, Dios de Israel, bajo cuyas alas has venido a refugiarte, te lo pague con creces.
Rut 2:12

Las cosas fluyen de Dios

Amigos, ¡qué hermoso e importante es que Dios se involucre en nuestra vida! Aunque no lo veamos, Él se preocupa de nuestras cosas y le interesa favorecernos, guiarnos y ayudarnos.

De seguro has vivido situaciones en las que crees que Dios está en el asunto. Entonces, las cosas no se dan como esperabas y todo cambia de repente. Así que te sientes triste, derrotado y desconsolado. Lo que es peor, muchas veces ponemos nuestra confianza en nosotros mismos o en otra persona y nos frustramos.

Algo que he aplicado para mi propia tranquilidad es que todo lo que anhele y lo que quiera emprender debe llevar el sello de respaldo de mi Jesús. He comprobado que cuando las cosas son de Dios, fluyen con facilidad y se abren puertas. Es más, hay respaldo y bendición en medio de lo que hacemos.

Esto también se ajusta a nuestra vida espiritual, emocional y laboral. Por eso debemos entender que cuando las cosas se hacen realidad, son de Dios y serán duraderas. Las cosas de Dios son eternas...

Todo lo que emprendas y todas las decisiones que tengas que tomar ponlas en manos del Señor.

Notas: _____

_____

Acérquense a Dios, y él se acercará a ustedes. ¡Pecadores, límpiense
las manos! ¡Ustedes los inconstantes, purifiquen su corazón!
Santiago 4:8

Acércate a Él

Cada día recibo correos electrónicos donde los oyentes me expresan que quieren un cambio en sus vidas y desean buscar a Dios para encontrar respuesta a sus necesidades. Yo le agradezco a Dios por ese privilegio de servirles de inspiración a fin de que pueda hablarles de lo que me cambió la vida.

Mi vida es Jesús y tal vez parezca que soy religiosa o fanática, pero nada de eso es verdad. He vivido la vida con Cristo y sin Él. Así que con toda certeza puedo dar testimonio de cómo Dios me alcanzó, me rescató y me perdonó.

Al cambiar mi vida, también les pude dar un mejor ejemplo a mis princesas, que son mi vida. Te lo digo con todo mi corazón: ¡Vale la pena acercarse a Él! Cuando lo hacemos, le permitimos que obre en nuestra vida, que haga suyos nuestros problemas y que nos dé una salida para cada uno de ellos.

Dios te ama y te dice: «Ven, no te resistas. No sigas tratando de vivir la vida a tu manera. Ven, porque deseo bendecir tu vida, cambiarla y darte lo que tengo preparado para ti».

Acercarte al Padre es como volver a tu origen. Es volver a su manto, a su protección, donde estarás seguro, tranquilo y en paz. Deja el orgullo y búscale con un corazón arrepentido y dispuesto a dejarte llevar al taller del Maestro. En ese taller, Él pulirá tu vida, limará tus partes ásperas y te colocará a altas temperaturas. Entonces, después de salir de allí, saldrás nuevo y hermoso.

Notas: _____

_____

Alégrense y llénense de júbilo,
porque les espera una gran recompensa en el cielo.
Mateo 5:12

Influye con amor

Nosotros no estamos en este mundo para impresionar a nadie, mucho menos para impresionar a Dios. Estamos en este mundo con un propósito específico. ¡Qué bueno sería que cada uno lo pueda encontrar como es debido!

Durante varios años, sobre todo en la adolescencia, es común preguntarse: «¿Qué hago en este mundo? ¿Por qué estoy aquí?». Yo también me hice esas preguntas y nunca hubo respuestas, al menos una que me convenciera. No fue hasta que conocí de Jesús que pude entender mi propósito y trato de cumplirlo al pie de la letra. Hace unos cuatro años surgió un deseo en un sinnúmero de personas por conocer el propósito de Dios para sus vidas. Entonces, cuando apareció el libro *Una vida con propósito*, de Rick Warren, muchos lo entendieron. Este libro enseguida rompió los récords de venta y, aún hoy, sigue siendo uno de los más vendidos. ¡Qué cantidad de testimonios llegó a mis oídos! La gente me decía, y me sigue diciendo, que ese libro transformó su vida.

Gracias le doy a Dios por libros como ese que llevan la verdad clara y directa que transforman vidas. Quizá tú aún no lo has leído y estás en esa búsqueda, pues te lo recomiendo.

Tú y yo también debemos llevarle la Palabra a toda criatura de modo que encuentre el verdadero propósito para su vida. Por lo tanto, proclamemos su mensaje con el amor y la misericordia que solo encontramos en Dios.

¿Qué estás haciendo para influir en otros? Recuerda que tu premio no está en la tierra, sino en el cielo.

Notas: _____

_____

_____

Nuestra boca se llenó de risas;
nuestra lengua, de canciones jubilosas.
Salmo 126:2

La risa alegra tu vida

Si supiéramos a ciencia cierta lo que ocasiona la risa en nuestro cuerpo, los muchos músculos de la cara que se activan y el beneficio que hace en el alma, creo que reiríamos más a menudo. Yo me considero una persona muy feliz y muy alegre. Me fascina reírme y sé que esa alegría se contagia a otras personas que viven tristes por sus problemas. Además, tengo el privilegio y el hermoso trabajo en la radio de llevar positivismo y motivación a mis oyentes. Tú también puedes hacer lo mismo que yo. Puedes alegrarte y llenarte de júbilo, como dice la Palabra, pues Dios te da la fortaleza para ver tus problemas de otra manera. No en vano la Biblia dice que «el corazón alegre hermosea el rostro» (Proverbios 15:13, RV-60).

Si hablamos del amor de Dios, no debemos destilar amargura, odio, mal genio, ni tampoco soberbia. Hay personas que su misma frustración les roba la sonrisa de sus labios. Tampoco es justo contigo mismo consumirte en la tristeza y el dolor.

Sé que hay tiempo de llorar y tiempo de reír, pero es obvio que no debemos llevarlo a los extremos. También hay un cierto tipo de risa burlona que hace daño y la Palabra le llama a esto «vanidad». Dios es Dios de nuevos comienzos. Así que hoy Él quiere devolverte la alegría y endulzar tu vida. ¡No pases por alto esta oportunidad!

Notas: _____
_____

«Si se enojan, no pequen».
No dejen que el sol se ponga estando aún enojados,
ni den cabida al diablo.
Efesios 4:26-27

La ira

La gente necia «da rienda suelta a su ira», tal y como lo dice Proverbios 29:11.

Entendemos que hay diferentes temperamentos y tenemos visibles reacciones a momentos específicos. Creo que estar de mal humor de vez en cuando es normal, lo que no debemos es ser iracundos. Todo el mundo rechaza a la persona iracunda por ser muy problemática.

¿Quién desea tener un amigo, un cónyuge, un pastor, un médico, un maestro, un hijo o un padre iracundo? ¡Eso es terrible! Una persona explosiva te puede sorprender en cualquier instante y casi siempre termina involucrado en más de un problema. Ni siquiera es aconsejable unirse a personas así, porque terminas lastimado.

Si tu cónyuge se enoja con facilidad, debes orar por un milagro. Claro, mientras no corra peligro tu vida o la vida de tus hijos. Solo Dios puede transformar semejante persona.

También la Biblia les aconseja a los padres que «no hagan enojar a sus hijos» (Efesios 6:4). Sé que a veces los padres podemos desesperar a nuestros hijos, ya sea controlándolos, lastimándolos o insultándolos, y esta es una advertencia que nos hace Dios.

Tú y yo podemos cambiar y entregarle esta esfera de nuestra vida a Dios, quien puede hacer la obra. Él es el único que puede darnos domino propio y poner en nosotros el querer como el hacer.

Notas: _____

_____

Quien encubre su pecado jamás prospera;
quien lo confiesa y lo deja, halla perdón.
¡Dichoso el que siempre teme al Señor!
Proverbios 28:13-14

Oración por cambios de vida

Señor Jesús, gracias por este nuevo día y por tu amor y paciencia para conmigo.

Hoy, mi Dios, confieso que necesito tener cambios radicales en mi vida. Sé que muchas cosas de mi carácter y de mi temperamento me están ocasionando situaciones incómodas que se me van de las manos y me causan más problemas con mis seres queridos y las personas que me rodean.

Por eso, Señor, necesito que me ayudes a cambiar. Estoy dispuesto a entregarme a ti y permitir que obres en mi vida.

Acudo a tu misericordia que es nueva cada día, porque ya no puedo más.

Te pido perdón por mis pecados y quedo en tus manos, mi Jesús. Limpia mi vida, hazme de nuevo, y concédeme que logre restablecer las relaciones con mi familia y me puedan perdonar.

Te lo suplico en el nombre de tu Hijo, Jesucristo, amén y amén.

Notas: _____

_____

Ante ti, Señor, están todos mis deseos;
no te son un secreto mis anhelos.
Salmo 38:9

Los deseos de Dios

Dicen que en veintiún días algo que hacemos se convierte en hábito. Así que al buscar palabra que Dios pusiera en mi corazón para cada uno de nosotros este año, encontré veintiún deseos específicos, o principios de vida, que Dios espera de nosotros. Muchos de estos los hemos escuchado, repetido y practicado. Sin embargo, lo más importante es que cada uno de los que amamos a Dios queremos conocerle, agradarle y hacer su voluntad.

Durante los próximos veintiún días reflexionaremos en esos deseos y principios de vida y estoy segura que Dios abrirá nuestro entendimiento a fin de que logremos comprender mejor su Palabra y su corazón.

Dios mío, ayúdanos a comprender tu Palabra. Danos sabiduría y permite que cada uno de nosotros reciba la instrucción y la preparación de modo que seamos capaces de vivir como tú esperas. Que con palabras sencillas comprendamos la bendición de ser obedientes.

Señor Jesús, entregamos en tus manos estos próximos días que combinaremos con oración y ayuno.

Amén y amén.

Notas: _____

_____

Ustedes son la sal de la tierra. Pero si la sal se vuelve insípida,
¿cómo recobrará su sabor? Ya no sirve para nada.
Mateo 5:13

La sal de la tierra

La frase «la sal de la tierra» siempre me pareció un tanto extraña. Incluso, cuando llegué a los caminos de Dios, no entendía por qué en su Palabra se decía que somos la sal de la tierra. Más tarde, Dios mismo me dio la manera más sencilla y fácil de entenderla y practicarla.

La sal es un ingrediente clave para darle sabor a la comida, pero tiene un especial cuidado: Debe tener un término ideal para sazonar y no para salar. ¿Quién resiste la comida salada?

La Palabra dice que en los tiempos de Jesús la sal venía del Mar Muerto y estaba llena de impurezas, de modo que perdía algo de su sabor. Es posible que digas: «¿Qué tiene que ver esto con mi vida espiritual?».

Pues bien, Dios nos compara con la sal en la tierra porque tenemos esa preciosa labor de darles sabor con su Palabra a los que no conocen a Jesús. Por otro lado, a nosotros nos sucede lo mismo que a la sal con impurezas que se utilizaba en Israel. Por eso necesitamos ser puros para darles ejemplo a otros. Además, si nos enfriamos en la Palabra y nos volvemos insípidos, ¿cómo daremos sabor?

Notas: _____

_____

_____

Así alumbre vuestra luz delante de los hombres,
para que vean vuestras buenas obras,
y glorifiquen a vuestro Padre que está en los cielos.
Mateo 5:16, RV-60

La luz del mundo

El deseo de Dios es que nosotros seamos luz del mundo. De ahí que nuestra vida se compare con una lámpara que alumbra a los demás. Sin embargo, para poder alumbrar debemos estar llenos y cargados de Dios y de su Palabra para servir de ejemplo a otras personas.

En la época de Cristo se utilizaban lámparas pequeñas de arcilla en las que se quemaba aceite de oliva. Sin aceite, no prendían. Y si nuestra lámpara no está llena de Dios, será muy difícil alumbrar a los demás. A veces tenemos una vida tan fría con Dios que lo más probable es que, a mitad del camino, nos quedemos nosotros también sin luz.

Pidámosle a Dios que nos llene hoy de su amor, que podamos tomar ese hábito de leer la Biblia y de ese modo ser la luz del mundo, tal y como lo dejó escrito en su Palabra.

Notas: _____

_____

Les aseguro que mientras existan el cielo y la tierra,
ni una letra ni una tilde de la ley desaparecerán hasta que
todo se haya cumplido.
Mateo 5:18

Jesús y la ley

Me gusta mucho que fuera el mismo Dios el que estableciera la ley y que dijera que la hizo para que no se quebrantara. Algo que Dios rechaza es la forma en que algunos fariseos, como se narra en la Biblia, cumplían la ley, pues lo hacían con fingimientos o la desobedecían en su interior. Dios dice que su Palabra se cumplirá en su totalidad. También dice que debemos cumplir la ley y enseñarla, para que de ese modo nos consideren grandes «en el reino de los cielos» (Mateo 5:19). Por eso, no tratemos de hacer una nueva ley para nuestra conveniencia.

Es lamentable que hoy en día haya muchas personas que cambien la Palabra de Dios a su manera y vivan en total desorden y desobediencia. Los cristianos debemos ser diferentes porque Dios estableció la ley de este mundo para que se obedezca:

• La manutención de los hijos: Es la ley de Dios y del hombre.
• No se toma mientras se maneja: Es la ley de Dios y del hombre.
• Se multa a quien no use el cinturón de seguridad: Es la ley de Dios y del hombre.

Todas estas cosas son algunas de las leyes establecidas que no cumple un gran por ciento de la humanidad.

La ecuación es sencilla: Obediencia = Bendición.

Notas: _____

_____

*Si estás presentando tu ofrenda en el altar
y allí recuerdas que tu hermano tiene algo contra ti [...]
ve primero y reconcíliate con tu hermano.*
Mateo 5:23-24

Jesús y la ira

Le damos gracias a Dios por este cuarto día donde le hemos pedido que nos hable y toque de una manera especial.

En esta parte de la Biblia, Él nos habla de no estar enojados con nadie, de arreglar las cuentas con todos, aun antes de dar una ofrenda en la iglesia.

Es más, Dios desea que nuestras relaciones con amigos y familiares sean saludables. También nos recuerda que juzgará nuestros pecados de la misma manera que lo hace con el que comete un crimen, como el que le dice necio a su hermano.

Nosotros los humanos somos los que clasificamos los pecados. Creemos que es más pecador un adúltero que un mentiroso. Sin embargo, para Dios todos los pecados son iguales.

Hoy mi invitación es a ponerse a cuentas con Él. Asimismo, debemos pensar que tú y yo no sabemos hasta cuándo viviremos en este mundo y es mejor estar siempre a bien con Dios. ¿Cómo lo logras? Lo puedes hacer solo a través de una oración y un corazón arrepentido de verdad.

Dios es el único que ve tu corazón y en su Palabra nos dice que no rechaza un corazón que se arrepiente.

Notas: _____

_____

Oísteis que fue dicho: No cometerás adulterio.
Pero yo os digo que cualquiera que mira a una mujer
para codiciarla, ya adulteró con ella en su corazón.
Mateo 5:27-28, RV-60

Jesús y el adulterio

Dios es bien radical con el problema del «adulterio». Desea y ordena que seamos hombres y mujeres de una sola pareja. No acepta bajo ninguna razón tener otras relaciones aparte del cónyuge. Sabemos que este es un veneno que mata los matrimonios y que cada vez más se filtra en las iglesias.

Por lo tanto, nosotros tenemos el llamado a cuidar los hogares, a huir de la tentación, pasar tiempo de calidad con nuestra pareja y tener muchísima comunicación. La clave de todo esto es tener a Jesús en el hogar como base. Además, la oración individual y en pareja es una bendición y es la manera de cubrir nuestro hogar.

Recuerda que no vale la pena que por un momento de placer o por una aventura se arroje por la ventana el matrimonio y los hijos. Sobre todo, que tengamos que vivir las consecuencias por nuestros actos donde el juez supremo es Dios.

Aunque tanto el hombre como la mujer tienen la responsabilidad del matrimonio, Dios le va a pedir cuentas al hombre que es la cabeza del hogar. Si tiene la autoridad, tiene mayor responsabilidad ante Él.

Busca a tu pareja, reconcíliate con ella y arregla tus cuentas con Dios.

Notas: _____

_____

Por tanto, lo que Dios ha unido,
que no lo separe el hombre.
Marcos 10:9

Jesús y el divorcio

El divorcio es un tema que me causa mucho dolor. En mi caso, me resulta muy triste debido a que he pasado por dos divorcios que me dolieron por varios años. En realidad, esto es traumático en gran medida y lo lamentable es que los más afectados son los niños.

En el primero, no conocía de Dios y no había principios, ni respeto. Incluso, llegué a vivir los primeros pasos de la violencia doméstica. En el segundo, fue más triste aun porque se trataba de una boda cristiana donde el amor no fue suficiente para lidiar con los problemas y nos dejamos llevar por el orgullo.

De estas dos experiencias aprendí que casarse no era cuestión de emoción, sino que es una decisión muy seria. Por lo tanto, Dios debe ser el que nos escoja esa pareja. En la Biblia, Él nos dice que la única ocasión en la que aprueba el divorcio es cuando ha habido adulterio.

Mi consejo es que si no estás en esta situación y solo te empeñas en divorciarte porque crees que todo está perdido, dale una oportunidad a Dios para restaurar tu hogar.

Recuerda, Él tiene la última palabra.

Notas: _____

_____

«Cuando ustedes digan "sí", que sea realmente sí;
y cuando digan "no", que sea no.
Cualquier cosa de más, proviene del maligno».
Mateo 5:37

Jesús y los juramentos

Desde siempre hemos escuchado que no debemos jurar, mucho menos usando el nombre de Dios en vano. Esto se debe a que Dios espera que digamos la verdad en todo momento.

En el Manual de Instrucciones también encontramos que el Señor espera que nuestra palabra sea sincera y que tengamos una sola respuesta. Cuando somos personas de una sola palabra, tenemos credibilidad y confiabilidad ante otros, mucho más al decir que somos cristianos. Si quedamos mal, también se afectará el nombre de Dios.

Cada vez que les prometamos algo a nuestros hijos, debemos cumplirlo. Les hacemos mucho daño si los ilusionamos con algo y no lo llevamos a cabo. Así que distingámonos y aprendamos a ser hombres y mujeres de carácter.

Notas: _____

_____

Amen a sus enemigos, hagan bien a quienes los odian, bendigan a
quienes los maldicen, oren por quienes los maltratan.
Lucas 6:27-28

El amor hacia los enemigos

El mandato de Dios de amar a los que nos han hecho daño y perdonar a los que nos ofenden, trae bendición a nuestra vida. ¿Te imaginas que aparte de perdonar debemos orar por ellos y bendecirlos? Ya sé lo que quizá estés pensando: «¿Pero cómo se le puede ocurrir a ella decir eso?». No te asombres, eso es lo que dejó estipulado el Señor Jesús. Así que, debes creerlo.

Cuando entramos en ese plan de obedecer a Dios, comienzas a recibir un cambio en tu ser, pues el odio y la falta de perdón crean raíces de amargura que hasta nos enferman. Es más, esto es lo que el rencor trae como resultado en el ser humano. Por eso Dios nos da la oportunidad de que conozcamos la verdad y luego nos hace libres.

Amar a los amigos es muy fácil, pero Dios quiere que apliquemos lo más difícil: Amar a los enemigos. De esta manera honraremos a Dios.

Notas: _____

_____

Que sea tu limosna en secreto;
y tu Padre que ve en lo secreto te recompensará en público.
Mateo 6:4, RV-60

Jesús y la limosna

En este día veremos principios que Dios dejó establecidos a fin de que se cumplan al pie de la letra. Y juntos vamos a pedirle a nuestro Jesús que nos ilumine y nos permita entender, con palabras muy sencillas, lo que nos dejó en la Biblia. Lo que es más importante, una vez que los entendamos, que seamos capaces de aplicarlos para tener una vida en victoria.

La limosna o la ofrenda, como se le conoce en otras partes, debe ser algo que se entregue con mucha prudencia y no de una manera ruidosa y llamativa, pues Jesús mismo llama hipócritas a quienes lo hacen así. En realidad, esta clase de persona es la que se hace pasar por piadosa sin serlo. Por eso recuerda que la ofrenda es algo entre tú y Dios.

Tampoco llamemos la atención con nuestros actos de humanidad, porque lo que hacemos es como para Dios y no para los hombres. Nadie necesita saber lo que haces por los demás y menos en cuestión de dinero.

Notas: _____

_____

10-31

Cuando ores, entra en tu aposento, y cerrada la puerta,
ora a tu Padre que está en secreto; y tu Padre que ve en
lo secreto te recompensará en público.
Mateo 6:6, RV-60

Jesús y la oración

Fíjense bien que lo que Dios nos ha exhortado durante estos
últimos devocionales es a que todo lo que hagamos para Él sea
en silencio, pues es un Dios de intimidad. Es evidente que le
molesta la gente ruidosa y que les dicen a todos lo que diezman, lo
que ofrendan y hoy, en este devocional, lo que oran.

Una vez más Jesús dice que si vas a orar, lo hagas solo, que no seas
como los hipócritas que oran de pie en las sinagogas y en la calle
para que los vean. ¡Cuánto le choca esto a nuestro Dios!

Ahora bien, esto no quiere decir que no podamos orar en grupo o
en familia de una manera audible. Tampoco se trata de que no
podamos ir a las misiones, pues a lo que Dios se refiere es a la
intención de nuestro corazón.

También nos enseña que no seamos repetitivos en la oración como
los loros, sino tengamos una conversación natural y sincera de
nuestro corazón con Él.

Aprendemos, entonces, que todo lo que hagamos en secreto, Él
nos lo recompensara en público. Y aun si no se nos reconociera, es
bueno hacerlo en silencio.

Notas: _____

_____

*Cuando ayunes, perfúmate la cabeza y lávate la cara
para que no sea evidente ante los demás que estás ayunando,
sino solo ante tu Padre.*
Mateo 6:17-18

Jesús y el ayuno

Comenzamos un nuevo mes y una enseñanza más de nuestros veintiún días en los que recordamos lo que Dios dejó escrito en su Palabra para que lo entendamos y le podamos obedecer.

Tanto con la oración como con la ofrenda, Jesús nos hace la misma observación. Nos pide que lo hagamos en privado, sin ser llamativos y escandalosos, pues lo que hacemos es para el Señor y no para los hombres.

El ayuno es una oportunidad que tenemos para estar en verdadera comunión con Dios. Además, tiene poder y un gran valor para nuestro Padre celestial. En esos días de ayuno casi siempre hay peticiones específicas que ponemos delante de Dios y es impresionante cómo responde Él. Esto lo comprobamos en los testimonios que son poderosos de verdad.

Sin embargo, el día que ayunes, lo único que te pide Dios es que no lo estés divulgando. Porque si lo haces, te considerarán un hipócrita. ¿Sabes? Con solo de imaginarme que Dios piense de mí que soy una hipócrita, ya me hace ser obediente. Por eso quiero y trato de agradarle.

Notas: _____

_____

_____

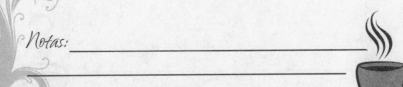

Porque donde esté tu tesoro,
allí estará también tu corazón.
Mateo 6:21

Tesoros en el cielo

¡Es increíble cómo a nuestro Dios le interesa que seamos personas equilibradas y rectas en la vida! Por eso le agradezco mucho que nos dejara la Biblia. A través de su lectura he podido conocer los principios de vida y la manera más fácil de ser feliz.

Hoy en día, se escucha muy a menudo esta frase bíblica: «No os hagáis tesoros en la tierra» (Mateo 6:19, RV-60). Eso significa que nuestro ídolo no debe ser el dinero y que no debemos apegarnos a las riquezas.

Fíjense que no se trata de que Dios no esté de acuerdo en que seamos prósperos. Lo que Él no quiere es que ese sea nuestro tesoro y nuestra vida. Así que ten en cuenta que cuando partamos de este mundo, no nos llevaremos nada en lo absoluto. Por lo tanto, es más importante pensar en nuestra vida eterna.

Notas: _____

_____

_____

El ojo es la lámpara del cuerpo. Por tanto,
si tu visión es clara, todo tu ser disfrutará de la luz.
Mateo 6:22

La lámpara del cuerpo

En un devocional anterior pudimos aprender que los ojos son la lámpara del cuerpo. Que debemos guardarlos no solo por la salud física, sino también por la salud espiritual debido a lo que vemos.

Si lo que vemos nos corrompe, nuestro cuerpo se dañará de igual manera. Claro, esto tiene toda la lógica del mundo: Una persona que solo ve pornografía, esa es la información diaria que le da a su mente y a su cuerpo.

Y si tu ojo es bueno, tu cuerpo será bueno del mismo modo.

Dios desea que tú seas libre y bueno.

Y lo puedes ser entregándole esa esfera o cualquier otra.

Él nos cambia y nos transforma... solo si se lo permitimos.

Te recuerdo que la luz y las tinieblas se rechazan entre sí.

Notas:

Nadie puede servir a dos señores [...]
No se puede servir a la vez a Dios y a las riquezas.
Mateo 6:24

Dios y las riquezas

Hay una gran tendencia en el ser humano por el dinero y es algo que a veces se le escapa a la gente de las manos. Incluso, esto sucede a menudo de manera incontrolable sin saber el daño espiritual que ocasiona.

Ahora volvamos al punto que vimos en días pasados. Dios desea que tú y yo tengamos bendiciones, una casa linda, un bello auto y, por qué no, algunos lujos. Sin embargo, lo que entristece su corazón es que empecemos a adorar el dinero, porque al único que debemos adorar es a nuestro Dios.

Tu felicidad no debe depender del dinero, porque el día que no lo tengas o que lo pierdas, te sentirás desdichado. Por eso Dios desea que agradezcamos y disfrutemos el dinero sin dejar de reconocer que el dueño del oro y la plata es Él.

La entrega de esta esfera es muy difícil, pero no imposible. Es mejor reconocer esta debilidad, pedir perdón y darle la gloria a Dios.

Notas:

Busquen primeramente el reino de Dios y su justicia,
y todas estas cosas les serán añadidas.
Mateo 6:33

El afán y la ansiedad

El problema del afán y la ansiedad ha estado muy de moda en los últimos meses. Hace algún tiempo, Estados Unidos, país donde resido por más de veintidós años, tuvo una de las peores crisis financieras del país. Fueron días y meses en los que solo se escuchaba decir a la gente: «Estamos muy mal. La crisis es terrible. Las cosas empeoran cada vez más». Lo mismo se escuchaba en las noticias de la radio, la televisión y la prensa. Era, como digo yo, un bombardeo de cosas negativas que llegaban a diario a nuestra mente.

Sin embargo, recuerdo que nosotros en la radio y en la iglesia contrarrestábamos esto. ¿Por qué? Porque Dios en su Palabra es muy claro, pero actuamos como si no le creyéramos. Por ejemplo, Él dijo: «En el mundo tendréis aflicción; pero confiad, yo he vencido al mundo» (Juan 16:33, RV-60).

Además, en el pasaje de Mateo 6:25-34 se nos aclara todo el tiempo su interés por nuestro bienestar. Desearía que hicieras la excepción y leyeras el capítulo completo, pues vale la pena. Al hacerlo, quizá logres entender cómo piensa y actúa Dios, no tengas ansiedad y aprendas a descansar en Él.

Dios nos ama, pero necesita que nuestra confianza esté puesta en Él. Nuestra labor como sus hijos es la de tomar cada una de sus promesas para nosotros. Entonces, cuando se presenten las tormentas de la vida, comprenderemos que no estamos solos. Y aunque no veamos la mano de Dios, nos percataremos que Él está ahí para ayudarnos.

Notas: _____

_____

_____

¿Por qué te fijas en la astilla que tiene tu hermano en el ojo,
y no le das importancia a la viga que está en el tuyo?
Mateo 7:3

El juicio a los demás

Quizá hoy sea el primer día que tomas este libro devocional en tus manos. Por eso quiero decirte que hace quince días estamos analizando los principios que nuestro Dios dejó para que tengamos una vida feliz. Este es un recorrido de veintiún días en los que estamos considerando todas las esferas que nos pueden afectar por la manera en que vivimos. Así que en oración le pedimos a Dios que nos dé entendimiento y que logremos obedecer su Palabra.

El juicio que hacemos de los demás dice mucho de nuestro carácter. No tenemos derecho a juzgar a nadie. Eso sí que es feo y es más común de lo que pensamos. Los cristianos especialmente somos ligeros para juzgar, pues somos rudos y duros con los demás. Si alguno cae o falla, somos los primeros en hablar y evaluar.

¿Acaso olvidamos cómo hemos sido? ¿Es que no nos acordamos del fango del que nos sacó o nos rescató el Señor? Pidámosle a Dios que nos dé amor y misericordia por los demás. Y que podamos tener en cuenta que nos medirán con la misma medida que medimos a otros.

Notas: _____

_____

_____

Pidan, y se les dará; busquen, y encontrarán;
llamen, y se les abrirá.
Mateo 7:7

La oración vale oro

Si Dios nos dice que oremos en todo momento y lugar, es porque sabía que necesitaríamos la oración como una poderosa arma para enfrentar cada una de las situaciones de la vida. Sin duda, a veces tenemos épocas en que activamos esas antenas espirituales y comprobamos que la oración tiene poder. Es en esos momentos que nos damos cuenta que, siempre que oramos y pedimos, Dios contesta y se escuchan hermosos testimonios. Por eso no debemos cortar esa bendición.

La oración es parte fundamental de nuestra vida espiritual. Además, nosotros estamos creados para tener una relación y una comunicación directa con nuestro Padre.

Es evidente que deseamos milagros y respuestas de parte de Dios. No obstante, ¿cuándo sacamos esos minutos para orar y escuchar la voz de Dios?

Convierte en un estilo de vida el versículo que dice: «Oren sin cesar» (1 Tesalonicenses 5:17). Con esto en mente, acostúmbrate a orar por tu familia y por tus hijos, pues la oración tiene poder.

Notas: _____

_____

_____

*Pero estrecha es la puerta y angosto el camino que conduce
a la vida, y son pocos los que la encuentran.*
Mateo 7:14

La puerta estrecha

Me llamó mucho la atención encontrar dentro de las cosas que Dios espera de nosotros algo que he escuchado, y hasta repetido: «¡Ah! Esa persona salió por la puerta grande». También se dice: «Quisiera salir por la puerta grande». Estas frases las usamos cuando queremos salir de un trabajo y quedar bien con todo el mundo. Cuando se va a cambiar de trabajo o de iglesia, a veces decimos: «Hay que dejar la puerta abierta», que también significa quedar bien con nuestros pastores, jefes o compañeros, ya que si algún día Dios nos lleva al mismo trabajo, estaremos preparados. Al leer hoy este pasaje de la Biblia en Mateo, la puerta grande no se interpreta de la misma manera. Por el contrario, Dios dice que entremos por la puerta estrecha que nos lleva a la vida eterna, pues la puerta ancha, por ser más espaciosa, conduce a la perdición. En otras palabras, es más fácil perderse que guardarse.

Por eso debemos entender que aunque a veces el camino es difícil, angosto y hasta espinoso, si está bajo la voluntad de Dios, nos lleva a la bendición. Lo que es fácil, demasiado llamativo, tentador o sospechoso, no siempre está Dios de por medio. Recordemos que el enemigo nos pone a la vista cosas atractivas a fin de distraernos y apartarnos de la voluntad de nuestro Padre.

Notas: _____

_____

Todo árbol bueno da fruto bueno,
pero el árbol malo da fruto malo.
Mateo 7:17

Por sus frutos los conocerán

Cuando llegas a una iglesia cristiana en especial, comienzas a escuchar frases como estas: «Por sus frutos los conocerás». A menudo, las escuché sin comprenderlas en su totalidad hasta después de un tiempo. Sé que muchos de ustedes no van a ninguna iglesia o quizá nunca han escuchado este principio bíblico.

Cuando se habla de frutos, se refiere a los resultados. Si saboreamos una fruta deliciosa, nos permite darnos cuenta enseguida que viene de un buen árbol, de un árbol sano que da buenos frutos.

El Manuel de Instrucciones nos habla a nuestras vidas de la misma manera. Si una persona tiene una vida sana y eficiente en lo espiritual, dará buenos frutos a su tiempo. Aunque muchos llegamos a los caminos de Dios lastimados con vicios o con otras cosas terribles, cambiamos al andar con Jesús. Por eso, tal vez las personas nos digan después: «Ya no eres el mismo», y es porque damos frutos.

Esto no solo muestra lo que somos tú y yo, ya que la gente nos conoce también por lo que somos. Es decir, las personas nos conocerán por nuestros frutos y, al mismo tiempo, seremos capaces de saber cómo es alguien que quizá no nos termina de convencer, debido a que las conoceremos por sus frutos.

Hoy te invito a que examinemos nuestros frutos. Tal vez sean frutos buenos y sanos, o estén tan podridos que no valga la pena recogerlos.

¿Cómo está nuestra vida? ¿Has considerado lo que piensa Dios de nosotros?

Notas: _____

_____

_____

«No todo el que me dice: "Señor, Señor", entrará en el reino
de los cielos, sino solo el que hace la voluntad de mi Padre».
Mateo 7:21

Jamás los conocí

Vamos llegando al final de nuestros veintiún días de aprendizaje, o solo de repaso, a fin de poder tener muy presente las cosas que nos alejan de Dios. De seguro que ahora todos estamos con el mismo deseo: Hacer su voluntad.

Cuando analizo las siguientes palabras del Señor: «Jamás los conocí» (Mateo 7:23), solo digo: ¡Qué terrible!! A veces nos creemos muy sabios, muy espirituales, y que tenemos el cielo ganado. Incluso, hay quienes dicen tener a Jesús, pero nunca le han entregado su vida, a pesar de que hacen y dicen cosas en su nombre, pero es en vano.

Por eso la lectura de estas palabras del Señor nos pone a pensar y a reflexionar en lo que hacemos o dejamos de hacer en nuestra vida cristiana. Aunque muchos digan «Señor, Señor», o por más cosas que hagan en la tierra en su nombre, no todos estarán en su presencia. Y aquí quiero que prestes mayor atención. La salvación, o sea, la vida eterna, es un regalo inmerecido que recibimos por la gracia de Dios. Así que mi llamado es a que seamos honestos, transparentes y sinceros delante de Dios, ya que a Él no lo podemos engañar. Él conoce nuestro corazón.

Notas: _____

_____

*Todo el que me oye estas palabras
y no las pone en práctica es como un hombre insensato que
construyó su casa sobre la arena [...] y esta se derrumbó.*
Mateo 7:26-27

Los dos cimientos

Hoy terminamos los veintiún días y sé que mi Dios nos ha dado tremendas armas, instrucciones y doctrinas para que seamos felices mediante la obediencia. Si no leíste estos veintiún días, léelos cuando puedas. Hay cosas sencillas y prácticas que nos dejó Dios y que estoy segura que, si las aplicamos, daremos mejores frutos.

Este último llamado de nuestro Padre tiene que ver con lo más importante: La base de todo lo que hacemos, o sea, la estructura que determinará nuestra vida. ¿Dónde vamos a construir? ¿Sobre la arena o sobre la Roca que es Cristo? La vida construida sobre la Roca resistirá cualquier ataque, tormenta y desafío que se presente en nuestro diario vivir.

Por favor, dejemos la vida trivial. Dejemos de vivir a nuestra manera y de tomar decisiones que distorsionen lo que Dios ya planeó para cada uno de nosotros. Aprendamos de una vez por todas de las equivocaciones y de los golpes que hemos sufrido. Luego, permitamos que nuestro Señor nos dé esos cimientos para ser absolutamente felices en Cristo.

Notas: _____

_____

A ti, oh Dios de mis padres, te doy gracias y te alabo,
porque me has dado sabiduría y fuerza.
Daniel 2:23, RV-60

Oración de compromiso

Señor, te agradecemos de todo corazón que nos permitieras estudiar estos veintiún principios de vida. Para muchos, son del todo nuevos, pero gracias a tu Palabra tan sencilla y práctica para seguir, sabremos tomar decisiones adecuadas.

Te pedimos perdón por las esferas en las que encontramos que estábamos fallando. Gracias porque me hiciste ver la realidad y ahora puedo enderezar mis caminos y hacer cambios radicales.

Reconozco, Dios mío, que te necesito. Sin ti la vida es imposible de llevar.

Ayúdame, mi Jesús, a buscarte cada día y a aplicar tu Palabra en mi vida. ¡Te amo!

En el nombre de Jesús oramos, amén y amén.

Notas: _____

_____

Consideren bien todo lo verdadero, todo lo respetable,
todo lo justo, todo lo puro, todo lo amable [...]
todo lo que sea excelente o merezca elogio.
Filipenses 4:8

Apunta hacia la excelencia

Estamos casi a las puertas del último día del año. Así que es muy importante que todo lo que Dios nos mostró en estas pequeñas meditaciones diarias las empecemos a poner en práctica. De esa manera no solo llegaremos a tener éxito en la iglesia, sino en todo lo que emprendamos en la vida.

Procuremos siempre modelar a Jesús para que nos vaya bien en las cosas que emprendamos. Que siempre esté delante de nosotros la sinceridad, la honestidad, la transparencia, la humildad, la integridad y la verdad. Aunque a los demás les moleste esto de ti, recuerda que servimos a un Dios bueno e íntegro y Él espera lo mejor de nosotros.

No importa cuál sea tu trabajo, hazlo de buena gana. Sé que a veces nos ha tocado hacer cosas que nunca nos imaginamos, sobre todo en este país, y eso nos puede frustrar. Sin embargo, nosotros debemos ver las cosas diferentes. Así que piensa que esto que haces hoy es pasajero y que Dios tiene un mejor futuro para ti.

Notas:

No te irrites a causa de los impíos ni envidies a los que cometen injusticias; porque pronto se marchitan, como la hierba.
Salmo 37:1-2

La envidia

No te sientas mal cuando sientan envidia de ti. ¿Sabes? Eso siempre lo he visto como una buena señal. Cuando llamamos la atención, es porque estamos haciendo algo que les inquieta a los demás. Claro, esto es bueno cuando hacemos lo recto.

La envidia se conoce también como celo o codicia. Es algo horrible, pues no puedes brillar con luz propia debido a que no quieres ser tú mismo. Te frustras a menudo porque no resistes que a las otras personas les vaya mejor que a ti.

También la Palabra de Dios nos orienta a que no sintamos envidia de los impíos, de los que no le conocen. No debemos envidiar sus triunfos ni sus riquezas, pues nosotros tenemos el mejor regalo que es la vida eterna. Además, contamos con todas las promesas a fin de tener prosperidad y bendición.

Sé que muchos nos quejamos y decimos: «Bueno, ¿por qué esta persona sale adelante y le va súper bien si no conoce de Dios, no se congrega, ni obedece sus mandamientos?».

¡No te dejes confundir! Dios te dice que muchos de ellos morirán sin conocerle.

Por lo tanto, es mejor que no lo tengamos todo, sino que lo tengamos a Él y la salvación.

Notas: _____

_____

_____

*Encomienda al SEÑOR tus afanes, y él te sostendrá; no permitirá que
el justo caiga y quede abatido para siempre.*
Salmo 55:22

Los cambios

Los cambios han sido trascendentales en mi vida. Desde la llegada de Colombia a Estados Unidos, he tenido unos diecisiete cambios de domicilio, incluyendo un cambio de estado y mi más reciente cambio de casa que sucedió justo mientras escribía este libro. Le di gracias a Dios porque de cada situación que vivo, Él me da una enseñanza.

Si te pones a pensar y echas atrás la película de tu vida, te acordarás de diversos cambios que han marcado tu vida para siempre.

Algo que me gusta mucho de mi Dios es que utiliza cada cambio para enseñarnos que Él tiene mejores cosas para nosotros. Si cometemos errores, Él está dispuesto a sanarnos y darnos una oportunidad.

Si no fuera por la intervención divina, no sé qué hubiera sido de mis princesas y de mí después de sufrir tantos golpes en la vida.

Hoy en día puedo dar testimonio de que las cosas malas que nos suceden Dios las cambia para bien. Solo Él puede cambiar nuestro lamento en baile.

Si estás pasando por cambios en tu vida, por más difíciles que sean tus problemas, no te desesperes, ni te angusties porque no estás solo. Dios no te abandonará y te bendecirá.

Notas: _____

_____

En su angustia clamaron al Señor, y él los sacó de su aflicción.
Cambió la tempestad en suave brisa:
se sosegaron las olas del mar.
Salmo 107:28-29

Cambios adecuados

¡Hay cambios de cambios! Unos los buscamos nosotros, otros se producen por circunstancias de la vida y los demás vienen de Dios con un propósito.

Cuando hacemos cambios sin pedir la dirección de Dios, es perjudicial porque nos apartamos de los planes que Él tiene para nosotros.

Muchas personas son muy inestables en toda la extensión de la palabra. Cambian de trabajo porque se molestaron con su jefe o porque se cansaron. Otros cambian de pareja como cambiar de zapatos, sin medir las consecuencias de cada una de estas decisiones. En realidad, no piensan que cada cambio que hacemos afecta a nuestros seres más queridos. Ten presente que los cambios constantes en una persona muestran falta de estabilidad. No están conformes ni felices con «nada».

Hay otro tipo de cambios debido a que nos obliga la vida: La muerte inesperada del cónyuge, una crisis financiera que provoca cambios radicales de vivienda y estilo de vida, un abandono repentino por tus padres, etc. Estos cambios son traumáticos en la vida de cualquier persona, y si a esto le sumas que no tienes una vida espiritual fortalecida, créeme que va a ser mucho más difícil. Por eso, mis amigos, aprendamos de los errores y consultemos a papito Dios todos los cambios que consideremos. Entonces, cuando se presenten esas otras crisis con las que no contábamos, debemos tener presente que Dios cuida de sus hijos.

Notas: _____

_____

_____

Escucha, hijo mío; acoge mis palabras,
y los años de tu vida aumentarán. Yo te guío por el camino
de la sabiduría, te dirijo por sendas de rectitud.
Proverbios 4:10

Cuando Dios produce los cambios

Como hijo de Dios, no te debes preocupar, ni tienes que dudar, ni temer. ¿Por qué? Porque es muy diferente cuando las situaciones de la vida se presentan con el sello de Dios. Es como cuando compras un auto de lujo y sabes que no te dará ni un dolor de cabeza. O cuando compras confiado un aparato electrodoméstico de una marca reconocida porque sabes que tendrás en casa lo que cuesta en calidad y en garantía. Mejor aun, es cuando tu Padre celestial te llama a un cambio.

A cada momento, Dios nos muestra esferas de la vida que están podridas. Sí, eso es, suena feo y horrible, pero es verdad. Nos están contaminando y serían capaces de infectar a las personas que nos rodean.

He visto también que cuando Dios tiene un llamado, prepara nuestros corazones para cambios en la vida. Quizá sea dejar un trabajo secular para servirle al cien por cien en la obra. Esto atemoriza porque queremos sentirnos seguros. Entonces, cuando no vemos nada fijo, podemos dudar. Sin embargo, debes saber que los cambios son necesarios y determinantes para nuestro futuro.

Cuando dejamos todo en las manos de Dios, no hay problema, pues Él no se equivoca. Sabe lo que es mejor para cada uno de sus hijos y ve las cosas de otra manera, pues conoce el futuro. Así que no te resistas cuando sientas un llamado al cambio. Dios tiene el control y no hay nada más maravilloso que servirle a Él que es el mejor jefe.

Notas: _____

_____

_____

*Me has dado a conocer la senda de la vida; me llenarás de
alegría en tu presencia, y de dicha eterna a tu derecha.*
Salmo 16:11

Oración por cambios en la vida

Padre santo, queremos agradecerte este nuevo día y decirte que eres lo más importante para nosotros. Cada día que pasa vemos tu amor incondicional y disfrutamos de tus bendiciones.

Dios mío, gracias porque permites cambios en mi vida y conoces mi necesidad. A veces, tomo decisiones equivocadas, pero tú me guías a toda verdad.

Aunque no entendamos todo lo que nos pasa, sabemos que con tu amor nos cuidarás y nos darás nuevas oportunidades.

Ayúdame a aprender de mis errores y dame la fortaleza para superar las cosas que debo dejar y cambiar.

Entrego el resto de este día en tus manos y descanso en tu Palabra. En el nombre de Jesús, amén y amén.

Notas:

No estén tristes, pues el gozo del Señor
es nuestra fortaleza.
Nehemías 8:10

El gozo del Señor

Sin duda, recuerdas que hemos hablado que el gozo del Señor es nuestra fortaleza. Eso significa que si permanezco alegre, eso será lo que les transmitiré a los demás.

Sin embargo, quizá este no sea tu caso. Es posible que las deudas te estén ahogando, que tu hogar esté destruido o que tu hijo esté involucrado en las drogas. Entonces, quizá me digas: «Bueno, ¿cómo voy a tener gozo cuando tengo tantos problemas?».

La respuesta no la tengo yo, sino que la tiene el Dios de los imposibles. Aunque las cosas para ti no sean para nada fáciles, Él desea verte con gozo.

Si nos dejamos llevar por la tristeza o por el dolor, ¿cómo serían nuestros días y cómo testificaríamos de un Dios que nos ama? Es una bendición poder aprender y poner en práctica la vida con gozo a pesar de los pesares.

Si lo analizamos, podemos decir que el gozo es una decisión. Eso lo determiné hace ya varios años. Después de mi crisis de salud, aprendí a valorar más las cosas, a vivir feliz y a no dejar que me despojaran de las bendiciones de mi Padre. Por eso, mi oración diaria es por fortaleza para seguir mi vida con entusiasmo.

¿Y tú? No permitas que nada ni nadie te roben el gozo del Señor.

Notas: _____

_____

_____

Tengan todos en alta estima el matrimonio
y la fidelidad conyugal, porque Dios juzgará a los adúlteros
y a todos los que cometen inmoralidades sexuales.
Hebreos 13:4

Matrimonios con compromiso

En estos últimos meses, Dios ha puesto en mi corazón un deseo muy grande de orar e interceder por los matrimonios. Tanto es así, que un día en la oración que hago al aire y en vivo por la radio, de repente sentí que debía interceder en ese momento por las parejas. Las palabras que salían de mi boca no eran mías, venían de parte de Dios.

En mi oración, les decía a todos que el corazón de Jesús estaba triste por los muchos divorcios y el dolor que se les causaba a los hijos. También instaba a los oyentes a no ser egoístas y a dejar de solucionar los problemas matrimoniales solo con el divorcio. Que fuéramos más conscientes de nuestros errores y defectos que los de nuestros cónyuges. Que empezáramos el cambio en nosotros en lugar de exigirlo en nuestras parejas. Por último, Dios puso en mí el clamor por ser firmes a la hora del matrimonio. Que había que dejar el interés de casarse sin motivos y haciendo pactos que se rompen al poco tiempo.

El matrimonio es una institución creada por Dios. Por lo tanto, es una decisión seria. Los que hemos tomado malas decisiones en cuanto a esto, pero que nos hemos arrepentido, no podemos cometer nunca más los mismos errores.

Si tú estás solo y en esa búsqueda de casarte, mi consejo es que esperes en Dios. Deja que Él te muestre con quién debes casarte y que sea en su tiempo perfecto.

Notas: _____

_____

_____

El esposo debe amar a su esposa como a su propio cuerpo.
El que ama a su esposa se ama a sí mismo.
Efesios 5:28

Digamos «NO» al divorcio
(primera parte)

Solo en nosotros está la decisión de decirle «NO» al divorcio. En su Palabra, Dios deja bien clara varias advertencias. Por ejemplo:

• «No os unáis en yugo desigual con los incrédulos» (2 Corintios 6:14, RV-60). Antes de dar el paso del matrimonio, la pregunta es la siguiente: «¿Por qué te casas con un inconverso?». Si lo consideras, no todos los casos terminan felices, pues muchos no van jamás a la iglesia aunque se casen porque uno no puede cambiar a nadie.

• «El hombre deja a su padre y a su madre, y se une a su mujer» (Génesis 2:24). Muchos matrimonios llegan al divorcio por los suegros. Si te casas, debes «dejar» la falda de mamá. Claro, hay casos preciosos donde la suegra es de bendición en el hogar.

• «Y los dos se funden en un solo ser» (Génesis 2:24). Se trata de un solo ser, pues no son parejas de tres ni de cuatro. Es decir, debe ser de una sola mujer y un solo hombre porque ya somos uno en Cristo.

• «¡Goza con la esposa de tu juventud!» (Proverbios 5:18). Por eso debes disfrutar a tu cónyuge aun en la vejez. No dice que el amor es solo durante la juventud, sino que es para siempre.

• «Dando honor a la mujer como a vaso más frágil» (1 Pedro 3:7, RV-60). En esto se incluye el respeto, la ternura, la suavidad.

Únete a esta campaña y digamos «NO» al divorcio. No perjudiquemos más la Palabra de Dios y démosle testimonio al mundo.

Notas: _____

_____

_____

Esposas, sométanse a sus esposos, como conviene en el Señor.
Esposos, amen a sus esposas y no sean duros con ellas.
Colosenses 3:18-19

Digamos «NO» al divorcio
(segunda parte)

Las mujeres, al igual que los hombres, tenemos funciones específicas que Dios nos dejó en su Palabra para tener un matrimonio según sus mandamientos. Dios dijo:

• «Esposas, sométanse a sus esposos» (1 Pedro 3:1). Esto no es otra cosa que honrar y respetar al esposo, darle la posición adecuada en la casa, ya que es la cabeza de la familia. Sé que muchas mujeres no viven este principio por necias, rebeldes o porque el hombre no tiene el carácter para llevar las riendas de la casa, así que la mujer asume esa posición.

• «Que la esposa respete a su esposo» (Efesios 5:33). Dios diseñó al hombre para que los respetemos. Esa es la manera en que se siente amado.

• «La mujer pendenciera es gotera constante» (Proverbios 19:13). Aquí Dios nos compara como esa gotera que cae sin cesar, y tiene razón. Muchas de nosotras, quizá por temperamento, somos peleonas, regañonas y complicadas. Todos los problemas del hogar los volvemos una tragedia y cansamos a nuestros esposos.

• «La mujer sabia edifica su casa» (Proverbios 14:1). Dios nos llamó a que edificáramos la casa. Así que tenemos la gran responsabilidad de formar un hogar con bases sanas y respeto, siendo fieles y sabias. Si eres una fiera, vives siempre con mal genio, por todo te irritas, ¿qué crees que consigues con esto? Estás espantando a tu esposo de la casa y lo que menos va a querer es llegar a su hogar con tal de no enfrascarse en una pelea.

Únete a esta campaña y digamos «NO» al divorcio.

Notas: _____

_____

*Por eso dejará el hombre a su padre y a su madre,
y se unirá a su esposa [...] Por tanto, lo que Dios ha unido,
que no lo separe el hombre.*
Mateo 19:5-6

Digamos «NO» al divorcio
(tercera parte)

Cuando hablamos de relaciones y de situaciones que se presentan entre las parejas, es muy común desear que el cambio venga de la otra persona.

Nos es más fácil exigir que dar y caemos en ese juego a la espera de que se produzcan los cambios. Es más, entramos en un terreno muy negativo. Ya no ponemos nada más de nuestra parte y en esa etapa se tienen momentos muy desagradables. Hablamos lo necesario, vivimos con si fuera con un extraño y hasta llegamos a dormir en cuartos separados. A esta altura, la relación se encuentra al borde del abismo. Está en el momento más delicado porque Satanás, que quiere matar el matrimonio, robar la bendición y destruir la vida de cada uno, tiene bastante terreno que se le ha dado.

Quiero que recuerdes que el enemigo solo necesita una rendija para entrar y destruir. Es lamentable que muchos matrimonios a esta altura ya estén con sus mentes y corazones fuera de la relación. Es probable que hasta la palabra divorcio sea tema de discusión y se esté considerando.

Hoy Dios te dice: «¿Qué estás haciendo? ¿Dónde están las promesas y los votos dados ante el altar y los testigos?». Es hora de luchar por nuestros matrimonios. Así que no seamos egoístas y pidámosle a Dios que ponga en nosotros ese primer amor a fin de que logremos rescatar las cosas buenas que tienen las parejas. Solo un cambio de actitud de tu parte, y permitirle a Dios que restaure tu relación, será lo perfecto. Él está esperando hacer el milagro en tu matrimonio. ¡Depende de ti! Únete a esta campaña y digamos «NO» al divorcio.

Notas: _____

_____

_____

Dios, nuestro Dios, nos bendecirá. Dios nos bendecirá,
y le temerán todos los confines de la tierra.
Salmo 67:6-7

Oración por cambios en el matrimonio

Amante Dios, me presento delante de ti porque solo tú puedes ayudarme.

Te pido perdón por mis faltas, mis pensamientos y mis actitudes que me han apartado de tu voluntad respecto al matrimonio.

Reconozco que te he fallado al romper ese pacto de amor incondicional en mi matrimonio y destruyendo mi familia.

Ahora solo puedo acudir a ti para pedirte una nueva oportunidad.

Ayúdame, Señor, a recuperar el amor y a mi familia.

Te prometo, mi Dios, que pondré todo de mi parte y seré obediente a ti. Dejaré a un lado la crítica a mi cónyuge y empezaré por cambiar yo.

Muéstrame, Señor, mis errores y guíame para hacer tu voluntad.

Bendice a mi familia.

En el nombre de Jesús, amén y amén.

Notas: _____

_____

Por tanto, digo: «El SEÑOR es todo lo que tengo.
¡En él esperaré!».
Lamentaciones 3:24

Espera tu momento

¡Qué difícil nos resulta esperar por cualquier cosa que deseamos que suceda!

La espera significa rendir nuestras fuerzas, nuestro tiempo y desarrollar la paciencia.

Dicen por ahí que «el que espera desespera», pero no se trata de eso. Se trata de ser sabios y saber que aunque ahora nos desesperamos, llegará ese momento tan anhelado.

Hoy mi motivación va mas allá de que logremos todo lo que esperamos. Sé que a veces resulta frustrante haber esperado tanto tiempo por algo para que se deshaga al final. Incluso, nos sucede con la persona que creíamos que sería nuestro cónyuge para toda la vida. Entonces pasa algo de repente y todo se acaba al instante.

Quizá nos parezca que tenemos un trabajo en el que estaremos por mucho tiempo y pensamos que somos los ideales para ciertas posiciones. Sin embargo, con el paso del tiempo los cambios nos llevan a salir de la compañía y los ideales pueden estar en peligro una vez más.

Recuerda, además, que nuestras malas decisiones alteran la estabilidad y pueden alejar lo que ya estaba cerca de parte de Dios. Por eso vale la pena esperar, pues Dios nos dará lo mejor de lo mejor.

Espera tu momento, que cuando llegue, Dios te sorprenderá.

Notas: _____

_____

_____

Los que confían en el Señor renovarán sus fuerzas;
volarán como las águilas: correrán y no se fatigarán,
caminarán y no se cansarán.
Isaías 40:31

Preocupación por la edad

¿Sabías que muchos de los planes de los seres humanos se desechan sin siquiera intentar realizarlos y, a menudo, es por la edad?

Mientras escribía este libro, recordé infinidades de dichos que desde pequeña escuchaba en casa y en la escuela. Por ejemplo, «loro viejo no aprende a hablar», o «ya está muy viejo para estudiar», o «ya pasaron los años y no hice lo que quería».

En semanas anteriores hablábamos de que todo tiene su tiempo, como dice la Biblia. Con todo, en ninguna parte menciona que después de ciertos años ya no puedes servir al Señor, ni que por tu edad el amor ya no es para ti. Por lo tanto, si tienes enterrados tus sueños, Dios quiere resucitarlos en este día, de modo que la preocupación por los años no sea el pretexto para dejar de vivirlos. Una de mis oraciones es que Dios me conceda la linda oportunidad de estar siempre activa. No quisiera dejar nunca la radio, porque desde allí puedo llegar a ustedes y hablarles de lo que me da Dios. El más hermoso ejemplo de vitalidad lo tengo en mi madre que ha sido muy disciplinada en el ejercicio y el deporte. A pesar de su edad, trabaja en el Ministerio Casa sobre la Roca, en Bogotá, Colombia, y hoy es, además, un instrumento de Dios en el deporte. Admiro su disciplina, su fuerza, su entrega y su servicio a los demás.

Recuerda, los años jamás deben impedirte realizar tus sueños. Dios te quiere demostrar que nunca es tarde y que tu tiempo no es el suyo.

Notas: _____

_____

«Pelearán contra ti, pero no te podrán vencer, porque yo estoy contigo para librarte», afirma el SEÑOR.
Jeremías 1:19

Es cuestión de actitud

Cada día que Dios nos regala es un desafío. Nadie que salga de casa hoy tiene la seguridad ni el convencimiento de que regresará de nuevo.

Por eso, mis amigos, es muy importante la actitud que tomamos ante la vida, los problemas y las situaciones que nunca faltan. Así que, mas allá de los problemas que enfrentamos, nuestra actitud será el termómetro de cómo asumiremos cada reto. ¿Te echarás a morir porque una enfermedad llegó a tu vida o porque te despidieron de un trabajo?

Cuando no conocemos del amor infinito de Dios, es normal que el temor nos invada y nos lleve a tener actitudes preocupantes ante la vida. Pero cuando ese Dios nos ha demostrado muchas veces que nos ama y que somos de su rebaño, no hay problema tan grande que Él no pueda resolver.

La actitud positiva ante las cosas negativas nos hace más valientes y confiados en el Señor Jesucristo. Entonces, sin que nos demos cuenta, la mirada de muchos se desviará hacia nosotros cuando atravesemos un desierto, sobre todo porque nos identifican como cristianos. Es extraño, pero aun en esos momentos podemos testificar con nuestra actitud.

Piensa por un momento en cuántas veces te han dicho que tu problema es de actitud y cuántos dolores de cabeza te ha causado. Solo Dios, que te ama, puede ayudarte a cambiar y a ser noble y humilde, aun cuando el agua te llegue al cuello.

Notas:

*Todas las sendas del S*EÑOR *son amor y verdad para*
quienes cumplen los preceptos de su pacto.
Salmo 25:10

¿Compromiso o costumbre?

Si queremos tener éxito en las cosas que realizamos, ya sea en el ámbito espiritual o en el laboral, no debemos hacer nada por costumbre. ¡Qué bueno es poder tener un compromiso y saber que lo que hacemos es como para Dios y no para los hombres!

La mediocridad en las cosas que realizamos dejará una mala impresión de nuestra persona. Además, si es para los negocios de Dios, ¿te figuras la imagen que dejamos cuando hacemos las cosas por costumbre? De inmediato se va a notar nuestra falta de compromiso y de interés. En realidad, Dios busca gente comprometida para bendecir.

Las cosas hechas por costumbre también te pueden llegar a cansar y te pueden llevar a abandonar lo que te ha dado Dios. Tengamos presente que las oportunidades que nos ofrecen las debemos valorar al máximo y disfrutarlas mientras las tengamos.

Pidámosle a Dios que nos guíe a fin de ser personas comprometidas y de una sola palabra. Esto lo debemos aplicar hasta en nuestra relación de pareja. No permitamos que nuestros matrimonios caigan en la rutina. Me parece crudo y frío estar con alguien por estar acostumbrados a esa persona, cuando sé que ese no es el propósito original de Dios.

Si este fuera tu caso, busca ayuda profesional y pídele a Dios que te dé los recursos para reconquistar y amar a tu cónyuge, y para hacer nuevos compromisos de fidelidad, confianza y amor.

Notas: _____

_____

_____

Día 333

Ten compasión de mí, oh Dios; ten compasión de mí, que en ti confío. A la sombra de tus alas me refugiaré.
Salmo 57:1

Oración por compromisos

Señor, mi Dios, buscamos tu rostro en este día dándote gracias por tus maravillas.

Gracias, Jesús, porque tú eres mayor que cualquier necesidad y que cualquier problema que pueda tener.

Ayúdame, Señor, a ser una persona de palabra, que mi «sí» sea sí y mi «no» sea no. No permitas, mi Dios, que vaya por el mundo creando falsas expectativas. Por eso, quita de mí toda soberbia y hazme una persona recta.

Te honro hoy y me comprometo a hacer cambios y a buscar tu rostro cada día.

Quiero ser un mejor compañero de trabajo, un buen líder, un excelente padre, el mejor de los cónyuges y el mejor de los hijos.

Además, Señor, anhelo amarte, servirte y entregarme a ti con todo mi corazón.

Pongo delante de ti este nuevo día y confío en tus promesas.

Bendice a mi familia y guárdanos de todo mal y peligro.

En el nombre de Jesús, amén y amén.

Notas: _____

_____

_____

Por lo tanto, si alguno está en Cristo, es una nueva creación.
¡Lo viejo ha pasado, ha llegado ya lo nuevo!
2 Corintios 5:17

¿Qué hacemos por Dios?

Nuestra oración de ayer fue pidiendo cambios importantes debido a que debemos distinguirnos con principios establecidos, pues somos hijos de Dios.

En lo personal, creo que todos los días debemos dar lo mejor a quien nos da todo lo que queremos, al que cuida de nosotros de manera incondicional.

Hoy mi llamado es a que nos examinemos y descubramos lo que hacemos por Dios. No se trata de que Él nos necesite, sino de que espera muchas cosas de nosotros. Por ejemplo, obediencia, entrega y que le busquemos con todo nuestro ser.

Así que antes tenemos que dejar dos cosas que de seguro no son del agrado de nuestro Padre: Ser quejicosos y pedigüeños.

¿Por qué no empezamos por dejar esa mala costumbre de abrir los ojos y quejarnos por algo o por todo? ¿Dejar de quejarnos por la noche que tuvimos, por el día, por el trabajo, por el cónyuge o por la situación del país? Seguido a eso, si es que se tiene un momento de oración, nos portamos como insistentes «pedigüeños». No, mis amigos, eso no es lo único que espera Dios de nosotros.

Empecemos a distinguirnos. Si buscamos más de su presencia, lo conoceremos mejor. Y conoceremos más de su amor.

Haz el gran sacrificio, si ese es tu caso, y no pidas nada hoy ni te quejes por nada. Así comprobarás la diferencia de vivir en paz y con el gozo del Señor.

Notas: _____

_____

_____

A ti clamo, oh Dios, porque tú me respondes;
inclina a mí tu oído, y escucha mi oración.
Salmo 17:6

Oración por restitución

Padre santo, ¡qué bonito es poderte buscar cuando te necesitamos y saber que escuchas nuestras peticiones! Bendecimos tu santo nombre y te reconocemos como el Dios Todopoderoso.

Ahora, te pedimos perdón por nuestros pecados y por las malas decisiones que tomamos. También por las promesas que te hicimos y nunca cumplimos. Por habernos dejado llevar por las cosas del mundo y no darte el primer lugar. Te agradecemos por tu ternura y amor, porque nos guardaste en medio de nuestra necedad.

Señor, este año está a punto de terminar. Hemos llegado al último mes y queremos aprovecharlo al máximo. Por eso, te pedimos que pongas en nosotros tanto el querer como el hacer y podamos cumplir con esas metas que nos habíamos trazado desde el año pasado.

Dios mío, en ti confía mi corazón, en ti espera mi alma y mi ser descansa en ti, así que puedo ser feliz porque sé que estás obrando en mi vida y estás mostrando tu perfecta voluntad.

Te amo y bendigo.

Amén y amén.

Notas: _____

_____

Guíame, pues eres mi roca y mi fortaleza,
dirígeme por amor a tu nombre.
Salmo 31:3

Cambios necesarios

En esta época de Navidad se presentan dos fenómenos muy comunes: La primera, una culpabilidad por no haber hecho lo que nos propusimos; y la segunda, se nos fue un año más y no logramos lo que prometimos. Ahora, deseamos que llegue otra vez el 31 de diciembre y hacer nuevas promesas de cambio.

Dios quiere que seamos firmes y que no lleguemos a exponernos. La Biblia dice que no «hay nada escondido que no esté destinado a descubrirse» (Marcos 4:22). Además, entre cielo y tierra no hay nada oculto, pues tarde o temprano Dios sacará a la luz cualquier actitud o cualquier falta que cometamos.

Esto lo viví en carne propia. A decir verdad, no quiero enumerar tus faltas ni mucho menos, pero sí te quiero decir cuáles fueron esas esferas que Dios tuvo que moldear o transformar en mí.

Mi anhelo es que no llegues a tocar fondo como yo, sino que reconozcas tus debilidades y puedas rendirlas a Cristo.

Por lo tanto, debes ser radical a fin de que, si ves tu vida reflejada en la mía, comprendas que Dios nos cambia y nos da nuevas oportunidades.

Notas: _____

_____

Dichosos los que guardan sus estatutos y de todo corazón lo buscan.
Jamás hacen nada malo, sino que siguen los caminos de Dios.
Salmo 119:2-3

Necesitamos cambiar

Estamos viendo en estos días la necesidad que tenemos de rendir a Dios las actitudes, los pensamientos y los comportamientos a fin de tener libertad y bendición.

El Señor tuvo que quebrantarme en muchas esferas de mi vida con el propósito de hacerlas nuevas. Por ejemplo, el espíritu de infidelidad. Esto no significa que fuera una mujer así toda la vida. Sin embargo, mis continuos problemas emocionales y mis malas relaciones con mis ex esposos me llevaron a cometer terribles errores como un intento de aborto en mi juventud antes de conocer a Jesús. Aun conociendo a mi Dios, llegué a perderlo todo un día, y de una relación fuera del matrimonio nació mi tercera princesa.

Han sido muchas mis caídas y las consecuencias terribles. Solo por la misericordia de Dios volví a ganar credibilidad hasta con mis propias hijas, recuperar mi trabajo en la radio y, sobre todo, volver a ser feliz.

Dios me concedió los recursos para forjar una nueva vida que me tomó años de obediencia, de guardarme y dedicarme solo a mis hijas y al ministerio, además de cumplir pactos muy serios y radicales con Él.

Asimismo, tuve que reconocer que estaba enferma emocionalmente, y que si no cambiaba, seguiría perdiendo a las personas que amaba.

Por eso, mi amigo, te invito a que lleves cautiva tu vida a Jesús. Él es el único que te puede ayudar a hacer cambios para siempre y ser feliz.

Notas: _____

_____

_____

Como hijos obedientes, no se amolden a los malos deseos
que tenían antes, cuando vivían en la ignorancia. Más bien,
sean ustedes santos en todo.
1 Pedro 1:14-15

Nueva criatura

Para vivir hay que morir. Si la semilla no muere, no hay fruto. Así que vale la pena morir a la vieja naturaleza pecadora y enderezar nuestra vida por el buen camino.

En nuestro andar con Cristo, hemos aprendido que, aunque fallemos, Dios nos levanta y nos hace nuevas criaturas. Por lo tanto, dejemos atrás las personas que no son una buena influencia y los amigos que lo único que quieren es que vivamos las cosas del mundo. Entonces se burlan porque eres hombre de una sola mujer, o porque eres una mujer sujeta a su esposo, o porque no estás en fiestas y vicios. Quizá hasta debas dejar trabajos donde tu vida está expuesta a malas influencias.

No temas hacer estos cambios, porque si lo haces bajo el pacto con Dios, Él te respaldará en tus decisiones y abrirá nuevas oportunidades para ti. No olvidemos que la obediencia es igual a bendición.

Los cambios requieren sacrificios, dominio propio y mucha oración. En realidad, necesitamos mucha oración porque siempre estarán rondando las tentaciones.

Notas: _____

_____

El que es fiel en lo muy poco,
también en lo más es fiel.
Lucas 16:10, RV-60

No atrases tu restitución

Una vez que tomamos decisiones radicales para el cambio, o que quizá saliéramos de alguna crisis emocional o de cualquier tipo, es muy normal sentirse cansado, sin fuerzas y a veces hasta sin ánimos de seguir. No obstante, ahí es cuando viene la promesa de Dios de que Él te sanará, restituirá y devolverá todo lo que te quitó el enemigo.

En esta parte de nuestra situación, debemos tomar muy en serio las cosas que le hemos prometido a nuestro Padre celestial. Después que pasa un tiempo y nos sentimos mejor, la tendencia humana es a olvidarse de Dios y nos podemos desviar del verdadero propósito. Por eso no se nos puede olvidar de dónde nos levanta Dios y ser muy sabios en todas las decisiones que tomemos.

La recaída en un error cuando estamos saliendo de una prueba es muy perjudicial. Esto no solo es un retroceso en la sanidad que estamos teniendo, sino que le estamos fallando a Dios. Además, lo único que lograremos será el atraso de nuestro milagro, cambio y restitución. De ahí que no valga la pena volver a empezar un proceso cuando no hemos salido del otro.

Es hermoso ver cómo Dios nos devuelve más de lo que teníamos antes y nos pone en lugares de privilegio. Sin embargo, el secreto está en «ser fieles».

Notas: _____

_____

_____

*Testificando Dios juntamente con ellos, con señales
y prodigios y diversos milagros y repartimientos del
Espíritu Santo según su voluntad.*
Hebreos 2:4, RV-60

Cuida tu milagro

La primera vez que escuché la frase «Cuida tu milagro», me llamó mucho la atención. ¿Cuidar mi milagro? ¿Cómo? ¿Por qué? Bueno, estas son preguntas que quizá surjan y tienen muchísimo sentido.

Nosotros oramos por un milagro, ya sea por restauración del matrimonio o por salud o cualquier necesidad. Entonces Dios, que es un Dios de milagros, lo hace para demostrarnos su poder sobrenatural y para que le reconozcamos y honremos. No obstante, una vez que lo hace, nosotros somos los encargados de cuidar ese milagro.

Cuando Dios nos bendice con un milagro, que humanamente es imposible, es cuando más debemos cuidarlo. Nuestra naturaleza tiende al olvido y a la ingratitud y, a la larga, se descuida ese regalo. En mi caso, fui una tonta en este aspecto, pues una vez que me sanó Dios, empecé a descuidarme en mis comidas. Las consecuencias no fueron otras que varias recaídas que terminaban en el hospital y muy enferma. La cosa siguió así hasta que en uno de esos tantos retrocesos, estando en el hospital, Dios me mostró que ya me había sanado, pero que yo no cuidaba mi milagro. Fue súper fuerte cuando lo comprendí y no me quedó más remedio que humillarme y pedirle perdón a mi Dios.

¡Cuida tu milagro, honra a Dios y da testimonio de su poder!

Notas: _____

_____

_____

Él nos da mayor ayuda con su gracia. Por eso dice la Escritura:
«Dios se opone a los orgullosos,
pero da gracia a los humildes».
Santiago 4:6

Camina una milla extra

En la Biblia, el Señor Jesucristo nos enseña a que cuando nos ofendan, nos insulten o nos hieran en una mejilla, pongamos también la otra mejilla. La pregunta ahora es: ¿Qué haríamos nosotros en semejante situación? ¿Pondríamos la otra mejilla? Llevémoslo a nuestro diario vivir: ¿Cómo nos comportaríamos ante las personas que nos humillan y nos ofenden? ¿Estaríamos dispuestos a caminar la milla extra o reaccionaríamos con la misma grosería y violencia? Lo más normal es desear vengarse y pagar, como dice la ley del talión: «Ojo por ojo y diente por diente».

Así que mi reflexión para hoy es que evitemos caer en altanería y en grosería. Debemos recordar que tú y yo representamos a Jesús en la tierra y que muchas de las miradas del mundo están sobre nosotros. A decir verdad, esperan nuestras respuestas y reacciones. Con esto no quiero decir que permitamos el maltrato y el abuso, sino que caminemos la milla extra y oremos hasta por nuestros enemigos, como nos ordena la Palabra de Dios. Cuando estés en una situación así, lo mejor es callar y pensar: «¿Qué haría Jesús en mi lugar?».

No se trata de que te vean como un tonto sin carácter. Al contrario, debes sentirte feliz de ser diferente. Por eso no trates de defenderte y deja que sea el Señor el que te defienda y represente.

Notas: _____

_____

Así manifestó Dios su amor entre nosotros: en que envió a su Hijo
unigénito al mundo para que vivamos por medio de él.
1 Juan 4:9

El amor de Dios en mi vida

Un día como hoy, esta servidora llegó a este mundo. Creo que por eso disfruto mucho de estas temporadas navideñas.

Aún recuerdo mi niñez sencilla, pero muy divertida, en mi natal Colombia. Había fuegos artificiales y disfrutaba de la compañía de mis amistades. En esa época, como buena católica, celebraba la conocida «Novena de Aguinaldos» con villancicos, el árbol de Navidad y, sin faltar, el pesebre, o como se conoce en algunos países, el nacimiento. A pesar de esta hermosa época, desconocía el verdadero significado de la Navidad, pues para muchos solo era una oportunidad de vacaciones, mientras que para otros era enfrascarse en las decoraciones navideñas. Así que un día, hace muchos años, comprendí el verdadero significado de la «Navidad».

La Navidad es hermosa y sé que en esos días surge en nuestro corazón una necesidad por la familia y un anhelo de comprarles regalos a los niños que los esperan con tanta ilusión.

A la hora de analizar esta hermosa estación del año, tú y yo debemos entender que Jesús es la verdadera razón de la Navidad. Cuando le abrimos nuestro corazón, nos convertimos en el pesebre donde nace el Salvador.

Por lo tanto, debemos darle gracias a Dios por su Hijo, Jesús, que vino a este mundo para darnos el regalo de la vida eterna.

Si aún no has tenido ese encuentro personal con Jesucristo, ¿por qué no permites que ese corazoncito bello que tienes se convierta hoy en un pesebre donde nacerá tu Salvador? De ese modo, ¡tú también nacerás de nuevo!

Notas: _____

_____

_____

El S*eñor* dice: «*Yo te instruiré, yo te mostraré el camino que debes seguir; yo te daré consejos y velaré por ti.*
Salmo 32:8

Cambios repentinos

Nadie en este mundo puede estar preparado para un cambio. Por lo general, las pruebas nos sorprenden y nos estremecen. Sé que algunos atraviesan cambios que nunca esperaron, y en vez de acordarse de Dios y saber que Él tiene el control, maldicen su propia vida y ponen a Dios como el malo.

Quiero que sepas que no todos los cambios vienen de Dios, ni del enemigo, aunque hay quienes piensan que es por mala suerte.

Muchas veces somos nosotros mismos lo que propiciamos esos cambios. Si se trata del trabajo, quizá se debiera a que no hacíamos al cien por cien lo que se nos mandaba. En ocasiones, tenemos actitudes que perjudican nuestra situación laboral, así que caemos en chismes, malas reacciones, incumplimiento y todo eso afecta.

Al nivel de la iglesia, se reflejan esas mismas actitudes. No hay sencillez, sino rebeldía de querer hacer lo que se nos da la gana. Olvidamos que si estamos en un ministerio, nos debemos a ellos en honrar, sujetarnos y simplemente servir.

Reflexionemos, pues, y hagamos una evaluación de cómo somos y en qué esferas necesitamos cambiar.

Notas: _____

_____

Ahora conozco de manera imperfecta,
pero entonces conoceré tal y como soy conocido.
1 Corintios 13:12

Lo que no entendemos de Dios

Si lo analizamos, es imposible entender a Dios en su totalidad. Estoy segura que muchas veces tú, al igual que yo, le has preguntado: «Señor, ¿por qué suceden tantas cosas malas? ¿Por qué, Dios mío, permitiste que sucediera esto?». Incluso, algunas cosas nos parecen más injustas que otras.

Sin embargo, en muchas ocasiones no hay respuesta de parte de Dios. Así que empezamos a juzgarlo, a refutarlo y, en el peor de los casos, nos peleamos con Él.

Se han escrito libros muy buenos acerca de las cosas que no entendemos de Dios y creo que, aunque se sigan escribiendo y predicando, nadie tiene la respuesta a las cosas incomprensibles de nuestro Padre celestial. Lo que yo entendí, y lo aplico a mi vida, es que aunque no comprenda ciertas cosas que me suceden, o que suceden a mi alrededor, sé que todo tiene un propósito por el cual lo permitió Dios.

Querido amigo, si estás viviendo algo que aún no entiendes, no cuestiones al Señor y le preguntes: «¿Por qué?». En su lugar, pregúntale: «¿Para qué?». Nadie puede entender por completo los misterios de Dios. Quizá algún día, en su presencia, podamos preguntarle el porqué de todo lo que no entendemos hoy.

Notas: _____

_____

Más bien, acumulen para sí tesoros en el cielo,
donde ni la polilla ni el óxido carcomen,
ni los ladrones se meten a robar.

Mateo 6:20

Lo único eterno

¡Qué consuelo saber que aunque nuestra madre y nuestro padre nos abandonen, Dios nunca nos abandonará! Esta es una hermosa promesa que vemos cumplida en cada uno de los que han experimentado el abandono. En realidad, Dios se encarga de recogerlos en sus brazos y decirles: «Tranquilos, no teman, yo estoy con ustedes».

Las cosas eternas vienen de Dios. Todo lo que vemos en esta tierra, trabajos, bienes y demás, son extras, pues en cuanto partamos de este mundo, «nada» nos podremos llevar.

Por eso sabiamente la Palabra dice: «No acumulen para sí tesoros en la tierra» (Mateo 6:19), pues nuestro corazón se puede dañar a causa del dinero que algún día tendremos que abandonar.

Amigos, Dios nos conoce a cada uno de nosotros a la perfección y puede saber si nuestro corazón está dañado por el dinero o las riquezas. Ahora bien, con esto no quiero decir que no puedes ser próspero y mantener un estilo de vida como mereces por ser hijo del Dueño del oro y de la plata.

No obstante, si tus riquezas valen más, ocupan el primer lugar en tu corazón y han desplazado a Dios, tienes invertido el orden de estos principios.

Hoy es tu oportunidad de rendir esta esfera de tu vida a Dios y Él, que es grande y poderoso, te ayudará.

Notas: _____

_____

Por lo tanto, pregunto: ¿Acaso rechazó Dios a su pueblo?
¡De ninguna manera!
Romanos 11:1

A todos nos pueden sustituir

El mundo dice que a todos nos pueden sustituir. Para muchos, lo que tú y yo hacemos en nuestro trabajo se valorará hasta el día que estemos vigentes. Sin embargo, cuando no estemos, lo más probable es que la gente nos olvide.

¿Sabes? Eso será teoría para otros, yo no voy con esa línea de pensamiento. Voy por la línea del Señor, que es muy diferente.

Primero que todo, Dios es el que nos bendice cada día. Es el que nos ha dado los dones y talentos, y será el más feliz cuando los utilicemos. Además, si reconocemos que somos hijos del Creador y que le interesa que nos vaya bien, Él será el que abrirá y cerrará las puertas, y nos colocará en lugares de privilegio.

Este concepto de sustitución sucede también en el ámbito de las relaciones. Me refiero a las personas que cambian de pareja como cambiar de zapatos, sin valorar principios y sentimientos. Así que van por el mundo dejando heridas, a veces incurables, en la vida de otros.

La enseñanza de hoy es que no importa quién te deseche, ni quién te abandone, ni quién te sustituya en tu trabajo, pues no eres menos por eso. Piensa que hay un Dios que te ama y tú eres único para ese Creador.

Notas: _____

_____

Dios puede hacer que toda gracia abunde para ustedes,
de manera que [...] toda buena obra abunde en ustedes.
2 Corintios 9:8

Oración por el lugar en Cristo

Dios mío, gracias por este nuevo día que nos regalas. Hoy vengo delante de ti presentando a cada uno de tus hijos, a cada persona que hoy lee estas cortas líneas o que escuchan a través de la radio o la Internet esta pequeña, pero muy significativa oración.

Te pido, mi Dios, que estas palabras logren tener el efecto en las vidas de las personas que necesitan poner su vida por completo en tus manos.

Te ruego por cada uno de esas personas que no se aprecia, ni valora o que su autoestima está por los suelos, a fin de que pueda colocar su identidad en ti. Que con tu ayuda, salgan a conquistar el mundo, sientan el deseo de alcanzar metas y, lo más importante, sentir tu compañía.

Señor, rompe toda cadena de amargura y de depresión. Corta todos los lazos del pasado y en este momento infunde en sus corazones un nuevo soplo de vida cargado de deseos de vivir, de superarse, de olvidar y perdonar. Que de ahora en adelante, sin importar la situación que atraviesen, sepan que su lugar está en ti.

Acompáñanos, mi Dios, y ten misericordia de nosotros.

En el nombre de Jesús, amén y amén.

Notas: _____

_____

Si alguien reconoce que Jesús es el Hijo de Dios,
Dios permanece en él, y él en Dios.
1 Juan 4:15

¿Crees en el Hijo de Dios?

Hace ya varios años me hicieron esta pregunta: «¿Crees en el Hijo de Dios?». A lo que respondí: «Sí, en Dios sí». Entonces me insistieron: «¿En el Hijo de Dios?». En realidad, no entendía por qué me repetía la pregunta, pues para mí era lo mismo.

En efecto, Dios y Jesús son una sola persona, pero la pregunta iba más allá, era más profunda. Aunque son uno solo, Jesús representa un papel demasiado importante en nuestra vida, sobretodo para nuestra salvación.

Ahora yo te pregunto: «¿Crees en el Hijo de Dios?». Si tu respuesta es positiva, sabrás que solo llegamos al Padre por medio de su Hijo. Además, cuando lo confiesas y lo recibes en tu corazón, tienes vida eterna.

No obstante, si tu respuesta es negativa, no te sientas mal. Al igual que tú, muchos lo desconocen. Por eso Jesús vino a este mundo y lo crucificaron injustamente para que con su sangre derramada en esa cruz limpiara nuestros pecados. Por eso también se le conoce como el Cordero que quita el pecado del mundo.

Te invito a que des este paso hoy que será definitivo en tu vida. Repite en voz alta:

«Señor Jesús, he entendido que solo por medio de ti puedo llegar al Padre. Por eso te recibo en mi corazón como mi único y verdadero Salvador. Perdona mis pecados y escribe mi nombre en el libro de la vida. Amén y amén».

Notas: _____

_____

_____

Lámpara es a mis pies tu palabra, y lumbrera a mi camino.
Salmo 119:105, RV-60

Consejos prácticos para el diario vivir

Hay un refrán popular que expresa: «El que no oye consejos no llega a viejo». Y es muy que cierto.

No sé si te ha pasado, pero a mí sí. A veces nuestros padres nos aconsejan y nos dicen cosas que saben que son buenas, pero no les hacemos caso. Hoy, después de tantos golpes en la vida, te puedo decir que debemos escuchar los consejos de nuestros padres, pues tienen la experiencia y la sabiduría de la vida. Además, desean lo mejor para nosotros.

He aquí algunos consejos útiles que a mí me han dado buenos resultados:

- Coloca a Dios en primer lugar.
- Deja el pasado atrás.
- Ten en alto tu autoestima.
- Valórate.
- No menosprecies lo que tienes.
- Sé fiel, honesto y sincero.
- No envidies los triunfos de los demás.
- Trabaja con excelencia.
- Sé humilde.
- Sé obediente a los mandamientos del Señor.

Si quieres ser feliz de verdad, pon en práctica lo que te aconseja la Palabra de Dios.

Notas: _____

_____

_____

> *Mantengan entre los incrédulos una conducta tan*
> *ejemplar que, aunque los acusen de hacer el mal,*
> *ellos observen las buenas obras de ustedes.*
> 1 Pedro 2:12

Ética profesional

Desde la creación, el Señor nos dio el trabajo. Sin embargo, las cosas cambiaron después de la caída de Adán y Eva en el jardín del Edén. También cambiaron los planes que tenía Dios para nosotros y vinieron las consecuencias.

Desde entonces, Dios le ordenó a Adán que se ganaría el pan con el sudor de su frente. Y por eso el trabajo es tan importante para el hombre. Es como el ADN que Dios estableció en el hombre. De ahí que cada vez que un hombre tenga problemas económicos e inestabilidad financiera, se sienta morir, le afecte en su hombría y hasta caiga en depresión.

No obstante, si Dios estableció el trabajo, es para que fuera de bendición para ti y tu familia. Así que lo menos que podemos hacer es trabajar con excelencia y ética profesional.

No me refiero solo a ser honestos en la empresa, el taller, la fábrica, la escuela, el canal de televisión, la emisora o la revista donde se trabaje, también me refiero a tu trabajo dentro de la iglesia.

Hay personas dentro de las iglesias y ministerios que no trabajan con ética. Toman el servicio a Dios como algo que no merece la integridad y el profesionalismo, como si Él no los estuviera observando y algún día no les fuera a pedir cuentas.

Notas: _____

_____

_____

> *Todos los días del afligido son difíciles; mas el de corazón*
> *contento tiene un banquete continuo.*
> Proverbios 15:15, RV-60

Cuando me siento caer al abismo

En cada uno de nosotros hay diversos estados de ánimo, así que en momentos críticos de nuestra vida se van a manifestar de manera diferente. No todos somos propensos a tener las mismas actitudes ante las experiencias que nos toca vivir.

He escuchado que la depresión es muy dura de soportar y, aunque es un mal tan común hoy en día, lo ideal es aprender a combatirla. A pesar de eso, he comprobado que todo, absolutamente todo, en la vida es pasajero. No hay nada que dure para siempre.

Cuando sabemos y creemos que tenemos un Dios, no podemos pensar que las pruebas no tienen solución. Sería como limitarlo para cambiar las circunstancias. Sería como decirle: «Mi problema es mayor que tu poder y definitivamente me quedo así. No puedo hacer otra cosa».

¿Te imaginas como se sentirá Él?

Mi invitación para ti este día es para que salgas de ese estado con la ayuda de Dios. Si crees y confías en Él, debes dar ese paso de fe. ¡Créele a Dios!

Notas: _____

_____

El Señor tu Dios es el Dios verdadero, el Dios fiel,
que cumple su pacto [...] y muestra su fiel amor a quienes
lo aman y obedecen sus mandamientos.
Deuteronomio 7:9

Respuestas tardías

Ya hemos hablado en este libro devocional que los tiempos de Dios no son nuestros tiempos y esto afecta en gran medida a ciertas personas.

Hay muchos de ustedes que no tienen mayor problema con sentarse a esperar que Papá Dios conteste a una pregunta u oración. Otros, por el contrario, son tan desesperados que necesitan las respuestas de inmediato y en cuanto las solicitan.

Cuando vamos a la Biblia, encontramos ejemplos que nos muestran que en algunos casos Dios tardaba mucho tiempo en contestar. Uno de estos lo tenemos en Job. Su tiempo de prueba fue tan difícil que se le murieron todos sus hijos, perdió todos sus bienes y terminó con sarna y rascándose con una teja. A pesar de eso, y en medio de su frustración, confiaba en que Dios no lo abandonaría. Aunque, claro, hubo ocasiones en que se quejó por la indeferencia ante la maldad y hasta le reprochó al Señor lo que consideraba su descuido cuando le dijo: «Recuerda, oh Dios, que mi vida es un suspiro; que ya no verán mis ojos la felicidad» (Job 7:7).

Luego, Dios cambió las cosas a su tiempo y le aumentó al doble la prosperidad anterior a Job. Le extendió la vida a ciento cuarenta años y pudo ver a sus hijos, y a los hijos de sus hijos, hasta la cuarta generación.

El Señor no permite que suframos sin motivo, y aunque ese motivo esté oculto en los propósitos divinos y nunca sepamos el porqué, debemos confiar que Él siempre hace lo bueno.

Notas: _____

_____

Dios, que es rico en misericordia, por su gran amor
por nosotros, nos dio vida con Cristo [...]
¡Por gracia ustedes han sido salvados!
Efesios 2:4-5

Recompensa en el cielo

¿Por qué esperar hasta el cielo para recibir algo por lo que hicimos?

Dios ha dejado establecido que nosotros somos salvos por gracia, un regalo inmerecido, y no por obras, para que nadie se gloríe.

¿Quién mejor que Él para conocer nuestra naturaleza? Él nos creó y sabía que tenía que ser de esa manera. ¿Te imaginas de qué iba a depender nuestra salvación si no fuera por su gracia? Pues bien, iba a depender de lo que hiciéramos en la tierra. Me figuro que con esto seríamos unos orgullosos, malagradecidos e ingratos. Además, habría una lucha de poderes, pues tu éxito podría causar envidias en otros y te sería muy difícil encontrar personas que de verdad se gozaran en tus triunfos.

Con esto en mente, recordemos que a Dios nada de lo que hagamos en la tierra le sorprende, ya que lo único que le sorprende es nuestra obediencia.

Así que, a la hora de la verdad, lo que cuenta es su opinión, y Él determinó salvarnos por gracia y recompensarnos con la vida eterna por medio de nuestro Señor Jesucristo.

 Notas: _____

_____

*Mis queridos hermanos, como han obedecido siempre [...]
lleven a cabo su salvación con temor y temblor.*
Filipenses 2:12

Convertidos de verdad

Algo que ha enternecido mi corazón hacia Dios es conocer que Él siempre me buscó. Que desde el vientre de mi mami ya sabía mi nombre y conocía mi destino.

Ahora, después de varios años de conocerle, puedo recordar que varias veces tocó a mi puerta como todo un caballero y a través de diversas situaciones me envió alertas de que mi vida corría peligro si no enderezaba mis caminos.

Hoy en día lamento no haberle abierto mi corazón desde antes. Con todo, lo que más me preocupa es que, conociendo su amor y su sacrificio, en varias oportunidades le he fallado y he caído una y otra vez.

Día tras día tomo conciencia de que la salvación no es un juego y que debo buscar siempre su rostro y vivir en integridad. Por eso Dios, que es amor, nos brinda la oportunidad de reorganizar nuestra vida y está dispuesto a levantarnos, fortalecernos y a darnos una vida diferente. Pero todo dependerá de cada uno de nosotros. Mi invitación para ti es a que tomes la decisión de abrir la puerta de tu corazón y aceptes el regalo de la salvación que te ofrece Dios.

Notas: _____

_____

Cree en el Señor Jesucristo, y serás salvo, tú y tu casa.
Hechos 16:31, RV-60

Tú y toda tu casa

Es posible que lleves años orando por tu familia para que conozcan de Dios. ¡No te canses de hacerlo! Cuando menos lo pienses, la oración que está bajo la voluntad del Padre recibirá respuesta.

Por eso no podemos desanimarnos si pasan meses, años y no hay cambio.

Muchas personas se desaniman y piensan que Dios jamás hará el milagro.

Yo soy fruto de esa oración permanente de mi hermana Norma. Ella fue la primera de la familia en conocer de Jesús y, desde entonces, empezó a orar por mi salvación. Al principio, era muy duro porque la rechazaba y la llamaba «religiosa» porque la veía con la Biblia. Sin embargo, ¡quién pensaría que al año yo estaría postrada recibiendo a mi Jesús!

Después de mí vino la conversión de mi mami, mi papi, de Helenita, su esposa, y de esa manera se ha ido cumpliendo la Palabra de Dios para salvación de toda la familia.

No te desanimes y ora sin cesar. La oración tiene poder.

Notas: _____

_____

_____

*Les he puesto el ejemplo, para que hagan
lo mismo que yo he hecho con ustedes.*
Juan 13:15

El mejor ejemplo

Tú y yo tenemos el llamado a ser ejemplo. ¿Has pensado alguna vez que por nuestra mala actitud hemos espantando literalmente gente que podría estar en los caminos de Dios?

¡Qué tremendo es que aun amando a Dios nos dejemos llevar por ese carácter explosivo que en un momento de ira dice y hace cualquier cosa menos buscar de Jesús!

¿Qué te parece si hoy traemos a nuestra memoria a cuantas personas hemos ofendido, maltratado o juzgado y por esas razones no quieren saber nada de ti ni de Dios? Sería de mucha bendición para tu vida que buscaras esas personas y les pidieras perdón.

No es bíblico ni sano llevarnos mal con otras personas. Eso daña nuestra vida espiritual y no permite que se desaten las bendiciones que nos envía Dios.

Cada día, dispongamos nuestro corazón de manera que refleje el carácter de Cristo y llevemos cautivo todo pensamiento a la obediencia del Padre.

Notas:

*No se contenten solo con escuchar la palabra, pues así se engañan
ustedes mismos. Llévenla a la práctica.*
Santiago 1:22

Reciclamiento

Así como el reciclamiento es importante para tener un planeta más saludable y una vida más sana, también lo es para nuestra vida diaria. Esto lo vemos cuando en verdad tenemos ese anhelo de cambiar, de desechar lo que no sirve, separar lo que puede ser tóxico y utilizar, como es debido, los talentos y dones que hemos desaprovechado.

¡Qué bueno sería que en las proyecciones que ya estamos haciendo para el nuevo año pongamos el deseo ferviente de reciclar siempre en nuestra vida!

Es decir, separarnos de las cosas y personas que nos contaminan y entregar en manos de Dios las partes más nocivas de cada uno para que las purifique con su amor. De esa manera lograremos comenzar de verdad un año nuevo y una vida nueva.

No sigamos utilizando los mismos recipientes. Pidámosle al Señor que nos dé nuevas vestiduras y que esos cambios se puedan ver en nosotros. Entonces, de seguro, muchos se interesarán por nuestro cambio y desearán imitarnos.

Notas:

Jesús les habló, diciendo: Yo soy la luz del mundo; el que me sigue,
no andará en tinieblas, sino que tendrá la luz de la vida.
Juan 8:12, RV-60

Nochebuena

Para muchos, hoy estamos de fiesta, ya que se prepara la celebración de la llegada del Salvador a la tierra.

El nacimiento del niño Jesús es el cumplimiento de la Palabra de Dios. Por décadas, esta verdadera celebración se ha tratado de opacar con el comercio, las fiestas y muchas otras cosas. Y esto no cambiará.

Yo celebro también la Navidad con mis princesas, mi esposo y mi familia, pero hay un tiempo que es precioso. Siempre tenemos un momento especial de oración donde ponemos nuestra vida en las manos de Dios. Además, cada uno le damos gracias por las cosas que Él ha hecho y por ese regalo hermoso que podemos compartir con otros, al revelarles esta verdad que les traerá salvación y vida eterna.

Si Jesús vino para cambiar el mundo, aprovechemos esta ocasión para también nosotros nacer de nuevo. Hablo desde el punto de vista espiritual. Así que, no luches más y entrégale tu vida a Dios para que Él pueda cumplir su propósito en ti. De esa manera, logrará ser una mejor persona.

Recuerda, la Navidad no es solo fiestas y regalos. Por eso el mejor regalo que le puedes dar a tu familia es tu cambio. Sin duda, esto producirá un deseo en ellos por conocer lo que te hizo cambiar y la gloria será para Dios.

Notas: _____

_____

_____

Si puedes creer, al que cree todo le es posible.
Marcos 9:23, RV-60

No te sientas solo

El enemigo quiere hacerte sentir que estas solo, triste, que nadie se acuerda de ti y que no vales nada. Si miras a tu alrededor, a lo mejor si estás solito en un hospital, en una cárcel o en casa, pero no les des espacio a esos pensamientos que no vienen del Señor. Dios está tan cerca como tú lo quieras sentir. En su Palabra, lo dejó registrado en muchos versículos donde nos recuerda que nunca nos abandonará, que nos ha dejado la paz, que estará con nosotros hasta el fin del mundo.

Solo tienes que levantar tu mirada al Creador y decirle cómo te sientes y que deseas que te perdone y bendiga tu vida. La presencia la sientes en alegría y en unas ganas enormes de seguir adelante.

Recuerda que Dios cuida de ti y conoce tus necesidades. Aun así, debes confiar en Él. Cuando te invadan esos pensamientos de tristeza empieza a orar enseguida y declara: «Si Dios está conmigo, ¿quién contra mí?».

Notas: _____

_____

Ante ti, Señor, están todos mis deseos;
no te son un secreto mis anhelos.
Salmo 38:9

Ojo con la vanidad

El ejemplo más increíble de humildad nos lo dejó Jesús en sus treinta y tres años que estuvo en la tierra. Siendo el Hijo de Dios y teniendo todo el poder para haber sido vanidoso, ya que tenía por qué creerlo, fue servicial, misericordioso y trabajador. Se preocupaba de que todos aprendieran el porqué de su misión en este mundo. Y nosotros, sin tener nada de qué jactarnos, somos vanidosos. Entre estos vanidosos se encuentran los que aman el dinero, y este es un mal de nuestros días. Con esto, no me refiero a que no puedas ser próspero. Lo importante es que te mantengas siendo humilde y con los pies en la tierra, además de generoso y bondadoso.

¿Por qué te digo esto? Porque el Manual de Instrucciones reprende la vanidad como pecado. Ahora bien, eso no quiere decir que debas desechar tus sueños y anhelos. Al contrario, cuenta con Dios para que sean de acuerdo a su voluntad y todo te saldrá bien.

Notas:

Día 361

El Señor afirma los pasos del hombre [...] podrá tropezar,
pero no caerá, porque el Señor lo sostiene de la mano.
Salmo 37:23-24

Pasos firmes

Siempre he pensado en lo difícil que debe ser caminar sobre arena movediza, con esa sensación de dar un paso firme y de repente ver que tu pisada va hacia lo profundo. Entonces, si no tienes algo en qué apoyarte o en qué dejar firme tu otro pie, sin duda alguna se te hundirán los dos.

Siempre que tengo la oportunidad de ir al mar, algo que me intranquiliza es precisamente el no tener seguridad en mis pasos. Las pisadas sin ver por dónde camino es como esperar que, de un momento a otro, tropiece con una roca o una planta marina. De verdad, no es mi mejor plan.

Por eso ahora en mi vida me gusta estar muy atenta a mis pasos. Además, me parece muy importante que los pasos que dé cada día sean seguros, firmes y en una senda trazada por mi Dios.

Cuida tus pasos y sigue las huellas de Jesús. De esta manera, nunca irás al abismo, y si tropiezas y caes, Dios te levantará y sanará.

Notas: _____

_____

_____

Vete a tu casa, a los tuyos, y cuéntales cuán grandes cosas
el Señor ha hecho contigo, y cómo ha tenido misericordia de ti.
Marcos 5:19, RV-60

Testifica

Cuando lo analizo, puedo decirte que este libro es un milagro de Dios. Sin ser autora ni escritora, sino una mujer de la radio, Él puso su propósito en mi corazón a fin de que le testificara al mundo todo lo que había hecho en mi vida. Así que, en obediencia, respondí a su claro mandato: «Escribe en un libro todas las palabras que te he dicho» (Jeremías 30:2).

El mundo tiene que saber que Dios hace milagros poderosos. Él me libró de la muerte y me levantó cuando creía que mi vida se iba a lo más profundo del abandono. Si has leído este libro en su totalidad, puedes ver con claridad el amor de Dios en mi vida. Durante años, me sostuvo como madre soltera de tres princesas y a ellas jamás les ha faltado nada. Y si lo hizo conmigo, sé que también lo puede hacer contigo. Por eso debes testificar, pues otros aún no han conocido a Dios en otra faceta de sus vidas y le conocerán por medio de ti. No calles y dile al mundo de dónde sacó Él tu vida.

Notas:
_____

_____

_____

No adores a otros dioses, porque el SEÑOR es muy celoso.
Su nombre es Dios celoso.
Éxodo 34:14

Ningún ritual te acerca a Dios

Faltan dos días para fin de año y es triste ver cómo hasta algunos cristianos tienen muchísimas creencias que más que honrar a Dios lo entristecen... ¡y yo diría que lo enfurecen!

Por tradición, y durante años, la cultura te lleva a que hagas cosas que te imaginas que influirán para que tu nuevo año sea lleno de dinero, éxitos, viajes y no sé qué otras cosas más. Desde usar ropa interior de color amarillo, hasta salir con una maleta y darle no sé cuántas vueltas a la cuadra. ¿Te estás identificando?

Quiero que sepas que nada de esto determinará tu vida ni el éxito. Dios es el dueño de tu vida y es el único que conoce el futuro. Incluso, sabe lo que tú y yo viviremos en los próximos años. Además, solo Él puede cambiar nuestro destino.

Así que todo lo que hagas, como la lectura de las cartas y de las manos, las visitas a los brujos y psíquicos, los baños con aguas para la suerte, las comidas o magias, TODO es pecado. Esto lo dice la Palabra de Dios y lo aclara bien en varios pasajes. Por eso ahora te invito a que investigues sobre lo que Dios piensa de los brujos y hechiceros.

En realidad, solo la oración tiene poder y nada que hagas fuera de la voluntad de Dios tendrá su bendición.

Notas: _____

_____

_____

Dios es el que me ciñe de fuerza, y quien despeja mi camino;
Quien hace mis pies como de ciervas, y me hace estar
firme sobre mis alturas.
2 Samuel 22:33, RV-60

Hagamos todo lo bueno

Todo lo negativo que pudo ocurrir este año no debe marcar tu nuevo año.

Hace algún tiempo, como lo dije al comienzo de este devocional, hacía por estos días una agenda de peticiones y se las presentaba a Dios con una oración el 31 de diciembre a la medianoche. Era como colocar un montón de sueños y anhelos en la presencia de Dios y confiar que Él me los cumpliría uno a uno.

Sin embargo, hay cosas que ya Dios tiene programadas para cada uno de nosotros y, tarde o temprano, se cumplirán. Así que no te encierres solo en tus deseos, sino deja varios puntos en blanco para que Él mismo sea el que los llene. Déjate sorprender por Dios. ¡No te vas a arrepentir!

Entra a un nuevo año con tu mente y corazón en sintonía con el Señor. Ah, y otra cosa, recuerda que Él siempre desea lo mejor para ti.

Notas: _____

_____

Nuestra boca se llenó de risas; nuestra lengua,
de canciones jubilosas [...] Sí, el SEÑOR ha hecho grandes
cosas por nosotros, y eso nos llena de alegría.
Salmo 126:2-3

Oración por un nuevo comienzo

Señor Jesús, solo pueden salir de mis labios palabras de agradecimiento por todo lo poderoso que has sido con nosotros en este año. En cada momento de mi vida estuviste a mi lado escuchando mi necesidad. Fuiste mi socorro en tiempos de angustia.

Gracias porque me ayudaste a que muchas de mis peticiones se hicieran realidad. Te agradezco también que me llenaras de valentía cuando pensaba que no sería capaz de salir adelante.

Te amo con todo con mi corazón y, a partir de hoy, entrego en tus manos mi vida, mi salud, mi economía, mi familia, mi trabajo y todos los anhelos profundos de mi corazón que ya tú conoces.

Guárdame, mi Dios, y acompáñame en mi entrar y en mi salir.

En el nombre de Jesús te lo pido, amén y amén.

Notas: _____

_____

_____